부산 돌려차기 사건 피해자、
나는 피해자로
살지 않기로 했다

싸울게요, 안 죽었으니까

싸울게요、안 죽었으니까

김진주 지음

alookso

싸울게요, 안 죽었으니까

김진주 지음

alookso

목차

제3장
피해자와 피해자가 만나다

제4장
피해자를 대표하는 프로불편러

추천사

"범인이 잡히면 당연히 경찰이 나에게도 연락을 줄 거라고 생각했지만, 아무 연락도 안 왔다. 그때부터 난 너무 외로웠던 것 같다. 현실은 드라마보다 더 각박했다."
— 책 내용 중

강력범죄 피해자가 생존을 위해 고군분투하는 과정을 진솔하게 담아낸, 그래서 섬뜩하고 슬프고 우울할 것 같지만 오히려 읽는 이에게 깊은 감동과 위로를 전해주는 책! 고단한 과정 중에도 죄책감을 감사함으로, 공포감을 담대함으로, 분노를 변화에의 의지로, 그리고 좌절을 또 다른 기회로 바꾸어 나가는 저자의 지혜로움에 동 시간대를 살아가는 공동체 일원으로서 깊은 경의를 표한다.

— 김태경, 임상심리학자, 《용서하지 않을 권리》 저자

〈그것이 알고 싶다〉를 제작하며 수많은 피해자를 만났다. 방송에서는 그들의 비통한 모습을 주로 보여주지만 직접 만나보면 유쾌하고, 장난스럽고, 엉뚱한 면을 지닌 다양한 모습의 피해자가 존재한다. 이 책은 어쩌면 목숨까지 잃을 뻔했던 끔찍한 사건 피해자의 극복 과정을 유쾌하고 위트 있게 풀어내며 '피해자다움'에 대한 사회적 편견을 깨부수고 있다. 처음에는 코를 훌쩍이며 읽다가 생뚱맞게 튀어나오는 유머에 피식피식 웃음이 절로 난다. 특유의 유쾌하고 긍정적인 성격으로 길고 외로운 싸움을 잘 이겨낸 저자의 경험이 생생하게 녹아 있는 이 책은 '누구나 될 수 있는' 범죄 피해자를 위한 친절한 생존 안내서가 될 거라 확신한다.

— 도준우, 〈그것이 알고 싶다〉 PD

저널리스트, 활동가로 일하다 보면 많은 피해자를 만난다. 'N번방' 사건을 겪고 학교를 그만둔 피해자, 인터뷰를 해달라고 먼저 요청한 피해자, 비슷한 피해를 본 이들과 만난 피해자, 겪은 일을 글로 쓴 피해자. 그들은 모두 다른 방식으로 살아내고 있다. 김진주는 싸우는 피해자다.

법정에서 본인의 피해를 증명하려 '보복 범죄' 공포를 견디며 가해자를 마주했고, 수십 명의 기자와 국회의원 앞에서 폭력 피해자가 감당해야 하는 우리 사회 문제를 알렸다. 그러자 그를 중심으로 다른 범죄 피해자가 모였고, 서로를 도왔다. 이럴 수 있는 사람은 내 주위에 김진주뿐이다. '싸우는 피해자' 다음 수식어가 기대된다. 출판 제안을 1초 만에 수락했고, 한 달 만에 원고를 털어준 놀랍고, 고마운 사람. 부디 책이 20쇄 이상 찍히기를 바란다.

— 원은지, 〈얼룩소〉 에디터, 추적단불꽃

이 책에는 김진주 씨가 범죄피해를 입고 의식을 잃었다가 병원에서 처음 눈을 뜬 그 순간부터, 국회 국정감사장에 참고인으로 나와 전 국민에게 생중계되는 증언을 하는 순간까지, 매 순간의 생생한 기록이 담겨 있다. 김진주라는 고유한 존재의 관점과 감각으로, 그가 긴 시간 동안 겪어낸 과정이 날것 그대로 느껴진다.

범죄피해자는 마른하늘 날벼락같이 피해를 당한 것만으로도 억울한데, 변호사 선임을 위해 24개월 할부

대출을 받고, 재판기록 한번 보기 위해 몇 달을 고생하고, 가해자가 피해 배상 없이 '기습 공탁'으로 '먹튀 감형' 받지 않도록 감시하고, 법적 권리인 피해자 지원을 받기 위해 17종 이상의 서류를 준비하면서 고단한 시간을 보내야 한다.

4년간 의정활동을 하며 피해자들의 목소리를 대변하려고 애썼지만, 역부족이라고 느낄 때가 많았다. "남의 일이 아니다. 누구에게나 벌어진다. 당해봐야 아나." 외쳐도 부족했다.

백 번의 질의보다 한 사람의 증언이 훨씬 더 강력하다. 그런 면에서 이 책은 너무나 소중하다. '김진주를 지켜야 한다', '또 다른 김진주가 나오지 않아야 한다'는 마음이 저절로 든다. 현재와 미래의 피해자들에게도 '혼자가 아니다'라는 위로를 줄 책이다. 피해 회복과 상처 치유에만 집중해도 버거웠을 시간들을 버티며 기록을 남겨준 김진주 씨에게 감사할 뿐이다.

— 이탄희, 제21대 국회의원

직접 저자를 만난 적은 없다. 저자의 실제 이름도 알지 못한다. 다만, 저자가 범죄피해자로서, 범죄피해자를 위해 해온 일과 할 일이 큰 의미가 있다는 것을 알고 있다.
저자는 범죄의 피해자로서 우리 시스템이 얼마나 범죄피해자를 보호하는 데 부족한 점이 많은지를 스스로 파악하고 구체적인 개선의견들을 내주신 분이다. 그 개선의견들을 지난해 내가 법무부 장관으로 일할 때 직접 전달받았다. 그 개선의견들을 현실화하기 위한 TF를 법무부에 만들었고 그 개선의견들 중 상당 부분이 반영된 범죄 피해자 보호와 지원 제도가 곧 시행되리라 생각한다.

범죄와 싸워야 하는 것은 피해자가 아니라, 국가이고 사회여야 한다. 국가는 범죄피해자의 편이어야 한다.
저자의 이 책이 이 나라의 많은 범죄피해자들과 범죄피해자를 위해 싸우는 사람들에게 위로와 힘이 되기를 바란다.

— 한동훈, 전 법무부 장관

싸울게요, 안 죽었으니까

김진주 지음

프롤로그

"누구나 범죄피해자가 될 수 있다"는 말을 몇 번이나 들었지만, 한 번도 귀 기울여 듣지 않았다. 난 예외라고 생각했다. 범죄 시사 프로그램을 그렇게나 많이 봤는데도, 그저 가해자를 헐뜯었을 뿐 피해자를 생각한 시간은 많지 않았다. 범죄를 당한 사람들은 운이 좋지 않은 사람들이라고, 내 일은 되지 않을 거라 여겼다. 진짜 몰랐다. 그게 내가 될 수 있단 걸.

2022년 5월 22일 새벽 5시쯤 나는 모르는 사람에게 뒤에서 돌려차기로 가격당했다. 수차례 머리가 짓밟혔고, 그 사람은 실신한 나를 CCTV 사각지대로 데려간 뒤 피 흘리는 나를 두고 도주했다. 그 일로 나는 오른쪽 다리에 마비가 왔다. 그것도 모자라 두 달가량 병원 신세를 져야 했다. 아마 '부산 돌려차기 강간 살인미수 사건'을 잘 모르시는 분은 이 문장들이 이해가 안 될 것이다.

당사자인 나조차도 그랬다. 영화 속의 한 장면처럼, 눈을 뜨니 집이 아닌 흰 천장이 보였다. 친언니는 내가 모르는 사람에게 맞았다고 했다. 얼마나 세게 맞았던 건지 맞은 쪽이 아니라 반대쪽 머리가 바닥에 짓눌려 터졌다고. 붕대를 칭칭 감고 있는데 뇌가 손상되어서 다리까지도 안 움직였다. 마른하늘에 날벼락이란 말은 이럴 때 쓰라고 만든 걸까. 나도 처음엔 너무 무서웠다. 가해자에 대한 어떤 정보도 알려주질 않았기 때문이다. 가해자뿐만 아니라 거리를 걸어다니는 모든 이가 나를 헤칠 것 같았다.

하지만 법정에 들어간 순간부터 지금까지의 나는 거침없었다. 도대체 어떻게 이 많은 일을 견뎌냈냐며 묻는 사람들이 있다. 이 책을 쓰면서 나조차도 놀랐다. 이 모든 걸 내가 1년 4개월 동안 했다고는 믿을 수 없을 정도로 수많은 해프닝이 있었다. 답은 간단하다. 절대 뒤돌아보지 않는 선택을 하는 것. 범죄피해를 입은 사람에게는 수많은 선택지가 주어진다. 그들의 선택을 비난할 수 있는 권리는 어느 누구에게도 없다.

미디어에서 피해자가 이렇게 많이 보이는 경우가 드문데 오해하지는 않았으면 한다. 피해자가 사건을 공론화한다고 해서 얻을 수 있는 건 딱히 없다. 나를 위해서가 아니었다.

난 어차피 그날 죽었어야 마땅했을 사람이니까. 내 사람이 이런 선택을 하겠다고 하면 다시 생각해보라고 할 것이다. 너무 외롭고 험난한 싸움이기 때문이다. 오로지 그 시간을 견딜 수 있었던 건 내 소중한 사람들을 지키고자 함이었다. 이렇게 억울한 일을 나말고 또 다른 사람들이 겪게 하지 않기 위해서 그저 그냥 삼켜야만 했다.

다행히도 뇌 손상으로 마비가 됐던 다리가 6월 4일에 정말 갑자기 풀렸다. 김진주라는 이름은 이날 때문에 만들어진 필명이다. 진주는 6월의 탄생석이다. 그날, 난 다시 태어났다고 생각한다. 그 후로 정말 난 많이 알록달록 빛나게 됐으니까. 게다가 진주는 조개 체내의 이물질을 막기 위한 무기질 덩어리라니, 내게 딱 맞지 않는가.

최종 형량을 먼저 얘기하자면, 가해자는 20년 형을 받았다. 하지만 나는 전혀 흘가분하지 않았다. 나와서 보복을 하겠다고 구치소에서 떠들어대는 가해자 때문에 난 20년의 시한부 인생을 살고 있는 것 같기 때문이다.

왜 난 이렇게 재수가 없는 걸까. 피해를 입은 것도 억울한데, 왜 이런 많은 사법 체계의 문제를 내가 다 겪어야 하나 서러웠다. 하지만 내가 그런 많은 문제들을 겪었기에, 범죄피해자들의 입장을 누구보다 잘 얘기할 수 있는 사람이 될 수 있었다고 생각한다. 딱해 보이는 내 인생은 생각보다 재밌다. 언제든 죽을 수 있다고 생각하며 매일매일을 허투루 보내지 않기 때문이다. 제법 이 삶 또한 살만하다. 언젠가 내가 필요 없는 사법 체계가 오길 바라며 범죄피해자들에게 관심을 가져주신 분들에게 진심으로 감사하다.

내가 얼굴을 공개했더라면 더 많은 걸 빠른 시간내에 바꿨을 수도 있다. 하지만 이건 양보할 수 없었다. 아무리 좋은 이야기를 하려고 한들 모르는 사람이 내 범죄피해 사실을 알고 있다는 건 너무 불행할 것 같다. 내가 행복해야 남들을 도울 수 있으니까. 오랫동안 어두운 곳에서 빛나는 진주로만 남고 싶다. '잘 사는 게 복수'라는 말은 어쩌면 나, 김진주를 보고 하는 말일 것이다. 내가 했던 일들이 모두에게 맞는 방법이라고 할 수는 없지만 피할 수 없어서 받아들였고 너무 잘 살아버렸다.

이 책에는 뉴스에선 다 담을 수 없었던 피해자로서의 이야기를 낱낱이 적었다. 어느 불행한 사람의 이야기가 아닌 여러분의 이야기가 될 수도 있다. 아쉽게도 범죄를 피할 수 있는 방법 따윈 없다. 우린 모두 예비 피해자다. 대신 책을 읽고 나면 범죄피해에 잘 대응할 수 있는 사람이 될 것이다. 그러니 바이러스에 걸리지 않기 위해 백신을 맞는 것처럼 이 책을 예방주사처럼 여기며 읽어주셨으면 좋겠다. 아끼는 지인들에게도 추천해주셨으면 좋겠다.

그리고 그 누구보다도 네가 꼭 끝까지 읽었으면 좋겠다.

제1장

나는
부산 돌려차기 사건
피해자다

내가 범죄피해자가 될 줄이야

"안녕하세요, 저는 부산 돌려차기 사건의 피해자입니다." 직업도 이름도 아닌 나의 상처가 나를 대표하는 문장이 되어버렸다. 이 사건을 얘기하려면 그 전날로 돌아가야 한다. 2022년 5월 21일, 그 해 들어 가장 크게 울었던 날이었다. 사건 때문은 아니었다. 버스킹을 하는 동생이 유튜브를 해보고 싶단 말에 1년 넘게 무상으로 편집을 도와주고 있었다. 그런데 그 채널의 구독자가 나에게 꼭 한번 밥을 사주고 싶다고 해서 만난 날이었다. 처음 보는 분이 나에게 디올 향수 선물과 함께 편지를 전해주었다. '덕분에 요즘 꽤 많이 행복합니다. 고맙습니다'라고 적혀 있었다. 그 편지를 보는 순간, 수도꼭지를 튼 것처럼 계속 울었다. 옆에서 버스킹을 보는 사람이 엄청 많았는데도 말이다.

버스킹이 끝나고 늦은 시각에 술집으로 이동했다. 그때 한약을 먹고 있어서 하이볼 두 잔으로 네 시간을 마셨다. 내가 있었기에 자신이 영상을 볼 수 있었다는 얘기에 감동이 벅차올랐다. 음악 얘기를 잔뜩 하고 나니 벌써 새벽 4시가 넘었다. 취할 순 없었지만 하이볼 때문인지, 그 말 때문인지 심장이 뜨거워졌다. 내가 누군가에게 이렇게 쓸모 있는 사람이 되다니 너무 뿌듯했다. 앞으로도 꼭 누군가를 행복하게 하는 삶을 살아야겠다 다짐했다. 그렇게 집으로 향했다.

데려다준다던 동생을 마다하고 천천히 집으로 걸어갔다. 지금 생각하면 겁을 상실했던 것 같다. 분명히 1층에서 엘리베이터를 기다리고 있었는데, 눈을 뜨니 하얀 천장이 보였다. 거짓말 같았다. 영화에서 본 장면들이 나에게 일어날 줄이야. 친언니가 "너 모르는 사람한테 맞았대"라고 얘기해줬다. 아무것도 기억나질 않았다. 충격으로 인해 기억을 잃는 '해리성 기억상실 장애'를 얻었기 때문이라더라. 무슨 일인지 파악하기도 전에 의사는 피투성이가 된 머리를 꿰맸다. 발길질이 얼마나 셌던지, 옷부터 병원 시트까지 온통 피투성이였다. 오피스텔 로비 1층에서 피투성이인 나를 발견한 분이 112에 신고했다더라. 의식은 있었는데 무슨 질문을 해도 나는 횡설수설할 뿐이라고 했다. 직업이 뭐냐는 질문에 "버스킹이요"라고 할 정도였다니 말이다.

신고를 받고 출동한 구급대원이 가족에게 연락하기 위해 내 휴대폰을 뒤졌다. 당시 연락처에 부모님은 각각 '오바마'와 '미셸 오바마'로 되어 있었던 터라 제일 멀쩡한 이름으로 적혀 있던 할머니에게 구급대원이 연락을 했다. 사건 경위를 잘 파악할 수 없었기에 구급대원은 할머니에게

“손녀분이 교통사고를 당한 것 같다”고 했다. 교통사고인 줄 알고 놀라서 달려온 가족들은 경찰에게서 “모르는 사람에게 폭행을 당한 것 같다”라는, 더 황당한 이야기를 전해 들었다. 피투성이인 머리를 다 꿰메고서야 입원 수속을 밟을 수 있었다. 친언니가 병원복으로 갈아입히려고 일으켜 세우는 순간 난 쓰러졌다.

응급실이 있던 사람들이 다 놀라서 하던 일을 멈추고 나를 봤다. 처음엔 그저 힘이 없어서 다리가 풀린 줄 알았는데 아무리 세워도 걷질 못했다. 친언니는 서둘러 내가 걷질 못한다고 의사에게 알렸다. 말을 들은 의사는 MRI를 찍어보자고 했다. 시간이 얼마나 지났을까, 의사 선생님은 내게 다리로 가는 뇌신경이 손상되어 마비가 되었다고 했다. 맙소사. 말 그대로 마른하늘에 날벼락이었다. 모르는 사람한테 머리를 맞았는데 장애를 얻다니. 진짜 글로 쓰면서도 내가 겪은 일인데 여전히 믿어지지가 않는다. 병원 복도에선 초조하게 기다리던 가족들이 그 이야기를 듣고선 울었다고 하더라. 그 이후로는 난 계속 잠만 잤다. 그때 기억을 지웠으려나. 그때는 그런 내가 너무 고맙고 자랑스러웠다. 끔찍한 기억을 스스로 덮어줘서.

예전부터 〈그것이 알고 싶다〉, 〈알쓸범잡〉 등 범죄 관련

프로그램을 보는 걸 좋아했기에 이게 이상동기 범죄(잘못된 표현이지만, '묻지 마 범죄')구나 알 수 있었다. 어안이 벙벙했다. 뉴스로만 보던 이상동기 범죄의 피해자가 될 줄이야. 내 주변에 어느 누구도 피해자가 어떻게 대처해야 하는지 아는 사람이 없었다. 심지어 범인은 도주 중이었다. 누구한테 맞았는지도 모르는데 도주 중이라니. 이번엔 정말 죽을지도 모른다는 생각에 사로잡혀 병원 복도조차 나가지를 못했다. 모든 사람이 두려웠다. 범인이 남자인지 여자인지도 모르고, 그 사람 이름조차도 알려줄 수 없다고 했기 때문이었다. 망할 놈의 개인정보. 분명 범인이 도주 중이라고 했는데, 어디에도 날 보호해주는 경찰은 없었다. 경찰은 범인 잡기에 급급한 건지 내 상처엔 관심도 없는 것 같았다. 나는 언니에게 상처를 여러 앵글로 찍어달라고도

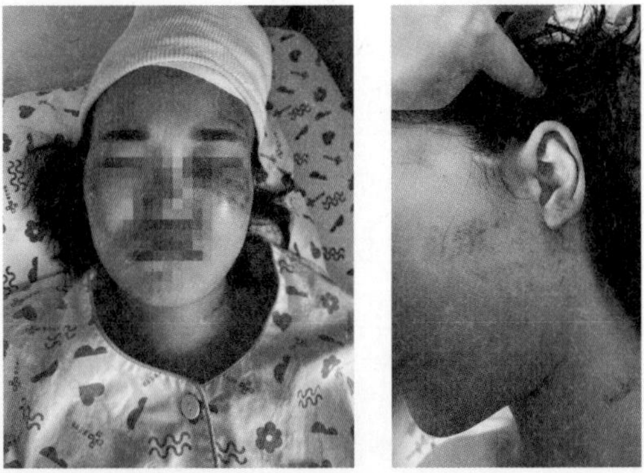

친언니에게 부탁해서 찍은 상처 사진

했다. 혹시나 모르니까.

제대로 몸을 추스르기도 전에 도대체 이게 무슨 일이냐며 연락들이 오고 있었다. 그날 만났던 동생의 번호를 알아내려고 친언니가 내 지인들에게 전화를 했었기 때문이었다. 터진 머리보다 쏟아지는 연락에 답장하느라 정신이 없었다. 내가 사고 날 줄 알았겠는가. 그다음 날 약속도 있었고 업무도 있었는데 모조리 취소해야 했다.

인스타그램으로 온 제보 DM

나는 그 당시에 재택근무를 하는 정직원이었는데 업무를 당분간 하기 어려울 것 같다고 하니, 정직원인 나를 잘랐다. 사고당한 것도 억울한데 직장까지 잃었다. 젠장할.

내가 모르는 사람에게 폭행당했다고 했더니 내 지인들은 무슨 소리냐며 수차례 되물었고, "나도 잘 모른다"라고 대답할 수밖에 없었다. 진짜 아무것도 아는 게 없었으니까. 일일이 설명하는 것도 슬슬 지쳐서 그냥 SNS에 '모르는 사람에게 폭행당했다'며 내 상처 사진을 올렸다.

다들 처음엔 그 글이 몰래카메라인 줄 알았다고 했다. 만우절인가 싶었을 것이다. 그렇게 나는 모두에게 불행의 아이콘임을 알렸다. 그런데 갑자기 모르는 사람들에게서 DM(다이렉트 메시지)이 엄청나게 오기 시작했다. 다들 똑같은 사진을 보내며 이 사람이 범인이라며 제보 DM을 보내왔다. 힘들어 죽겠는데 이젠 장난제보까지 보내나 싶었다.

어쨌든 사진 속 남자는 전혀 모르는 사람이었고, 나는 이런 사람을 본 기억도 없었다.

그러다가 꽤나 진지한 DM이 왔다. 범인의 도주를 도와준 여자친구가 자기 지인이고 그 사람도 피해자라고 범인은 지금쯤 잡혔을 거라고. 말도 안 되는 소리라고 생각했는데 진짜 '귀가하는 여성을 무차별 폭행한 30대가 검거'라는 기사가 떴다. 범인이 잡히면 당연히 경찰이 나에게도 연락을 줄 거라고 생각했지만, 아무 연락도 안 오더라. 현실은 드라마보다 더 각박하구나. 나를 지켜주는 경찰은커녕 범인이 잡혔다고 알려주는 사람도 없다니.

이젠 범인도 잡혔으니 괜찮을 거라 생각했는데, 불안해서 미칠 것 같았다. 제대로 서지도 못해서 친언니가 휠체어를 끌어줘야만 침대를 벗어날 수 있었다. 그러다 얼마 후 재활치료를 받으러 갔더니 웬 침대에 날 눕히고 찍찍이를 붙여 침대를 세웠다. 전신마비가 온 환자들이 쓰는 기계라고 했다. 서는 것도 안 되다니. 남은 인생은 진짜 비참하기 짝이 없겠구나 싶었다. 재활운동을 할 때마다 치료사 선생님에게 물었다.

"선생님, 이거 몰래카메라죠?"

내가 계속 잠도 자질 못하니 의사 선생님은 정신건강의학과를 가보라고 하셨다. 난 드라마 〈괜찮아, 사랑이야〉를 너무 좋아했던 사람이라 정신의학과에 대한 편견은 없었다. 그래서 이래도 되나 싶을 정도로 너무 반갑게 손을 흔들며 진료실에 들어가서 말했다.

"선생님, 저는 정신과에 대한 편견이 없어요. 〈괜찮아, 사랑이야〉에 나오는 엄마가 해리성 기억상실 장애를 얻었는데 제가 그렇게 될 줄이야!"

내가 평소에도 좀 유쾌한 편이긴 했지만 처한 상황에 비해 너무나도 해맑았다. 정신건강의학과 박서희 선생님은 너무 밝게 인사하는 나를 보고 적잖이 당황했다고 했다.

범인이 잡히고 며칠 뒤에, 경찰이 병실을 찾아왔다. 무슨 질문을 했는지 자세히 기억나질 않는데, 추후에 피해자 진술조서를 보니 "성범죄를 당한 것 같냐?"라는 질문을 했었더라. 입원하자마자 바로 생리가 시작되기도 했고 기억도 없으니 나는 그냥 "아닐걸요?"라고 답했다. 어느 누가 자신이 성범죄피해자라고 얘기하고 싶겠는가. 기억을 잃은 피해자에게 성범죄를 당한 것 같냐니. 지금 생각해보면 황당하기 그지없다. 하지만 그땐 사건에 대해서 생각하기 싫었고 경찰이 어련히 알아서 잘해주겠지 라고 생각하며 재활운동만 죽어라 했다.

재활하면서 '서면', '무차별 폭행'과 관련된 뉴스를 계속 검색하고 있었는데 '귀가하는 여성 무차별적으로 폭행한 30대 남자 "기분 나쁘게 째려봐서" 그랬다'라는 기사가 떴다. 너무 당황스러웠다. 기분 나쁘게 째려봐서라니. 그 어두운 밤에 거구의 남자를 기분 나쁘게 째려보거나 시비를 걸 만큼 내 간이 크진 않다. 게다가 뭘 얼마나 기분 나쁘게 째려봤길래 그랬다는 걸까. 그 기사를 계속 새로고침 하며 댓글들을 확인했다. 평소에는 댓글 같은 걸 보지 않는데, 내가 피해자가 되니 그게 잘 안 되더라. 제보가 혹시나 댓글에도 있을 수도 있으니 하나도 빠짐없이 읽어야 했다. 기사에는 나를 탓하는 댓글들로 가득했다. '그러게 왜 새벽에 돌아다니냐' '맞을 짓 했겠지' '안 봐도 뻔하다' '페미인가 보다' 등등 댓글창에서 나는 세상에서 제일 나쁜 사람이 되어 있었다. 너무 억울했다. 난 그렇게 산 적이 없는데. 모르는 네티즌들에게 한 번 더 무차별적으로 폭행을 당한 것 같았다. 그 기사를 보고 나서부터는 휴대폰을 계속 쥐고 살았다. 경찰은 알려주질 않았으니까.

혹시나 또 기사가 나왔을까, 또 제보가 오진 않을까 초조하던 찰나에 경찰이 찾아왔다. 현장 CCTV를 보여준다고 했다. 수사관은 영상이 너무 잔인해서 보호자가 보는 게 나을 것 같다고 했다. 친언니가 보고 왔는데 패닉이 온 것 같았다. 어떻게 폭행당했는지 물어봤는데 내가 뒤에서 맞고 계속 짓밟혔다고 했다. 어떻게 짓밟히면 사람이 마비까지 오나 싶었지만 더 이상 알아보진 않기로 했다. 그 이후엔 범죄피해자 전담 경찰관도 소개받았다. 날 보더니 성격이 너무 밝아서 다행이라고 했다. 처음으로 피해자의 밝은 모습이 이상한 건가 생각을 하게 된 날이었다. 심리 평가 요원도 찾아오더니 심리 테스트지와 함께 내가 요새 어떻게 지내고 있는지에 대해 진술서를 작성해서

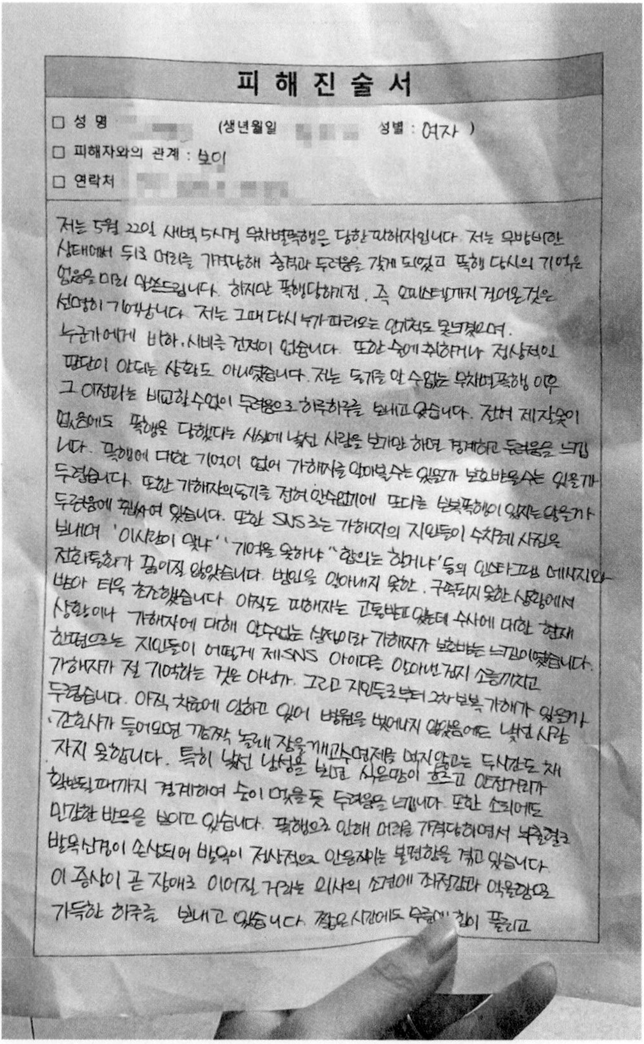

피해진술서

□ 성명 (생년월일 성별 : 여자)

□ 피해자와의 관계 : 본인

□ 연락처

저는 5월 22일 새벽 5시경 묻지마폭행을 당한 피해자입니다. 저는 무방비한
상태에서 뒤로 머리를 가격당해 충격과 두려움을 갖게 되었고 폭행 당시의 기억은
없음을 미리 말씀드립니다. 하지만 폭행당하기 전, 즉 오피스텔까지 걸어온 것은
선명히 기억납니다. 저는 그때 당시 누가 따라오는 인기척도 못느꼈으며,
누군가에게 비하, 시비를 건적이 없습니다. 또한 술에 취하거나 정상적인
판단이 안되는 상황도 아니었습니다. 저는 동기를 알 수 없는 무차별폭행 이후
그 이전과는 비교할 수 없이 두려움으로 하루하루를 보내고 있습니다. 전혀 제 잘못이
없음에도 폭행을 당했다는 사실에 낯선 사람을 보기만 하면 경계하고 두려움을 느낍
니다. 폭행에 대한 기억이 없어 가해자를 알아볼 수는 있을까 보호받을 수는 있을까
두렵습니다. 또한 가해자의 동기를 전혀 알 수 없기에 또 다른 보복폭행이 있지는 않을까
두려움에 휩싸여 있습니다. 또한 SNS로는 가해자의 지인들이 수차례 사진을
보내며 '이 사람이 맞냐' '기억을 못하냐' '합의는 할거냐' 등의 인스타그램 메시지와
전화통화가 끊이질 않았습니다. 범인을 알아내지 못한, 구속되지 못한 상황에서
받아 더욱 초조했습니다. 아직도 피해자는 고통받고 있는데 수사에 대한 현재
상황이나 가해자에 대해 알 수 없는 실정이라 가해자가 보호받는 느낌이었습니다.
한편으로는 지인들이 어떻게 제 SNS 아이디를 알아낸 건지 소름끼치고
가해자가 절 기억하는 것은 아닌가. 그리고 지인들로부터 2차 보복 가해가 있을까
두렵습니다. 아직 치료에 임하고 있어 병원을 벗어나지 않았음에도 낯선 사람
·간호사가 들어오면 깜짝 놀래 잠을 깨고 수면제를 먹지 않고는 두 시간도 채
자지 못합니다. 특히 낯선 남성을 보면 식은땀이 흐르고 안절거리다가
확인될 때까지 경계하여 숨이 막힐 듯 두려움을 느낍니다. 또한 소리에도
민감한 반응을 보이고 있습니다. 폭행으로 인해 머리를 가격당하면서 뇌출혈로
발목신경이 손상되어 발목이 정상적으로 안움직이는 불편함을 겪고 있습니다.
이 증상이 곧 장애로 이어질 거라는 의사의 소견에 좌절감과 억울함으로
가득한 하루를 보내고 있습니다. 젊은 시간에도 무릎에 힘이 풀리고

경찰서에 제출한 첫 피해진술서 1쪽

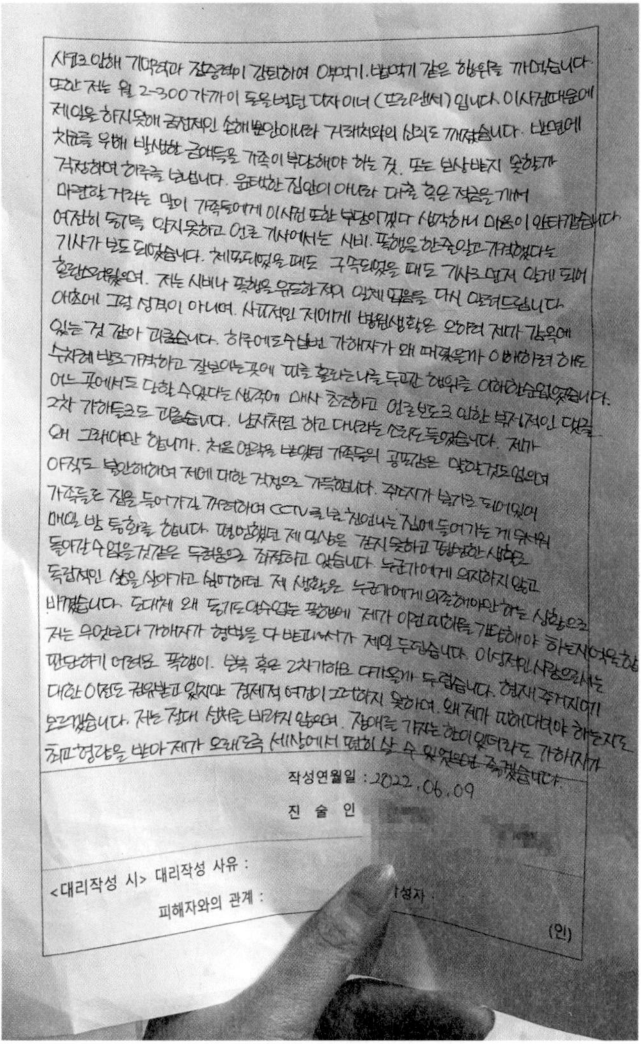

사고로 인해 기억력과 집중력이 감퇴하여 약먹기. 밥먹기 같은 행위를 까먹습니다. 또한 저는 월 2-300가까이 돈을 벌던 디자이너(프리랜서)입니다. 이사건때문에 제 일을 하지못해 금전적인 손해뿐만아니라 거래처와의 신뢰도 깨졌습니다. 반면에 치료를 위해 발생한 금액들을 가족이 부담해야 하는 것. 또는 보상받지 못할까 걱정하며 하루를 보냅니다. 윤택한 집안이 아니라 대출 혹은 적금을 깨서 마련할 거라는 말이 가족들에게 이사건 또한 부담이겠다 생각하니 마음이 안타깝습니다. 여전히 동기를 밝히지못하고 언론 기사에서는 시비. 폭행을 한줄알고 가격했다는 기사가 보도 되었습니다. 체포되었을 때도 구속되었을 때도 기사로 먼저 알게 되어 혼란스러웠으며. 저는 시비나 폭행을 유도한 적이 일체 없음을 다시 알려드립니다. 애초에 그럴 성격이 아니며. 사교적인 저에게 병원생활은 오히려 제가 감옥에 있는 것 같아 괴롭습니다. 하루에도 수십번 가해자가 왜 때렸을까 이해하려 해도 수차례 발로 가격하고 잘보이는 곳에 피를 흘리는 나를 두고간 행위를 이해할순없었습니다. 어느 곳에서도 당할 수 있다는 생각에 매사 초조하고 언론보도로 인한 부정적인 댓글 2차 가해들로도 괴롭습니다. 남자처럼 하고 다니라는 소리도 들었습니다. 제가 왜 그래야만 합니까. 처음 연락을 받았던 가족들의 공포감은 말할것도 없으며 아직도 불안해하며 저에 대한 걱정으로 가득합니다. 주거지가 노출이 되어있어 가족들은 집을 들어가길 꺼려하며 CCTV를 본 친언니는 집에 들어가는 게 무서워 매일 밤 통화를 합니다. 평범했던 제 일상은 걷지못하고 평범한 생활로 돌아갈 수 없을것같은 두려움으로 좌절하고 있습니다. 누군가에게 의지하지 않고 독립적인 삶을 살아가고 싶어하던 제 생활은 누군가에게 의존해야만 하는 상황으로 바뀌었습니다. 도대체 왜 동기도 알수없는 폭행에 제가 이런 피해를 감당해야 하는지 억울합 저는 무엇보다 가해자가 형벌을 다 받고나서가 제일 두렵습니다. 이성적인 사람으로서는 판단하기 어려운 폭행이. 보복 혹은 2차가해로 다가올까 두렵습니다. 현재 주거지에 대한 이전도 권유받고 있지만 경제적 여건이 그러하지 못하며. 왜 제가 피해다녀야 하는지도 모르겠습니다. 저는 절대 선처를 바라지 않으며. 장애를 가지는 한이 있더라도 가해자가 최고 형량을 받아 제가 오래도록 세상에서 편히 살 수 있었으면 좋겠습니다.

작성연월일 : 2022.06.09

진 술 인 [redacted]

<대리작성 시> 대리작성 사유 :

피해자와의 관계 : 　 …성자 :

(인)

경찰서에 제출한 첫 피해진술서 2쪽

보내달라고 했다.

늦은 저녁, 9층 복도에서 눈물을 흘리며 A4용지 2장을 꽉꽉 채웠다. 내 생에 진술서를 쓰는 날이 있을 줄은 꿈에도 몰랐는데. 참 인생 한번 기구하다고 생각했다. 가해자는 일면식도 없는 나를 마비가 올 정도로 짓밟았다고, 다음에는 정말 죽을 것 같다며 제발 엄벌에 처해달라고 썼다.

며칠이 지났을까, 담당 형사가 다시 찾아왔을 땐 여전히 다리가 안 움직이는지를 물었다. 2주가 넘도록 발가락 하나조차 움직이질 않았던 터라 조금만 더 지켜보자던 담당 의사 선생님도 장애를 얻을 것 같다고 했다. 그래서 상해 사건이 중상해 사건으로 바뀌게 되었다. 가족들은 마치 내가 죽은 것처럼 슬퍼했다. 모르는 사람한테 폭행당한 것도 말이 안 되는데 그것 때문에 장애까지 얻는다니. 애써 복잡한 감정을 숨기려는 부모님의 얼굴이 더 안쓰럽게 느껴졌다. 그 소식을 듣자마자 내 소울메이트는 서울에서 곧바로 내려와 꽃 선물을 해줬다. 그 꽃 선물 덕분인지는 몰라도 난 내 장애를 무덤덤하게 받아들였다. 피해자의 회복에는 주변 지인들이 중요하다는 게 가장 와닿는 순간이었다.

그런데, 2022년 6월 4일, 기적이 일어났다. 발가락이 아주 조금 꿈틀거렸다. 장애를 얻을 거라는 소견서로 중상해 사건이 된 지 며칠이 지나지 않아서 갑자기 마비가 풀렸다. 고작 발가락이지만 너무 신기해서 일어나자마자 동영상을 찍었다. 그러고는 지인들에게 동영상을 엄청나게 보냈다. 이거 보라고. 발가락 움직인다고. 의사 선생님도 초진을 와서는 내 발가락을 보시더니 "진짜 기적이다!" 감탄하며 고개를 휘저었다. 의학적으론 설명이 안 되는 것 같았다. 겨우 발가락이었지만 너무 좋았다. 그런데 가족들은 여전히 울상이었다. 발가락만 움직여서는 뭘 하겠는가. 이제 내가 혼자서는 아무것도 하지 못하는 거 아닐까 걱정했을 것이다. 설렜던 것도 잠시 나도 생각에 잠기기 시작했다. 내가 기적적으로 회복한 건데 이것 때문에 범인의 형량이 줄어들면 어떡하지? 너무 억울한데? 그 사람은 아무것도 안 도와줬잖아. 가해자의 형량이 줄어들면 어떡할까 걱정에 사로잡혀 재활에도 집중하기가 어려웠다. 내가 이런 사건을 겪었다고 하니 엄마의 지인분들이 돈을 걷어서 나한테 건네주기도 했다. 엄마가 봉사를 많이 하며 베풀었던 터라 내 발이 돌아온 거라는 소리를 듣기도 했다. 흠? 그런 걸로 하지 뭐. 좋은 게 좋은 거니까.

병문안을 오겠다는 할머니를 계속 말렸었는데, 발가락이 움직이고 나서야 할머니를 불렀다. 걱정을 사서 하시는 분이라 최대한 나아졌을 때 부르고 싶었다. 할머니는 기다렸다는 듯이 내가 좋아하는 사과를 집에서 손수 다 깎아오셨다. 가족들이 할머니에겐 사건에 대해 자세한 얘기를 하지 않았다. 그저 걷지 못하는 손녀를 보며 걱정투성이셨다. 그래서 나는 발가락이라도 움직이는 게 어디냐며 더 좋아질 거라고 해맑게 웃어줬다. 할머니 얼굴엔 궁금한 것투성이인 것 같았다. 얼굴에 멍이 가득한 손녀를 그저 바라보기만 하다가 말을 꺼냈다. 최대한 조용한 목소리로 "성폭행당하거나 그런 건 아니지?"라며 속삭였다. 남자친구가 있는데 그런 일을 당하면 시집 못 가는 거 아니냐며 걱정하셨다. 나는 그런 일은 없었다며 손사래를 치며 웃었다. 나도 사건에 대해서 아는 게 없었지만 그냥 부정하고 싶었던 것 같다.

코로나가 한창이었던 지라 1인실을 쓰는데도 친구들을 병원 1층이나 편의점에서 만나야 했다. 병문안 와준 지인들을 생각하니 인생 한번 잘 살았다 싶었다. 입원한 것도 영 나쁜 건 아니구나 했다. 오랜만에 지인들을 만날 수도 있고 말이다. 그런데 친구들을 만나려면 휠체어를 끌고 가야 했기에 친언니가 매니저를 자처해야만 했다. 하루도 빠지지 않고 친구들이 놀러 오니 친언니는 투덜댔다. 그도 그럴 것이 친구들의 질문은 항상 같았고 나의 대답도 항상 같았기 때문이다. “무슨 일이야?”부터 시작해서 “지금은 괜찮아?”까지 모두 다 같은 질문을 하니 녹음이라도 해두고 들려주고 싶었다. 지인의 반응들은 제각각이었다. 너무 아무렇지도 않게 얘기하는 내 모습을 이상해하는 친구도 있었고, 그나마 이렇게 밝게 지내고 있어서 다행이라고 하는 사람들도 있었다. 기억을 잃은 게 또 한 번 다행이라고 생각하는 순간이었다.

발가락이 움직이고 나서는 재활운동의 강도가 더 높아졌다. 운동을 너무 싫어하는데 살아남기 위해서는 재활을 해야만 했다. 갑자기 마비가 풀린 나를 보며 너무 부러워하는 환자분도 있었다. 그런 분들을 생각하며 이런 나라도 감사히 여겨야겠다고 생각했다. 시키는 대로만 했다. 발을 단단히 고정한 뒤 사이클을 타기도 했다. 고작 무게 추를 1로 설정했는데도 다리가 후들후들거렸다. 이렇게 사람이 연약해질 수가 있다니. 휠체어나 링거대가 없으면 걷지도 못한다니. 정신 바짝 차려야겠다 싶었다. 그래서 나는 틈 날 때마다 고무밴드로 발목을 위아래로 움직였다. 매일 링거대에 무게를 싣곤 병원 9층에서 느리게 걸어 다니며 병원 관계자들과 수다를 떨기도 했다. 꾸준히 재활운동을 하면서 발목도 신경이 서서히 돌아오기 시작했다. 여전히 웃기게 걸었지만 그마저도 기적이라고 생각했다. 슬슬 걸어보는 연습도 해야 한다고 했다. 내 생에 처음 배워보는 걸음마였다. 어릴 땐 그냥 몸으로 깨달은 거니까. 도대체 무슨 발부터 내밀어야 하는지 생각하며 걸은 적은 한 번도 없었으니까. 발뒤꿈치가 먼저 닿고 앞꿈치가 닿는 거라고 했다. 이렇게 걷는 게 어려운 거였나? 이미 알고 있었던 건데 이렇게나 낯설다니. 걸음마를 배우고 있는 이 상황이 너무 어이가 없었다. '왜 나 아무 잘못도 안 했는데, 27살에 걸음마를 다시 배우고 있는 거지?' 그래도 금방 정신을 차리고서 이게 어디냐며 스스로를 토닥였다. 친언니는 내가 걸을 수 있게 되자 다시 일하러 갔다. 나 때문에 연차를 모조리 썼다며 어찌나 투덜대던지. 그렇게 처음으로 혼자 있게 됐다. ENFP인 내가 두 달간 병실에 갇혀 있으려니 너무 힘들었다. 인스타그램에선 즐거운 일들이 가득해 보이는데 나는 병원 밖에도 나가질 못하니 말이다. 내가 너무 불쌍했다. 왜 나한텐 이런 일만 잔뜩 일어나는지. 박서희 선생님은 담담하게 얘기하셨다. "원래 인스타에는 좋은 것들만 올려요." 그래, 우리가 보는 것보다 더 많은 얘기가 그 사진엔 있을 거고, 좋지 않은 걸 올릴 리 없으니까 부러워하지 않아도 된다고. 1인실이다 보니 더욱더 무료했다. 밥 먹고 약 먹고 재활운동 하는 게 전부인 생활이었으니. 그래서 간호조무사분들이랑 매일 수다를 떨었다. 조용히 있으면 미쳐버릴 것 같았으니까. 일할 땐 적당히 아파서 입원하고 싶다고 했는데 다신 입원 따윈 하고 싶지 않아졌다. 이 생활을 해야 하는 건지 알 수가 없으니 너무 답답했다. 바깥 공기도 쐬고 싶고 노래방이 너무 가고 싶었다. 그나마 내가 할 수 있었던 건 차가 있는 사람이 병문안을 오면, 차 안에 들어가 블루투스 마이크로 노래를 부르는 것이었다. 직장으로 돌아간 언니는 매일 집에 들어갈 때면 나한테 영상통화를 걸었다. 무서워서 집에 혼자 못 가겠다며. 사건 CCTV 영상이 궁금해졌다. 도대체 어떻게 맞았으려나.

입원한 지 한 달이 지나서도 이상하리만큼 나는 우울하지 않았다. 아니, 그것 또한 우울했던 것일 수도 있었으려나. 그냥 아무 감정이 없었다. 멍 자국만 없었다면 아무도 어떤 사건의 피해자라고 생각하지 못할 정도로 밝았다. 그렇게 백지처럼 아무 색도 없던 내가 처음으로 울게 된 건 어느 환자 때문이었다. 자주 휴게실에 있었는데, 어떤 환자가 질문을 끊임없이 해댔다. 심심하던 즈음에 잘 됐다 싶어 얘기를 한참 나누고서 끝날 무렵에 갑자기 자신은 신천지라며 소속을 밝히곤 그 자리를 떠났다. 괜히 말을 걸었다 싶었다. 그 이후로 그 환자는 내 병실 문을 벌컥 열어대며 링거대를 끌고 자주 들어왔다. 안 그래도 낯선 사람이 무서웠던지라 링거대를 끌고 오는 소리만 들리면 문을 잠그고 자는 척을 했다. 거의 공황이 올 정도로 겁에 질렸을 때쯤 다행히 그 환자는 퇴원했다. 그때 처음으로 박서희 선생님 앞에서 상담하며 펑펑 울었다. 재수가 없어도 이리 없나 싶을 정도로 나쁜 일만 일어나는 것 같아서. 그런데 박서희 선생님은 덕분에 처음으로 감정이 표출된 것 같다며 기뻐했다. 뭐가 좋다는 건지 모르겠지만 나도 사건 이후 처음으로 나온 눈물에 신기하긴 했다. 나쁜 경험도 좋은 거름이 될 수 있단 걸 깨닫게 됐던 것 같다. 아무 일도 일어나지 않는 병원 생활에 지겨워질 즈음 항문에서 피가 났다. 밥을 잘 안 먹어서 그런 걸까. 약이 안 맞는 걸까. 가면 갈수록 아프고 피도 많아지길래 간호사에게 얘기했다. 휴지에 묻은 걸 직접 찍어서 보여줘야 진료를 신청하든지 약을 처방해줄 수 있다고 했다. 볼일 보고 난 후의 사진을 찍는 일이 너무 민망해서 계속 미루다가 휴지 한 칸이 흥건해질 정도로 피가 닦이길래 찍을 수밖에 없었다. 항문외과 의사는 단순히 오래 입원해 있다 보면 생기는 증상 중 하나일 거라고 했다. 나는 역시 성범죄는 아니라며 안심했다.

재활운동을 하고 나면 물리치료를 받았는데 그때 한창 봤던 게 드라마 〈이상한 변호사 우영우〉였다. 나한테도 저런 변호사가 있었으면 좋겠다는 생각을 했다. 가해자는 국선변호사가 있을 텐데 피해자는 성범죄가 아니면 국선변호사가 없다니 너무 아이러니했다. 재활을 다 하고 잠깐 병실 문을 열어놓은 적이 있는데 휴게실을 가던 환자가 말을 걸었다. 무슨 일로 입원했냐고. 집이 잘사냐며 1인실을 어떻게 이렇게 오래 쓰냐고. 폭행당한 게 전혀 부끄럽지 않았기에 모르는 사람한테 맞았다고 했다. 그래야 질문을 더 안 할 거 같았다. 그런데 돌아온 답변은 "그래도 심하게 안 맞았나 보네"였다. 한 달 넘게 안 빠지던 멍이 빠졌기도 하고 발이 조금 움직이던 상태라 그런 말을 했을 수도 있다. 그래도 난 전혀 안 괜찮은데, 왜 저렇게 쉽게 얘기하는 걸까 상처를 받았다. 그래서 또 상담하면서 펑펑 울어댔다. 태생이 울보인 내가 드디어 감정이 터졌구나 싶었다. 멍이 빠져서 멀쩡해 보였던 건지 환자들이 나를 궁금해했다. 다들 내 사건이 흥미로운 소재라도 되는 것처럼 나에 대해 떠들었다. 잘 알지도 못하는 사람들이 이 일을 왜 이렇게나 쉽게 얘기하나 싶었다. 심지어 사실이 아닌 얘기도 많았다. 그래서 더욱 사실을 알고 싶어졌다. 정확한 사실을 파악해서 내가 크게 소문을 내야겠다고. 두고 보라고.

또 다른 시련이 찾아왔다. 이미 응급실에서만 2백만 원이 넘게 나왔고, 입원하고 나서 중간 정산을 했더니 병원비가 천만 원을 넘어갔다. 어떤 부모가 자기 자식이 모르는 사람에게 폭행당할 거라고 상상이나 하겠는가. 그리고 그 치료비가 중간 정산만 천만 원이 훌쩍 넘는다니. 그런 돈은 우리 가족 수중에 없었다. 지켜주지 못했다는 죄책감과 지원을 제대로 해주지 못한다는 무력감에 가족들은 너무 힘들어했다. 한참 동안 병원비를 어떻게 낼지 고민하던 아빠가 적금을 깨야 할 것 같다고, 어차피 해지하려고 했다며 멋쩍게 웃었다. 그때 처음으로 괜히 살았나 싶었다. 왜 나를 때린 가해자가 아니라 아무 잘못 없는 내 가족이 이걸 내야 하지? 가해자는 왜 미안하다는 소리 한 번을 안 하지? 담당 형사한테 물어봐도 피해자와 연락해보고 싶단 얘기는 없었다고 했다. 그때부터 슬슬 분노가 차올랐다. 다친 머리보다 힘들어하는 가족들을 지켜보는 게 더 고통스러웠다. 그때, 이 범죄라는 게 피해자의 가족, 주변 사람들까지 모조리 곪아버리게 하는 사회악이라는 걸 깨달았다. 내 지인들도 모조리 뒤를 돌아보며 거리를 돌아다녔다고 했을 정도였으니까. 범죄피해 전담 경찰관은 일단 우리가 병원비를 지불하고 추후에 범죄피해자 구조금을 신청해야 한다고 했다. 진짜 개털도 없는데 왜 바로 지원해줄 수는 없는 건지 답답했다. 그때는 폭행을 당해도 나에게 귀책 사유가 없다는 게 확인되어야만 급여로 바뀔 수 있었다. 그것도 피해자가 직접 급여 제한 여부 조회를 보험공단에 신청해야 했다. 그래도 급여 처리가 되고 나니 병원비가 생각한 것보다 적게 나왔다. 가해자에게 급여로 처리된 부분은 구상권 청구가 된다고 하니 그나마 마음이 편해졌다.

나는 좋아하는 영화나 드라마를 자주 보는 타입이라 〈술꾼도시여자들〉을 병실에서 다시 본 적이 있었다. 그런데 다시 보다보니, 여자를 따라가던 웬 남자가 집으로 들어와 폭행하는 장면이 있었고 그걸 보는 순간 폰을 떨어트렸다. 그 이후로는 드라마를 도통 볼 수가 없었다. 한가한 병원 생활에 위로가 됐던 건 동물들이었다. 매일 아침이면 유튜브 고양이 채널 〈랙돌열한스푼〉과 강아지 채널 〈재롱잔치〉를 틀어놨다. 살아 있는 무언가를 보고 싶긴 한데 뉴스는 차마 보질 못하겠어서 그랬다. 이제 드라마도 못 보게 된 내가 과연 다시 거리를 걸을 수는 있을까 궁금했다. 빨리 퇴원하고 싶었다. 하지만 또 누군가를 걱정시킬 수 없었기에 걸어야만 했다. 나에게 허락되는 길이라곤 고작 병원 1층

로비 앞이었다. 내가 이 병원 생활을 끝낼 수는 있을까. 아무 생각 없이 걷게 되는 날은 올까. 언제 퇴원할지 모르는 병원 생활이 너무 힘들었다. 창문 밖 산투성이인 병원을 벗어나고 싶었다. 평생 부산에서 살면서 바다가 그리운 건 처음이었던 것 같다. 생각과 생각 그리고 생각이 줄지었다.

그러다 간절히 바라던 날이 다가오게 됐다. 외래를 계속 간다는 조건으로 퇴원하게 됐다. 7월 8일, 영화 〈쇼생크 탈출〉의 앤디처럼 두 팔 벌리며 소리를 질렀다. 드디어 탈출했다고. 퇴원한 날 옷을 잔뜩 사 들고 맛있는 걸 잔뜩 먹었다. 침대도 너무 푹신하고 내가 좋아하는 잠옷을 입고 잘 수 있다니 너무 행복했다. 그런데 다음 날 아침이 되자마자 이제 진짜 어쩌지 라는 생각에 사로잡혔다. 두 달 동안 치료에 전념하느라 프리랜서 디자이너였던 나를 찾는 이는 아무도 없었다. 도대체 앞으로 어떻게 살아가야 할까. 하루하루 내 심장은 시들어가는 것 같은데 재판 날은 한참 남았더라. 제멋대로인 발보다 내 텅 빈 통장과 신용카드 값이 더 걱정이었다. 이 정도로 재수가 없었으면 로또라도 걸릴 만한데 1등은커녕 5천 원 짜리조차 당첨이 안 되었다. 그때 '범죄피해자 구조금'이 생각났다. 분명 범죄피해자 전담 경찰관이 신청해놨다고 했으니, 이때쯤이면 연락 올 만도 했는데 오질 않았다. 검찰의 범죄피해자 부서에

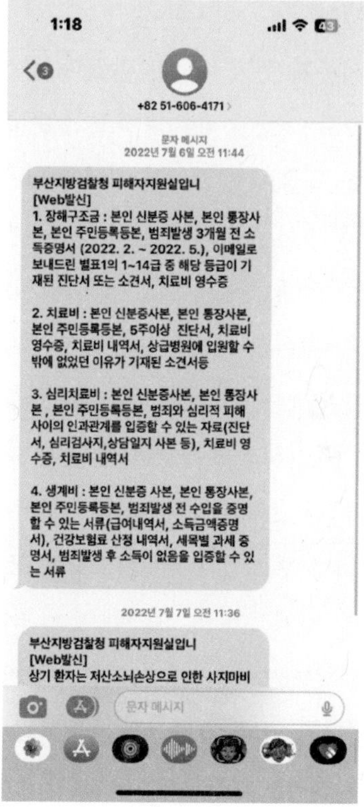

검찰청 중상해 피해 구조금 구비서류

연락하니 피해자가 면담 날짜를 잡고 해당일에 신청서를 접수하고 가야 한다고 했다. 그마저도 면담 일자를 잡지 않으면 신청조차 되질 않았다. 그러면서 범죄피해자 지원금을 받으려면 서류가 필요한데 구비서류를 문자로 보내주겠다고 했다.

필요한 서류가 진짜 더럽게 많았다. 중상해 구조금을 받으려면 전치 9주 이상이 되어야 하고 소견서에는 검찰에서 지정한 등급이 언급되어 있어야 했다. 몇 번이나 재차 병원을 방문해서 주치의에게 해당 서류를 받아야 했다. 신청하기도 전에 숨이 넘어갈 것 같았다. '도대체 다른 피해자들은 어떻게 이걸 다 한 거래?'

먹고사는 건 나중에 걱정하고 일상의 무료함을 잔뜩 만끽했다. 참 엉성하게 걸었다. 뛰는 건 더 웃겼다. 그래도 병실이 아닌 곳에서 내가 걸을 수까지 있다니 그 자체만으로도 너무 행복했다. 비 오는 날엔 모든 감각이 예민해져 있었다. 넘어질까 봐 바닥만 보며 걸었다. 진짜 이번에 넘어지면 큰일일 거니까. 5분이면 갈 거리를 족히 10분은 넘게 걸리곤 했다. 차라리 크게 다쳤으면 모두 이해하고 도와줄 텐데, 애매하게 나아서 더 힘들었던 것 같다. 그래도 가고 싶었던 카페도 가고 산투성이였던 병원을 벗어나 바다도 놀러 갔다. 원래도 즉흥적인 편이었지만 즉흥의 끝을 달리고 있었다. 갑자기 어느 순간에 죽을지도 모른다는 생각에 아낌없이 돈을 썼다. 내일 죽을지도 모르니까. 진짜 그때도 기적적으로 살았던 거니까.

소방서를 찾아간 적도 있었다. 사건 당시 출혈이

너무 심했고 구석진 데 방치되어 있었기 때문에 입주민이 우연히 발견하지 않았더라면 이 세상 사람이 아니었을 것이니까. 너무 감사했다. 그래서 나를 응급실로 데려다준 부산진소방서를 찾아갔다. 5월 22일에 있었던 사건의 피해자인데 신고자에게 너무 감사하다고 사례라도 하고 싶다고 사정을 설명했다. 소방서에서는 여기가 아니라 범일 119안전센터로 가라고 했다. 갔더니 이런 사안은 부산진경찰서에 가서 얘기를 해야 할 것 같다고 했다. 경찰서에 연락해서 신고자분한테 감사 표시라도 하고 싶다고 했다. 형사가 신고자의 의사를 물어보겠다고 했다. 결국 신고자가 거절했다고 해서 감사의 마음으로 정성껏 살기로 했다.

나는 버스킹을 보는 걸 참 좋아하던 사람이었다. 영화 〈타짜〉에서 예림이가 얘기하는 것처럼, 나는 버스킹을 듣기만 하면 차가운 손발이 따뜻해졌다. 대부분의 버스킹은 저녁에 하다 보니 집에 들어갈 때마다 사건 생각이 나서 불안했다. 그나마 친한 지인들이 집에 데려다줘서 겨우겨우 볼 수 있었다. 거의 모든 사람이 그때 내 귀가를 도와주곤 했는데, 아무것도 못 하는 어린아이가 된 것 같았다. 심지어 나보다 더 가녀린 동생이 데려다줄 때는 누가 누굴 보호하겠다는 건지 웃길 정도였다. 정말 고맙긴 했지만 언제까지 이렇게 해줄 수도 없을뿐더러, 나 스스로 집에 들어갈 수는 있어야 하지 않겠냐고 생각했다. 하루는 버스킹을 듣는데 더 이상 심장이 두근거리지 않았다. 너무 슬펐다. 내가 음악에 심장이 뛰질 않는다니. 집에 가는 내내 펑펑 울었다. 전형적인 우울 증상이었던 것 같다. 그때부턴 거의 내리 잠만 잤다. 뭘 하더라도 집에 있고 싶었다. 침대에서 노트북을 할 수 있는 테이블을 사기도 했다. 그렇게 매일 수십 가지 과제를 해결해야만 했다. CCTV가 없는 곳이나, 사고를 당했을 때 구조요청을 할 수 없는 공간이라면 최대한 피해 다녔다. 분리수거를 하는 것도, 음식물 쓰레기를 버리는 것도 너무 무서웠다. 거의 대부분 다른 사람과 같이 버리러 가게 되었다. 사람들은 내가 항상 용기 있는 선택을 했을 거라 추측하지만 실상은 비루하기 짝이 없었다.

첫 재판이 슬슬 다가오고 있었는데 사실 너무 떨렸다. 도대체 난 그 사람에게 무슨 잘못을 했길래 이런 일을 당한 걸까? 짐작 가는 건 하나도 없었다. 거의 망상에 빠질 정도로 모르는 사람들이 다 나빠 보였다. 기사에는 그런 댓글도 있었다. '누가 해코지하려고 청부 맡겼나 보다'라고. 나 그렇게 나쁘게 살지 않았는데. 더 이상 답은 나오지 않았다. 그 이후론 그 사람이 도대체 몇 년이나 받을까 궁금해서 검색해봤다. 아무리 검색해봐도 피해자를 위한 글은 찾아볼 수가 없었다. 죄다 가해자를 위한 홍보 글들로 수두룩했다. 그 글들이 나를 압도했다. 숨 막힐 듯 답답했다. 아, 가해자가 이렇게 잘못해도 집행유예를 받거나 징역을 얼마 안 받기도 하는구나. 변호사를 구할 의지조차 사라졌다. 돈도 없었지만.

꽤나 시간이 지난 것 같은데, 아무 소식도 들리질 않았다. 그래서 사건은 얼마나 진행됐으려나 직접 찾아보기로 했다. 형사사법포털(PICS)에서 사건번호를 입력하면 진행 상황을 알 수 있다고 했다. 아니 근데 공인인증서까지 다 입력했는데 나에게 권한이 없다고 했다. 왜 내가 피해자인데 권한이 없다는 거지. 나는 그자의 이름조차 알지 못했다. 어떤 형상도 보이지 않는 범인이 무서웠고 혹시나 또 보복하려는 배후가 있을까 봐 집에 갈 때도 항상 뛰어다녔다. 나 도대체 누구한테 어떤 잘못을 한 걸까. 법원으로 사건이 넘어가면 또 검색하는 데가 따로 있어서 대한민국 법원 사이트를 들어가봤다. 근데 사건번호 검색을 하는데 피고인 이름을 쓰라고? 개인정보라고 안 가르쳐 줬으면서 피해자는 그럼 재판검색도 못 하는 건가. 하나부터 열까지 고구마를 먹은 듯했다. 사건 초반에 왔던 제보 DM들에 있는 이름을 치니 사건을 확인할 수 있었는데, 이게 웬걸 살인미수가 되어 있었다. 그때 처음으로 제대로 흘러가고 있단 생각을 했다. '그래, 내가 봐도 이건 살인미수였는데!' 통쾌함도 잠시였다. 이게 가해자의 이름이구나 하면서 스크롤하니, 바로 밑에 가해자가 반성문을 제출했다고 적혀 있었기 때문이다. 아니, 걔는 누구한테 반성한다는 거야? 처음으로 가해자에게 진심으로 화가 났다. 반성문 같은 게 있는지도 처음 알았는데 도대체 뭐라고 적어놨을까 궁금했다. 그래도 반성문을 쓸 정도면 자기가 뭔가 잘못은 했다고 생각하나 싶었다. 그래서 재판을 보러 가고 싶었다. 가해자가 누군지, 어떤 모습을 하고 있을지 알고 싶어서. 만약에 내가 재판에 가면 어떨까라고 넌지시 지인들한테 물어봤더니 정말 모든 사람이 말렸다. 제발 가지 말라고. 주치의 선생님도 트라우마가 나타날 수도 있으니 가지 말라고 했다. 친언니도 내게 재판 보고 와서 그대로 전해줄 테니 가지 말라고 했다. 휴, 다행이다 싶었다. 물론 궁금하긴 했지만. 다른 사람들이 말려줘서. 다른 사람들이 하도 가지 말래서 안 가는 거라며, 무서워하는 나 스스로를 숨겼다.

세상에서 제일 안전한 법원

2022년 7월 19일, 첫 재판 날이었다. 너무 긴장했던 걸까, 새벽에 일찍 나섰다. 도대체 누가 날 이렇게 처참하게 만든 걸까 궁금했다. 생각이 꼬리에 꼬리를 물고 이어졌다. 혹시나 법원에 갔는데 내가 모르는 사람이 내게 보복하면 어떻게 하지? 방검복을 구하고 싶은 마음이 굴뚝같았다. 방검복을 검색해보니 너무 비쌌고 여자가 입을 만한 방검복은 있지도 않았다. 내가 죄를 지은 것도 아닌데 되려 겁에 질려 있었다. 가해자는 떨고 있을까? 피해자인 내가 떨고 있는 이 상황이 너무 아이러니했다. 내 마음과는 다르게 집을 나서니 날씨가 더럽게도 좋았다. 살면서 법원 올 일이 뭐가 있겠는가. 27년을 살면서 법원 근처에도 가본 적이 없는데 너무 느낌이 이상했다.

난 차 안에서 기다리기로 하고 언니가 들어가려는 찰나에 아빠에게 전화가 왔다. 친한 지인이 경찰인데 중상해 사건은 2, 3년밖에 못 받는다고 했다. 아마 아빠는 혹시나 내가 재판을 보러 갈까 봐 전화했을 거다. 그런데 그 순간에 그럼 더 가야겠다고 마음먹게 됐다. 그 사람이 징역을 그 정도만 받고 다시 내 눈앞에 나타났는데 내가 못 알아보면 속수무책으로 당하는 거 아니냐고. 그 상황이 더 끔찍하니까. 설마 판사 앞에 있는데 가해자가 날 죽이기라도 하겠나 싶어서 한 번만 보러 가야겠다고 생각했다. 지금 생각해보면 정말 말 안 듣는 딸이다. 미안해, 아빠. 내가 법정에 들어간다고 하니 휠체어라도 끌고 가야 하는 거 아니냐고 우스갯소리로 얘기했다. 하지만 내 진술의 신빙성을 없애는 행동은 아무것도 하고 싶지 않았다.

법원에 들어가는 사람마다 다 어두운 표정을 하고 가는 걸 보니 나도 뭔가 기운이 빠졌다. 법원 1층에서 몸을 수색하고서야 3층에 들어갈 수 있었는데, 여기서 다치진 않겠다 싶었다. 법정에 들어가려고 하던 도중에 나도 휠체어를 들고 올 걸 그랬나 싶었다. 피해자인 거 티내지 말고 조용히 보고 와야겠다고 생각했다. 뚱뚱한 발목 보호대 때문에 발을 절뚝이며 법정을 들어갔다. 드라마에서 보던 법정이 눈앞에 있었다. 꽤나 컸다. 이 많은 자리 중에 어느 곳에 앉아야 좋을까 고민했다. 그런데 경위가 날 가로막았다. 모자 쓴 날 보더니 법정 안에서 모자를 쓰면 안 된다고 제지했다. 내가 말했다.

"제가 2022 고합 282 피해자인데요, 너무 무서워서 그런데 모자만이라도 쓰고 있으면 안 될까요?"

그랬더니 경위는 나더러 입구랑 가까운 곳에 앉아서 보라고 했다. 제일 뒤에 있는 좌석이었다. 그 순간 왠지 내가 숨는 것 같아서 너무 싫었다. 에라 모르겠다. 모자를 벗어 던지고 정중앙에 앉았다. 다른 재판들을 보고 있는데 엄청 순식간에 지나갔다. 시간이 갈수록 심장 소리가 귀에 더 크게 울려댔다. 드라마에서 보는 것처럼 "이의 있습니다!" 같은 외침이 울리는 열정 넘치는 법정은 아니었다. 말하는 속도가 너무 빨라서 주술을 외우는 것 같았다. 내 재판을 알아들을 수는 있으려나 걱정이 앞섰다.

"2022 고합 282"라는 소리와 함께 가해자가 법정에 들어왔다. 너무 이상했다. 영화나 드라마를 보면 가해자들은 죄지은 듯 고개를 푹 숙이며 반성하는 척이라도 하던데, 이 사람은 제집이라도 되는 것처럼 너무 편해 보였다. 긴장한 모습 하나 없이 지루한 듯 앉아 있었다. 너무 기이했지만 그게 중요한 게 아니었다. 도대체 이 사건이 무슨 사건인지 피해자인 나조차 알지 못하는 상황을 법정에서야 들을 수 있었다. 검사님이 요약해서 사건을 알려준 뒤, CCTV를 보여준다고 했다. 거의 10분 동안 나를 따라오던 가해자의 모습이 찍힌 CCTV를 보여줬다. 가해자랑 눈 한번 마주치지 않고 10분 동안 걸어갔던 내 모습을 보고 나니 자신감이 올라갔다. 좋았어. 난 역시 잘못한 게 없구나. 그러고 나선 폭행 장면이 담긴 영상을 보여줬다. CCTV를 봤었던 언니는 급히 내 눈을 가렸다. 나는 그 손을 뿌리치며 말했다.

"손 치워, 이거 보려고 왔으니까."

언니한테 들었던 설명보다 영상은 더 잔인하고 기괴했다. 더 현실감이 없어졌다. 내가 이렇게 맞았다니. 말도 안 돼. 째려보기는커녕 눈길조차 안 줬는데, 이렇게 체중을 힘껏 실어 나를 두들겨 패다니. 영상이 끝나고 나니 검사님이 CCTV로 볼 수 없는 사각지대에서 7분 정도의 공백이 있다고 말했다. 그래서 속옷 DNA 재감정을 맡긴다고. 1차 공판이 끝나고 법원을 나왔을 때, 어느 누구도 먼저 입을 떼기 어려워했다. 그러다가 제일 먼저 언니가 말을 꺼냈다.

"응급실에서 내가 환자복으로 갈아입혀줄 때, 너 속옷 안 입었냐고 물어봤던 거 기억나?"

그제야 뭔가 퍼즐이 맞춰지는 것 같았다. 그걸 왜 지금에서 얘기하냐며 언니의 어깨를 때리며 화를 냈다. 의식이 있었던지라 언니는 내가 기억을 하는 줄 알았다고 했다. 성범죄를 의심해볼 만도 했지만 사건이 일어나면 당황하는 건 피해자뿐만이 아니다. 피해자 가족도 마찬가지다. 너무 당황했던 지라 그럴 여유까진 없었겠지 하고 다시 차근차근 언니 말을 들어봤다. 응급실에서 환자복으로 바꿔입는 순간에 내 바지를 조금씩 내리는데 속옷이 없었다고 했다. 그래서 언니는 내게 속옷을 안 입었냐고 물어봤다. 살면서 노팬티라곤 해본 적이 없었기에 당연히 아니라고 했다. 좀 더 내리니 한쪽 다리 종아리에 속옷이 걸쳐져 있었다고 하더라. 멀쩡히 거리를 걸어 다니던 내가 한쪽에 걸쳐놓고 걸었을 리도 없고, 환자복으로 갈아입기 전까지만 해도 바지를 만진 의료진은 없었다. 이건 분명히 성범죄를 목적으로 한 범죄라는 생각을 할 수밖에 없었다. 그래서 언니에게 그 상황을 진술서에 적어달라고 한 뒤, 법원에 냈다. DNA 재감정하면 당연히 뭐라도 나오겠다고 확신했다.

재판 전만 하더라도 이 사건에 대해서 알고 싶지 않았는데 '7분의 사각지대'가 있다는 말에 바로 피해자 사건 열람 복사를 신청했다. 그때까지만 해도 나는 사법부에 대한 기대가 가득했다. 피해자가 사건을 알고 싶다는데 당연히 알려줄 거라고 생각했다. 실상은 전혀 그렇지 않았다. 재판부에서 전화가 와서 말했다.

"재판장님이 지금은 공소장만 열람해주실 수 있으시대요."

공소장이 뭔지도 몰랐지만, 법원에 가서 받아보니 첫 공판 때 들었던 내용이었다. 알고 보니 공소장은 검사가 피고인에 대한 죄명과 구체적인 범죄사실 등을 기재해 공소 시 법원에 제출하는 문서였더라. 난 이걸 알고 싶었던 게 아니었는데. 법원을 나오고 나서 폭풍 검색을 하기 시작했다. 알고 보니 피해자가 자료를 받기 어려운 건 어딜 가나 매한가지였다. 상식적으로 이해가 안 됐다. 왜 내가 사건을 열람을 못 한다는 건지, 그냥 사실을 알고 싶은 것뿐인데. 마치 사법부가 피해자를 방해물로 여기는 것 같은 느낌을 그때 처음 받았다. 그래서 그 이후로 찾은 곳은 언론이었다. 언론에 제보하면 모든 게 해결될 거라고 생각했지만, 처음엔 거의 아무도 내 이야기를 믿질 않았다. 나에겐 어떤 자료도, 아무런 기억도 없었고 영상으로 보면 너무 엽기적인 행태이지만 말로 설명하기가 너무 어려웠다. 그때는 기자들에게도 이상동기 범죄에 대해서 납득시키기가 어려웠다. 아무 잘못이 없는데 다리가 마비될 정도로 머리를 짓밟혔다는 걸 누군가에게 납득시키기가 정말 어려웠다. 수십 통의 제보 메일을 보냈지만 그마저도 회신이 잘 오지 않았다. 법원에서도 미디어에서도 거절당하는 내가 비참하기까지 했다.

그러다가 처음으로 연락을 준 사람이 JTBC 이호진 기자님이었다. 지금 생각해보면 이호진 기자님에게 너무 감사한 게, 내가 아는 사실이라곤 첫 공판 때 알게 된 사실들뿐이었다. 자료라곤 하나도 없는데 오로지 내 말만 믿고 기다려주셨다. JTBC 본사에서 인터뷰를 하자고 하셨다. 마침 서울에 있는 변호사를 보러 가는 날이었다. 그렇게 처음 카메라 앞에 섰다. 이호진 기자님의 머리 위에 물음표가 잔뜩 있는 것 같았다. 피해 사실도 그랬지만 이호진 기자님은 나를 정말 특이하다고 얘기하셨다. 아마 다른 피해자들보다 밝고, 또 다른 피해자들을 돕고 싶다는 나의 마음이 그래 보였던 것 같다. 나는 CCTV를 봤기에 이건 분명히 사회문제이고 이슈화가 될 거라고 확신했다. CCTV를 보지 못한 이호진 기자님을 설득하며 사건 네이밍을 해보는 건 어떠냐고 제안했다. 이호진 기자님도 지속적으로 보도하겠다며 자료가 나올 때까지 기다리며 네이밍을 고민해보겠다고 했다. 처음으로 함께하는 동반자가 생겼다. 심증은 빼박인데 사법 체계에서 이걸 증명하려면 너무 많은 시간을 투자해야 했다. 다시 돌아갈 수만 있다면, 나는 그냥 다 잊고 일상으로 돌아가라고 내게 말하고 싶다. 그 사람이 형량을 많이 받든 적게 받든 내 인생에 도움 될 건 하나도 없으니까. 그렇게 JTBC의 '엘리베이터 기다리는데 뒤에서 돌려차기'라는 단독기사가 나왔다.

내 주장만 실린 기사에는 '중립 기어 박는다'라는 댓글이 많았다. 거기다가 기억이 없다면서 어떻게 저렇게 자세히 진술을 하는 거냐며 나를 의심했다. 심지어 그림을 너무 자극적으로 표현한 거 아니냐는 질타도 받았다. 그림에 비하면 훨씬 더 잔혹한데 해명할 길도 없어 답답했다. 그렇게 나 스스로도 바이럴을 해보자는 생각으로 〈네이트판〉에 글을 쓰기로 했다. 증거는 하나도 없는데다가 당최 무슨 말을 써야 할지도 몰랐다. 내가 가진 상처 사진과 함께 '제 인생에도 우영우 같은 변호사가 있다면 좋겠어요'라는 글을 업로드했다. 지인들에게 모두 링크를 돌려가며 '좋아요'를 구걸했다. 내 피해구제를 위해서 지인들에게 손을 벌려야 하는 이 상황이 너무 싫었다. 그런데 무슨 일인지 갑자기 글이 삭제됐다. 무슨 이유인지 자세히 알 수도 없었다. 사진이 너무 자극적인 걸까. 아니면 범죄와 관련된 부분이거나 명예훼손 때문이려나. 도와달라고 구걸하는 것도 이제 지쳤다. 물론 도움이 필요하면 언제든 얘기하라고 했지만 그들도 자신들의 인생이 있는데 방해되기 싫었다. 그래서 이때부턴 오로지 나 혼자 하겠다고 다짐했다.

기사의 댓글을 읽다 보니, 문뜩 도주를 도와줬던 가해자의 전 여자친구가 생각났다. 도주를 도와줬기에 첫 공판에 가해자와 같은 피고인 좌석에 앉았었다. 앳되 보이는 저 여자애가 도대체 왜 그랬을까. 도대체 무슨 생각으로 저 사람은 범죄자를 숨겨준 걸까 너무 괘씸했다. 그 시간 동안 내가 얼마나 불안해했는데. 내 가족들이 얼마나 힘들어했는데. 왜 도와줬을까. 친언니한테 이 얘길했더니 재판 당시 얘기를 해줬다. CCTV가 재생되는 동안 언니는 가해자가 아닌 여자친구 쪽을 보고 있었는데 그 여자애가 화들짝 놀랐다고 했다. 뭐지, 이 사람은 뭘 모르고 도와준 건가. 저번에 받았던 '여자친구도 피해자예요'라는 제보 DM이 맞는 얘기이려나. 공판 날 들었던 피고인 이름을 SNS에 열심히 검색했다. 그 피고인은 보험설계사였기에 금방 찾을 수가 있었다. '안녕하세요, 그때 기억나시나 모르겠는데 피해자 ○○○입니다.' 솔직히 좀 괘씸했던 터라 '잘 지내세요? 몸은 괜찮으신가요?'라는 메시지를 비꼬아서 보냈다. 그런데 답변이 의외였다. '먼저 물어봤어야 하는 건데, ○○씨 몸은 회복이 되어가시나요? 많이 힘드실 텐데, 죄송합니다.' 이해가 안 됐다. 이 사람은 날 때리지도 않았는데, 왜 이렇게 진심을 다해서 사과를 하는 거지. 한순간에 미운 마음은 녹아들었다. 그 진심 어린 사과 때문에 나를 때린 가해자는 전혀 반성하고 있지 않다는 걸 더욱더 느낄 수밖에 없었다. 그렇게 그 대화는 끝을 냈다. 이 정도면 충분하다고. 사건의 정보를 알아내려면 민사를 걸 수밖에 없었다. 담당 재판부 직원도 민사로 해서 문서 송부 촉탁을 받으라고 권유했다. 로톡으로 변호사를 알아보곤 자료를 위해 변호사 선임비까지 써야 했다. 몇백만 원이

수중에 있을 리가 없었고 카드를 24개월 할부로 끊어달라고 했다. 그만큼이나 너무 궁금했다. 내가 당사자니까.

이제부터는 시간이 다 해결해주리라 생각했다. 사건 때문에 신용불량자가 될 순 없으니 정신 차리고 빨리 일이나 하자며 아는 대표님들에게 내 복귀를 알렸다. 그런데 아무도 날 찾지 않았다. 프리랜서 디자이너에게 두 달 간의 공백이란 치명적이다. 일이 없는 것도 문제였지만 오랜만에 의뢰가 온 디자인 건도 제대로 해내질 못했다. 손이 부러진 것도 아닌데 당연히 일은 문제없을 거란 내 예상이 틀렸다. 마감이 10시인데 9시 50분까지 딴짓을 하고 있었다. 기억력과 집중력이 엄청 나빠져 있었던 것이다. 클라이언트가 '혹시 언제 주시나요?'라고 했을 때 온몸에서 식은땀이 줄줄 흘렀다. 어느 회사도 나의 이런 상황을 배려해줄 곳은 없었다. 사회가 그렇다. 냉철하다. 그래서 모든 업무를 그만두었다. 그럼 이제 어떻게 하지?

어느 것도 손에 잡히질 않고 사건에 대한 의문점은 한가득이었다. 그때 택한 게 범죄심리학이었다. 범죄와 관련된 서적을 몽땅 사서 읽기 시작했다. 어차피 아무도 나를 안 찾아주고 실수만 잔뜩 할 바에야 공부라도 해서 그 가해자 심리라도 알아내겠다고. 하루가 멀다고 카페에 가서 책을 읽어댔다. 이수정 교수님의 《최신 범죄심리학》을 읽으면서 더 확신에 차기 시작했다. 그냥 이상동기 범죄가 아니구나. 그렇게 책을 읽다 보니 이상한 게 있었다. 성범죄라면 왜지? 그 사람은 여자친구가 있었는데? 도무지 해답을 풀 수가 없었다. 성범죄가 아니더라도, 일면식이 없는 사람에게도 이 정도로 폭력적인 거라면 정말 위험한 사람이라 생각했다. 이 사람의 다음은 살인일 거라고. 그렇게 아무것도 하지 못하는 죄책감을 책이라도 읽으며 덜어내려 애썼다.

법원도 제집 지나들 듯 자주 갔다. 범인들의 심리도 궁금했고 내 사건을 담당한 판사가 어떤 성향인지 알고 싶기도 했다. 지금 와서 생각해보면 그저 법원이 제일 안전한 곳이라고 생각해서 택한 것 같기도 하다. 법원은 소지품 검사도 하고 법정에 들어가면 경위들이 혹시나 모를 상황에 항상 배치되어 있기 때문이었다. 근데 성범죄 재판에는 거의 들어가질 못했다. 모든 재판은 공개가 원칙인데, 성범죄나 청소년과 관련된 범죄는 제한적이었다. 그래서 그나마 볼 수 있었던 건 사기나 폭행과 관련된 재판들뿐이었다. 엄청 의아했던 건 어디에서도 피해자가 보이질 않았다. 어머니로 보이는 중년여성이 남자아이와 앉아서 재판을 기다리고 있었다. 드디어 피해자 가족이 보이는구나 했다. 아들도 긴장하며 손을 덜덜 떨었다. '많이 긴장했구나.' 나 같아도 그럴 것 같다고 생각했다. 그런데 재판이 시작하자마자 긴장하던 남자아이가 피고인석으로 입장했다. 엄청나게 충격이었다. 왜 어느 곳에서도 피해자가 안 보이는 거지? 사실 처음엔 그런 피해자들을 이해할 수 없었다. 자기 일인데 왜 아무도 신경을 안 쓰지? 그러니 전과 18범인 괴물이 생기는 거 아니냐고.

내 일이 아닌 우리의 일

어쩔 수 없이 가해자의 전 여자친구 김지현(가명) 님에게 다시 연락을 하게 됐다. 지금 생각해도 참 무리한 연락이었던 건 안다. 하지만 물을 사람이 이 사람밖에 없었다. 대뜸 한 달 만에 연락해서는 물었다. '연인이었을 때 다치거나 이상한 점은 없으셨나요?' 나라면 무시했을 것 같은데, 지현 님은 전부 다 얘기해줬다. 어떻게 도주를 도와줬는지, 어떤 사이였는지. 겨우 한 달 정도 만난 사이였다더라. 20대 초반에 남자 한번 잘못 만났다가 전과까지 생긴 게 참 나만큼이나 기구하다 생각이 들었다. 알고 보니 도주를 도와준 것도 무슨 사건인지도 자세히 모르고 있었다고 한다. 시간이 늦은 터라 자신은 자고 있었는데, 가해자가 술 먹고 급히 들어와서는 남자들과 싸움이 있었는데 일이 좀 커졌다고 했다. 전과가 있어서 이번에 잡히면 무조건 구속이라고. 자신과 생일이 같은 지현 님에게 생일을 함께 보낸 뒤 알아서 자수하겠다며 그동안만 같이 있자고 했다더라. 지현 님의 집에 경찰이 찾아온 적도 있었는데 그때도 가해자가 시키는 대로 얘기했다. 남자친구 이름은 '이○우' 가 아니라 '이○후'라고. 헛웃음이 났다. 이런 수준 낮은 변명을 하다니. 다 가해자가 꾸민 판이었다. 무슨 범죄든 숨겨준 건 잘못된 거지만, 이렇게 심각한 사건인지는 몰랐다고 했다. 귀찮을 법도 한데 지현 님은 내 질문에 매번 꼬박꼬박 답장해줬다. 몇 번 얘기만 나눴을 뿐인데 그냥 이 사람은 순해 빠졌다 생각들 정도로 착하기만 했다. 다행히 주변 지인이 이 얘기를 듣고는 신고했다고 하더라. 무슨 단순폭행 사건에 경찰이 이렇게도 빨리 찾아오냐며. 하, 빨리 얘기해주지. 내가 괜히 애먼 사람만 미워했다 싶었다. 지현 님은 형사에게 포렌식 결과를 듣고 나서야 피해자가 여성이란 걸 알았다고 했다. 자신의 휴대폰에 '○○동 강간' '실시간 서면 살인 사건' 등의 검색기록이 있었던 것이었다.

아무런 사건을 모르는 사람이 그런 내용을 친다는 건 말이 안 된다. 심지어 사건이 발생한 건물까지 알 턱이 있겠나. 가해자가 지현 님의 휴대폰으로 도주 중에 수사가 얼마나 진행됐는지 확인하려고 검색했던 것이다.

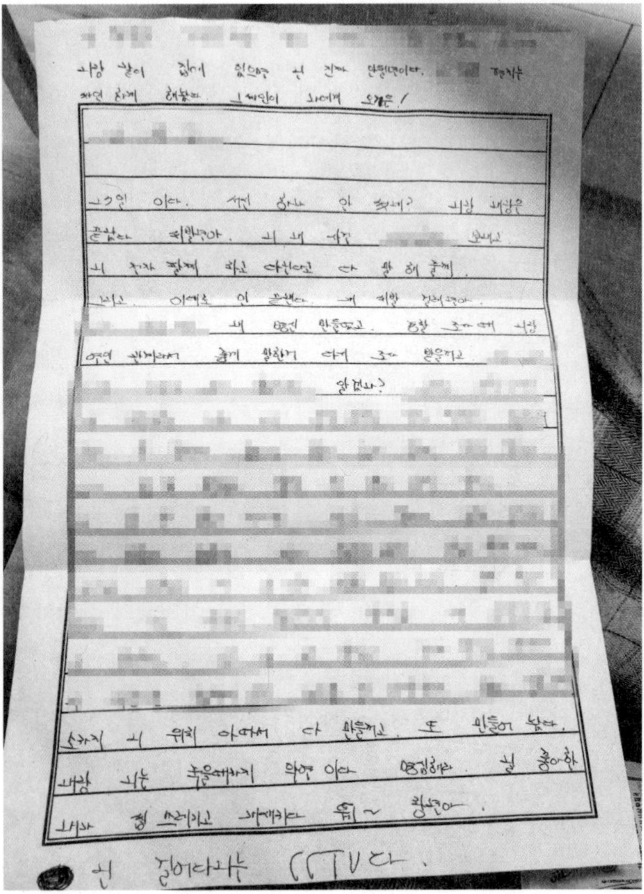

알겠냐?

넌 걸어다니는 CCTV다.

가해자가 전 여자친구에게 보낸 협박 편지 1쪽

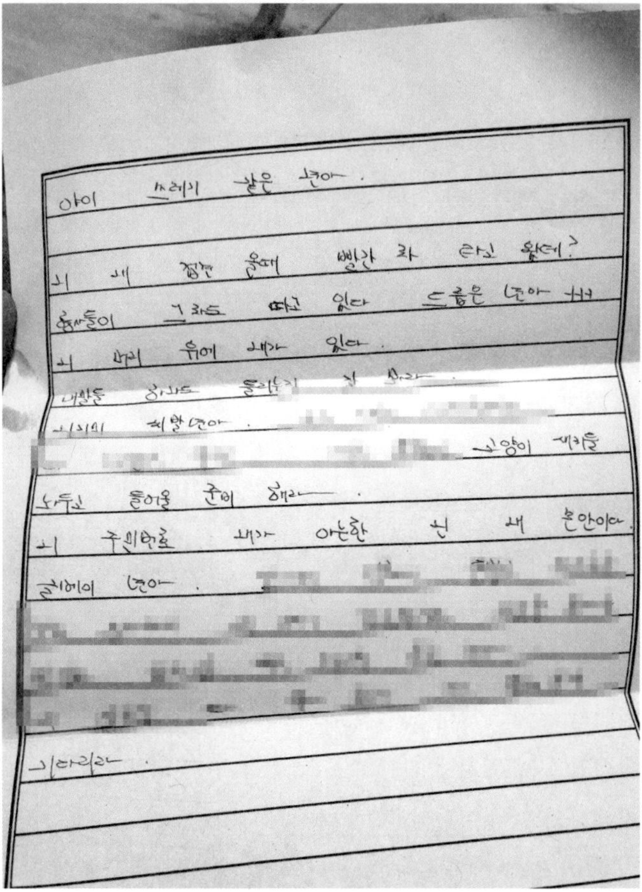

아이 쓰레기 같은 년아.

니 새 집엔 올때 빨간 차 타고 왔데?

애새들이 그래도 따고 있다 더러운 년아 ㅋㅋ

니 머리 위에 내가 있다.

내한테 와서도 돌리는지 잘 봐라 [redacted]

시시시 씨발년아. [redacted]

[redacted] 고양이 새끼들

놔두고 들어올 준비 해라.

니 주민번호 내가 아는한 넌 내 손안이다.

글씨에이 년아. [redacted]

기다려라.

가해자가 전 여자친구에게 보낸 협박 편지 2쪽

어찌도 많이 검색을 했던지 하루에 세 시간도 못 잔 것 같더라. 그럴 거면 범죄를 저지르지 말지. 범죄에는 영 적성이 없는 사람이다. 그 이후로 몇 번 구치소 면회를 하러 가다가 이별을 통보했다고 했다. 나는 왠지 이 정도의 공격성을 가진 가해자라면 자신을 버린 것만으로도 분노할 것이라고 생각했다. 그런데 내 예상이 맞았다. 헤어지자는 여자친구에게 가해자는 협박 편지를 보내고 있었다. 아니, 도주를 도와준 여자친구한테 협박 편지라니. 아무리 생각해도 이해가 안 갔다. 편지를 좀 보자고 해서 받았는데, 더 가관이었다. 그렇게 욕이 많이 담긴 편지는 살면서 처음 봤다. 이젠 진짜 나만의 일이 아니라고 생각했다. 이호진 기자님에게도 얘길 했더니 이것도 다뤘으면 좋겠다고 하셨다. 그럴 때마다 지현 님은 흔쾌히 나를 도와줬다. 귀찮게 한 나를 도와준 지현 님에게 너무 고맙다.

지현 님과 처음 만난 건 법원이었다. 법원에서 만나면 안전할 거라고 생각했던 것 같다. 아직은 내 사람이라고 확신할 수 없었기에 긴장의 끈을 놓을 수는 없었다. 혹시 가해자의 편이 아닐까 해서. 다행히 내가 생각한 그대로 너무 어리고 예쁜 친구였다. 간단한 인사를 나누곤 카페로 가자고 했다. 수다를 떨다가 실례가 되는 질문을 건넸다. 혹시 가해자가 특이한 성적 취향 같은 거 있었냐고.

항문성교를 계속 조르긴 했었다고 했다. 그때, 병원에서 피가 나던 기억이 스쳐 지나갔다. 항문성교 얘기를 듣고 나니 아무리 생각해도 그 출혈은 성범죄 외상이었다. 카페에서 오만 얘기를 나누다 보니 급속도로 친해졌다. 가해자의 도주를 도와준 전 여자친구랑 친해졌다고 지인들에게 자랑하니까 되려 참 특이한 애라며 나를 이상하게 봤다. 지현 님의 이야기를 자세히 듣지 않아서였을 거다. 다른 사람들의 우려와는 다르게 지현 님 덕을 많이 봤다.
공범으로 엮여 있었기에 피고인 신분으로는 열람 권한이 있었기 때문이다. 그마저도 법원 직원이 당일 급하게 연락이 와서는 원하는 페이지를 빨리 얘기해달라길래 당황한 나머지 일부만 받았다고 했다. 다들 법원에서 일한다는 걸 망각한 것 같았다. 피해자에게도 가해자에게도 사명 의식이라곤 전혀 없는 공무원들이었다. 좀 친절하게 해줬으면 좋겠다, 정말. 그래도 일부 복사해왔다길래 급하게 지현 님의 집으로 간다고 했다. 그마저도 무서워서 친언니와 남자친구가 볼 수 있게 라이브 방송을 틀어놓은 채로 문서들을 확인했다. CCTV가 없는 곳은 영 불안하다며 미안하다고 얘기했다. 제법 두꺼운 서류 봉투를 일부만 펼쳐 봤는데도 거짓말로 가득 차 있는 걸 알 수 있었다. 자세를 바로잡고 같이 차근차근 보기 시작했다. 변호사가 내게 잘못된 사실이 있으면 형광펜으로 표시해달라고 했는데 거의 모든 페이지가 형광펜으로 가득 찼다. 어디서부터 손봐야 할지 도통 감이 안 잡혀서 머리가 지끈거렸다.

집에 가져가도 된다고 해서 하루 종일 그 문서들을 타이핑했다. 탄원서에 이건 이래서 거짓된 진술이다, 가해자는 술 주량이 약해서 이 정도 마셨다는 건 말이 안 된다, 하나하나 반박했다. 반성문이랑 탄원서를 재판부에서 보여주질 않으니 기록이 찍혀 있을 때마다 나도 탄원서를 냈다. 항문출혈에 대한 탄원서를 썼더니, 그때 가해자가 처음으로 분노가 가득한 탄원서를 썼다. 그마저도 나중에야 확인할 수 있었다.

사건에 대해서 알려주질 않으니 재판에 참석할 수밖에 없었다. 그래서 두 번째 공판부터는 좀 더 떳떳한 모습으로 가기로 마음먹었다. 사건이 있기 전에도 난 별로 남들 시선을 신경 안 쓰긴 했다. 어떻게 보이든 잘 상관 안 하는 편이었다. 그런데 두 번째 공판부터는 최대한 근사하고 화려하게 가고 싶었다. 모자를 벗어서 헝클어진 머리 때문에 꼬질꼬질했던 그때의 모습이 너무 별로였어서. 그리고 가해자에게 넌 이런 옷 하나조차도 입을 선택권이 없다는 걸 보여주고 싶었다. 그리고 무슨 반항심이 들어서였는지는 몰라도 이런 피해자도 있다는 걸 재판부에도 보여주고 싶었다. 결코 만만하지 않을 거란 걸. 나는 법원에서 가장 밝고 색채로운 사람이었다. 재판을 기다리고 있는데 기자로 보이는 것 같은 사람이 앉아 있었다. JTBC 기사를 보고 온 걸까. 일단 확실한 건 아니니 시간에 맞춰 재판에 참석했다. 오늘도 법정에서 가장 잘 보이는 중앙 자리에 앉기로 했다. 난 하나도 잘못하지 않았으니까. 다행히 두 번째 공판에는 내 변호사가 왔던지라 그나마 든든했다. 변호사의 키가 커서 왠지 압도하는 느낌도 있었던 것 같다. 두 번째 공판에서 추가 DNA 검사에서는 가해자의 DNA가 나오지 않았다고 했다. 그래 안 나왔으니 다행이다. 성범죄피해자가 아닌 것에 재차 안도했다. 그 후론 합의와 관련된 얘기를 가해자가 꺼냈다. 나는 안다. 이 사람이 진심으로 내 회복을 도우려고 한 게 아니란 걸. 그저 양형에 도움이 되기 위한 도구 그리고 재판을 최대한 미룰 수 있는 수단으로 쓰려고 했던 것이다.

여러모로 허무했던 공판이 끝나자마자 나의 변호사는 KTX를 타러 가야 한다며 급하게 뛰어갔다. 출장비 삼십만 원이라는 거금이 이렇게 빨리 사라지다니 엄청 허탈했다. 그렇게 집으로 돌아가려는데 아까 전에 기자처럼 보이던 사람이 내게 말을 걸었다. 그 기사를 봤다고 했다. 역시 기자이구나 했는데, 내 손을 잡으면서 그저 너무 고생 많았다며, 많은 분들이 응원하고 있다고 힘내라는 말을 하려고 왔다고 했다. 처음이었다. 사건 이후로 누군가 목적 없이 다가온 사람이. 그러면서 책을 건네주었다. 공판 때마다 오겠다며 이메일로 연락 달라는 말과 함께 사라지셨다. '연대자 D'라고 적혀 있었다. 본인도 성범죄피해자였는데 그 이후로 피해자분들의 방청연대를 하고 다닌다고 했다. 그날 처음으로 세상엔 좋은 사람도 많이 있구나라는 생각을 하게 됐다. 이분처럼 나도 범죄피해자를 돕는 사람이 되어야겠다고 생각했다. 그래서 더 본격적으로 공론화를 시키기로 마음먹었다. 일단 공론화하기 전에 이 범죄에 대해서 더 자세히 알아야 할 필요가 있어서 한층 더 책에 파묻혀 살았다.

흔히 '묻지 마 범죄'라고 하는 말은 사실 맞지 않는 표현이다. 아무 동기가 없는 범죄는 있지 않다. 모든 범죄에는 범인이 지닌 동기가 있다. '이상동기 범죄'나 '무차별 범죄'가 맞는 단어이다. 꼭 공론화를 통해 이상동기 범죄라는 용어가 자주 쓰일 수 있도록 해야겠다고 다짐했다. 한편, 난 '묻지 마'라는 표현을 이용해서 사건에 관해 묻지 말고, 사건을 묻지 말아달라는 표현으로 써야겠다고도 생각했다. 대학교 전공이 광고 PR이었던지라 이 상황에도 카피라이팅을 하고 있는 내가 너무 웃겼다. 당연히 이렇게 특이한 사건이면 이슈화는 굉장히 쉬울 거라고 생각했다.

근데 자료가 없으면 어디 하나 되는 곳이 없었다. 어느 정도 납득은 됐다. 내 말만 가지고 누굴 설득할 수 있겠냐고. 그렇게 민사소송의 사건번호가 나오길 간절히 빌고 있었다. 가해자가 쥐뿔도 없는 걸 알면서도 손해배상으로 민사를 걸어야 했다. 그 사람의 돈을 받는 것도 싫고, 받는다 하더라도 깨끗한 돈일 거 같지도 않았기에. 그래도 재판 도중에 합의를 얘기한지라 탄원서에 '범인이 1조를 준다고 해도 안 받을 것이며 합의금을 위해 노력할 필요 없다고 전해주세요. 합의는 일절 원하지 않습니다.'라고 적었다. 그 사람에게서 더는 고통받는 이가 없었으면 했다. 드디어 민사 사건번호가 나와서 열람 복사 신청서를 쓰러 갔다. 민사에서 쓸 자료로 형사 사건자료가 필요하더라는 문서 송부 촉탁이었다. 이젠 진짜 시간이 빨리 흘러가길 바라며 있는 만큼이라도 자료를 정리했다. 노션으로 문서를 만들어 기자들한테 제보할 때 공유하는 창구로 썼다.

점차 친구들도 다시 만나기 시작했다. 친구들에게 가장 많이 들었던 말은 "괜찮아?"였다. 날 걱정해서 한 질문인 걸 알면서도, 너무 많이 듣다 보니 내가 그럼 괜찮지 않아야 하나 싶었다. 여전히 괜찮지 않았지만 빨리 이야기를 끝내려고 괜찮아졌다며 웃었다. 간혹 약을 먹지 않고 잠들면 여전히 세 시간 만에 깼고, 어쩔 때는 침대 시트가

다 젖을 정도로 땀을 흘려댔다. 정체 모를 꿈들에 겁을 먹고 초등학생처럼 무서워서 덜덜 떨며 일어나기도 했다. 발도 멀쩡한 건 아니었다. 티가 안 날 뿐이지, 신경이 완전히 돌아온 게 아니라서 발등이 드러나는 구두나 슬리퍼는 벗겨져서 엄두도 못 냈다. 그날이 나의 마지막 구두였던 것이다. 구두를 못 신는 건 그러려니 하겠는데 평범한 운동화조차도 발이 너무 아팠다. 그래서 나이키 신발을 엄청 많이 샀다. 남들 걸음에 맞추려다 보니 집에 오면 녹초가 돼 있었고 차가운 물에 냉찜질하거나 마사지기를 달고 살아야 했다. 억울했다. 다리가 마비된 것도 아니고 나보다 더 심하게 다친 사람들은 이런 걸로 투정 부리냐고 할 테니까. 차라리 다리가 마비되어 있는 게 더 낫다고 생각할 정도였다. 티가 더 잘 날 테니까. 지금 생각하면 배부른 소리였다. 술도 엄청 자주 마셨다. 약을 먹고 있어서 많이 마시지는 않았지만 하이볼은 꼭 한 잔 하고 들어가야만 했다. 박서희 선생님이 알코올중독을 의심하시길래 그 이후로는 술을 입에도 대질 않았다. 지갑은 하루에 몇 번이고 잃어버렸다. 몸만 커진 어린아이가 된 기분이었다. 워커홀릭이 되고 싶었던 내가 하루아침에 이렇게 바보가 되다니. 너무 좌절스러웠다. 왜 살아야만 할까. 혹시 구속이 풀리면 어떻게 하지? 불안했다. 하루에도 몇 번씩 기분이 오르락내리락했다.

처음엔 재판이 다 끝나면 인스타그램에 글을 써봐야겠다고 생각했는데 그때 쓰면 이 기분이 생각이 안 날 거 같았다. 그래서 글을 쓰기 시작했다. 가장 솔직하고 생생하게 범죄피해자의 글을 써보자고. 무슨 이름으로 해야 할까 한참을 고민하다가 “기적이다!”라고 한 주치의의 말이 생각나서 필명으로 ‘기적이’는 어떨까 했다. 근데 기적과 관련된 인스타 아이디나 해시태그는 트래픽이 많을 것 같아서 ‘작가 기저귀’로 이름을 지었다. ‘기적이다’라는 반복하니 ‘기저귀다’로 들려서였다. 아이디는 발가락이 움직인 6월 4일을 참고해서 miracle__0604라고 만들었다. 몇 달 동안 팔로워는 한 자리 숫자였다. 아무도 보지 않는다고 해도 상관없었다. 그냥 기록해두고 싶었다. 이것저것 하다 보니 재판이 거의 끝을 향해 달려갔다. 재판부에서 연락이 와서는 문서 송부 촉탁을 1심 끝나면 보내주겠다고 했다. 높으신 분들이 본 서류니 알아서 재판은 잘 끝나겠지 하고 1심이 끝나기를 바랐다. 1심에서 이자영 검사님이 20년을 구형했다. 구형이라는 단어도 잘 몰랐는데 검찰이 판사한테 권고하는 형량이었다. 다음 판결 때 와야 재판부가 형량을 선고하고 그게 최종 형량이 되는 거라고 했다.

판도라의 상자를 열다

2022년 10월 28일, 드디어 1심이 끝났다. 5개월이나 걸렸던 재판에서 가해자가 받은 형량은 징역 12년이었다. 당시에는 결코 작은 형량이 아니라고 생각했지만 인정, 반성이란 단어가 너무나도 거슬렸다. 저렇게 태평하게 앉아 있는 놈이 반성을 하고 있다고? 판사 진짜 일 대충 하네. 자기 일 아니라고 이러는 건가. 진짜 반성문을 얼마나 기가 막히게 쓰면 검찰의 구형보다 8년이 적은 12년을 받았을까 궁금했다. 재판이 끝나고서 이자영 검사님에게서 전화가 왔다. 항소할 의사가 있냐고 물어보시길래 당연하다고 했다. 그 가해자는 반성하지 않았을뿐더러 한 번도 살인미수에 대해서 인정한 적이 없다. 이와 관련해서도 꼭 써달라고 부탁드렸다. 내가 범죄피해자 구조금 신청해놨다고 하니, 이자영 검사님은 담당 부서에 잘 얘기해놓겠다고 했다. 필요한 서류가 이미 낸 서류에 있으면 담당 부서에 직접 넘겨주겠다고도 했다. 너무 감사했다. 해당 재판이 끝나고 일주일 이내에 상고를 해야 하는데, 역시나 가해자는 상고를 했다고 하더라. 쌍방으로 무조건 2심을 가게 되었다.

드디어 재판부에서 서류를 받았다. 변호사가 메일로 첨부파일을 줬는데 무려 1,268장이었다. 맙소사. 언제 다

보나 싶었다. CCTV 영상은 직접 가서 받아와야 했는데 일주일 정도 걸렸다. 그 시간 동안 재판기록을 보고 있는데 가관이었다. 이거 진짜 큰일 맞구나. 진실을 알려고 자료를 받았는데 하나부터 열까지 거짓말로 가득한 진술서가 잔뜩 있었다. 가장 눈에 띄었던 건 '수사경력조회 회보서'였다. 세상에 한 사람이 이렇게 많은 범죄를 저지를 수가 있나 싶을 정도였다. 얼마나 많은 이가 이 사람 때문에 피해를 입은 걸까. 끔찍했다. 이거 진짜 나 혼자만의 일이 아니구나, 내 지인이 당할 수도 있겠다는 생각이 들었다. 1,268장의 구멍을 일일이 뚫어서 엄청 두꺼운 파일첩에 넣었다. 그나마 양면을 복사해서 들고 다닐 수 있었다. 변호사들은 매번 이런 서류들을 보는 걸까 새삼 놀라면서도 이걸 어떻게 들고 다니지 막막했다. 그래서 캐리어를 골랐다. 5kg이 넘는 무거운 서류철들을 들고 가서 카페에 앉아 한 장씩 눈에 띄는 구절들에 형광펜 표시를 했다. 거의 모든 장이 색칠되어 있었다. 양이 너무 많은지라 하루는 재판기록을 보고 하루는 그 사람의 전과를 보는 데 시간을 써야 했다. 이 가해자는 사법 체계에서 모든 혜택을 다 받은 사람이었다. 소년보호처분, 반성, 인정, 합의 등 왜 그렇게 법정에서 차분했는지 이제야 이해가 됐다. 그는 매번 1심 재판이 끝나면 항소했다. 항소를 하면 형량 감경이 될 수도 있다는 걸 이미 습득했던 사람이라 당연한 수순이었다. 어디서부터 잘못된 걸까. 뭐가 이 사람을 이렇게 만들었을까. 그러다가 시사 프로그램에서 들은 말이 생각났다. 범죄자는 이해해서는 안 된다고. 그 이후로는 가해자를 이해하는 걸 포기하기로 했다. 페이지를 넘기면 넘길수록 나는 죽을 거라고 확신이 들었다. 할 줄 아는 거라곤 범죄밖에 없는 사람이니까. 가해자가 무서워서가 아니라 그의 범죄는 나날이 발전했으니까. 너무 좌절스러웠다. 난 아무 잘못도 하지 않았는데 이 사람 손에 죽겠구나. 그 순간, 난 이제 더 이상 평범하게 살기 어렵겠단 생각을 했다. 길거리에 있는 모두에게 열등감을 느꼈다. 웃으며 걷고 있는 사람들이 너무 부러웠다. 도대체 왜 판도라의 상자를 굳이 자처해서 열었을까 혼자 자책했다. 하지만 그것도 잠시, 이미 열었고 연 김에 활짝 열어야 했다. 내가 아닌 내가 아끼는 사람들을 위해. 근데 최근에 나온 사건도 아니고 1심이 끝난 사건에 누가 관심을 가져주기나 할까? 미디어커뮤니케이션 전공이었던 나는 알았다. 지금 시점에서 공론화를 시키려면 엄청난 시간을 투자해야 할 거란 걸. 심지어 지역도 부산이라 공론화가 엄청나게 어려울 걸 안다. 하지만 할 수밖에 없었다. 해야만 했다. 나 말고 또 다른 사람이 이런 억울한 일을 겪게 하기 싫었다. 그만큼 내가 너무 아팠으니까.

인터미션 인터뷰
1

최윤경
계명대 심리학과 교수

대담 제안을 받고 오래전에 나와 심리상담을 했던 범죄피해자들을 떠올렸다. 대부분은 겁에 질려 있거나 불안이 심했고 자신이 경험한 외상을 낮에는 불쑥불쑥 떠오르는 기억으로, 밤에는 악몽의 형태로 재경험하고 있었다. 외상과 관련된 기억이 떠오를 때는 마음이 고통스러운 것은 물론이고 사건 당시 느꼈던 몸의 감각이나 통증을 다시 체험하기도 했다. 이들에게 세상은 더 이상 안전한 곳이 아니었다. 다른 사람을 믿지 못하게 되었고 자신의 탓이 아님에도 불구하고 끝없이 자기 자신을 탓하고 책망하고 있었다.

외상 사건 자체가 고통이기에, 그 사건을 떠오르게 하는 것은 무엇이든 회피하거나, 피할 수 없을 때는 가까스로 고통을 견딜 수밖에 없다. 이런 삶의 방식이 반복되다 보면 처음부터 그랬던 것처럼 삶의 범위가 축소되는데도 불구하고 이를 알아차리지 못한다. 이런 반응은 범죄피해와 같은 외상 사건을 겪은 사람이라면 누구라도 경험할 수 있는 '당연한' 반응이다. 당연한 반응이란 그럴 수 있는, 그럴 만한 반응이란 뜻이다. 그럼에도 불구하고 이러한 반응이 삶을 파괴하지 않도록 자기 자신을 잘 돌봐야 하고 필요하다면 누군가의 도움도 받고 심리적, 신체적 치료에 적극적으로 임해야 한다.

부산 돌려차기 사건은 언론에서 워낙 크게 보도되었기에, 나도 익히 알고 있었다. 대담 준비를 하면서 〈얼룩소〉 사이트의 '질문받습니다' 코너에서 시민들의 질문과 김진주 님의 답변을 읽으면서, 정말 쉽지 않았을 텐데 김진주 님이 자신의 경험을 이야기할 수 있고 이런 과정을 통해 다른 누군가가 자신과 같은 피해를 입지 않기를 바라는 마음을 행동으로 실천하고 있다는 생각을 했다. 사건 이후로 상담과 치료를 받고 치유가 된 상태라는 이야기를 들었지만 혹시나 하는 마음에 범죄피해자지원센터에서 실습 및 봉사를 하고 있는 지도학생들과 얼마 전 범죄피해자들에게 도움을 주고자 제작한 《마음건강안내서》란 미니 책자를 챙기고 김진주 님을 맞을 마음의 준비를 했다.

김진주 님의 첫인상은 자신의 생각을 거리낌 없이 이야기하는 밝고 당찬 20대 여성이었다. '부산 돌려차기 피해자'라고 스스로 말하지 않았다면 극심한 범죄피해를 겪은 사람이라고 상상하기 어려웠을 것이다. 이렇게 웃으면서 말할 수 있게 되기까지 어떤 고통과 싸워왔을지…. 심리상담을 통해 내가 만났던 범죄피해자들이 회복하기까지 꽤 긴 시간과 큰 노력이 필요했음을 감안할 때 조금은 그 고통의 깊이를 짐작할 수 있었다. 우리는 그의 길고 치열한 투쟁 과정은 모른 채 현재 보여지고 있는 밝은 모습만 보고 있는 것은 아닐까? 대담을 진행하면서 김진주 님은 심리학자가 아님에도 불구하고 자신의 마음을 잘 알아차리고 이런 역경에 건강하고 적응적인 방식으로 대처해왔다는 생각이 들었다. 김진주 님 역시 여느 범죄피해자와 유사한 경험을 했을 텐데, 두려움이 없는 상태가 아니라 두려움에도 불구하고 피하지 않았던 것이 김진주 님이 보여준 용기라 할 수 있다. 범죄피해자들이 김진주 님의 사례로부터 희망을 발견하고 자신을 더욱 잘 돌보고 삶을 다시 시작하고 필요하다면 전문가로부터 심리상담을 받을 수 있는 용기를 낼 수 있기를 바란다.

김진주 저는 상담을 많이 받았거든요. 정신건강의학과도 그렇지만 심리센터도 가서 한번 받았는데 굳이 안 받아도 될 것 같다 해서 그만두었죠. 그런데 제가 지금 해리성 기억상실[1] 장애를 앓고 있으니까 계속 상담의 기회가 있으면 계속 하려고 해요.

최윤경 오늘 뵈니까 매우 씩씩해 보여서 한편으로 다행스러워요. 제가 먼저 질문드리고 싶은 건 김진주 님께서 겪으신 이 사건이 김진주 님께는 어떤 의미일까 하는 거예요. 지금의 이 변화와 삶에 대해서 어떻게 느끼고 있는지 이런 게 조금 궁금했어요.

김진주 그 사건을 겪게 된 건 바꿀 수가 없잖아요. 아직 타임머신은 개발되지도 않았고요. 그래서 처음에는 엄청 고립이 되고 우울증도 좀 많이 겪고 계속 남들이랑도 잘 안 만나고 이렇게 했었는데 이게 좀 길어지다 보니까 '내가 왜 이러고 있지?' 싶은 거예요. '우울하다'라는 고민을 하다 보면 그 우울한 거에 대해서 계속 생각을 하게 되잖아요. 그런데 이 고민이 얼마나 가성비가 떨어지냐는 생각을 했어요. 바꿀 수가 없으니까요. 혼자 스스로 늪에 빠지는

1 뇌에 물리적 손상을 입은 것이 아님에도 불구하고 트라우마 사건과 관련된 중요한 정보를 기억하지 못하는 상태를 말한다.

걸 자처하는 거니까요. 그러고 나서 이제 그러면 내가 여기서 바꿀 수 있는 걸 먼저 바꾸자, 그런 마음으로 이제 이런 제도를 바꾸거나 피해자들이랑 연대를 하자고 생각했었죠.

최윤경 바꿀 수 없는 것은 받아들이고 바꿀 수 있는 것을 바꾸자…. 지금 김진주 님이 쓰고 있는 단어들이 너무 신기한 게, 이미 치유가 된 사람들이 사용하는 그런 단어들이거든요. 그래서 너무 신기한데요.

김진주 1심 공판 시작하기 전까지는 저도 여느 피해자분들이랑 똑같았어요. 그러다가 1심에서 '7분의 사각지대가 있다'는 말을 들었어요. 처음에는 알고 싶지 않았는데 물음표를 던져주면 당연히 그 답을 찾으려고 하는 게 인간 심리잖아요. 그 답을 찾다 보니까, 실상은 이 사람이 무서운 게 아니라는 것을 느끼고 나서부터 엄청나게 회복이 빨리 됐어요. 약이 급속도로 적어지고요.

남들은 진짜 그런 이야기를 많이 했어요. '잊어버리고 새 삶을 살아라.' 되게 안 좋은 경험이지만 그래도 인생에 있어서 좋은 경험을 했다고 생각하고 이제 더 나은 인생을 살자 이랬는데, 저한테는 이미 그 사건이 인생이잖아요. PTSD[2]를 입으면 집중력이랑 기억력이 굉장히 저하되잖아요. 진짜 일이 안 될 정도로 너무 저하가 돼서 아무것도 할 수 없었어요. 처음에는 피해자라고 저 스스로 얘기하는 게 불편는데 오히려 피할 수 없던 그 상황이 저를 빨리 낫게 한 것 같아요.

최윤경 지금 김진주 님이 말씀하신 이야기들이 보통 상담할 때 끝부분에 나오거든요. (웃음) 내담자들은 대개 트라우마 기억을 지우고 싶어 해요. 고통스러우니까. 그런데 이 부분에 대해서 저는 이렇게 이야기를 해요. 이미 일어난 일은 되돌릴 수가 없다, 있었던 일을 없던 일로 만들 수는 없다, 이런 범죄를 안 겪고 산다면 가장 좋겠지만 뭐 내가 원치 않았어도 범죄와 같은 일을 겪을 수 있다라고요. 범죄 사건이 발생했고 내가 그 피해를 입었다는 사실을 인정하는 것, 이것이 변화의 출발점이 되는 거거든요.

진실을 인정하는 것은 대개 고통스러워요. 내가 겪은 외상 사건을 인정하고 들여다본다는 게 힘들지만,

2 외상 후 스트레스 장애(Posttraumatic Stress Disorder)의 약어. 외상 사건을 경험한 후, 사건 당시 경험했던 강렬한 또는 지속적인 심리적 고통과 생리적 반응을 재경험하고, 사건과 관련된 상황이나 자극을 회피하는 행동을 보이는 심리적 장애로, 정확한 진단을 위해서는 전문가와 상담 및 심리검사가 필요하다. 범죄현장의 CCTV 영상은 피해 당사자에게 사건 당시의 고통스러운 기억이나 생각, 감정을 재경험하게 만드는 단서가 될 수 있다.

그래도 그런 일이 어쩔 수 없이, 내 잘못이 아님에도 불구하고 발생했다는 것을 있는 그대로 인정하는 것부터 시작점이라고 생각을 하고, 내담자와 이러한 이야기를 나누곤 해요. 김진주 님은 그걸 혼자서 깨달으신 건지 아니면 그동안 받았던 치료나 이런 게 도움이 된 것인지….

김진주 생각할 시간이 많아서 그랬던 것 같아요. 아예 일을 못 하고 그러니까. 그리고 제가 당한 범죄가 처음에는 '이상동기 범죄', '묻지 마 범죄'였잖아요. 사건을 설명하는 게 너무 어려운 거예요. 인터뷰 처음 할 때는 어떤 계기인지에 대해서 알 수가 없어서 '모르는 사람이 무슨 동기인지 모르겠는데 나를 이렇게 때렸어'라는 걸 설득하는 게 너무 어려운 거예요. 기자들도 납득을 잘 못 하고. 그래서 더 자료를 기다리느라고 애를 썼던 것 같고요. 그게 거의 1년이 걸렸거든요.

최윤경 보통 사람들은 그런 일을 당하면 일단 무서워해요. 대개는 도망가고 싶은 마음이 크거든요. 무섭고 고통스러우니까 회피하고 싶고 그 사건과 관련된 일들은 기억하고 싶지도 않고 이런 마음이 크니까 덮으려고 하죠. 이런 심리가 일반적인데, 그래도 무섭고 무서워서 피하고 싶은 마음에 맞선다는 것이 되게 용기가

있는 일이죠.[3]

김진주 병문안 온 사람들이나 환자들이 자꾸 저를 자극시켰어요. 초반에 저는 아예 감정이 없었어요. 그냥 거의 무감각하거나 진짜 내가 생각해도 너무 이상할 정도로 밝은 거예요. 기억이 하나도 없으니까. 그러다가 환자들이 저한테 "집에 돈이 많나 보네?" 이런 식으로 자극을 하니까 그때부터 피해자로서의 감정이 터진 거예요.

최윤경 다른 사람들이 하는 말이 처음에는 김진주 님을 자극하고 안 좋은 영향을 끼쳤지만 이걸로 인해서 감정이 표출되셨네요.

김진주 그래서 안 좋은 것도 결국 좋게 될 수 있는 거라고 생각했었던 것 같아요.

최윤경 그러니까 어떻게 보면 불행하고 힘든 일 안에서 다행스러운 측면을 발견한 것이네요. 범죄피해와 같은

---

3 범죄와 같은 외상 사건을 경험한 후, 극심한 두려움이나 불안을 경험하게 되면 사건과 관련된 많은 것들을 회피하거나, 어쩔 수 없는 경우에는 고통을 참고 견디는 삶을 살게 된다. 사건과 관련된 장소나 상황, 대상은 물론, 사건과 관련된 기억이나 생각, 느낌을 회피하게 되는데, 이러한 회피는 두려움과 불안에 대한 당연한 반응이기는 하지만, 회복을 더디게 만들고 증상을 지속시키는 요인이기도 하다. 대부분의 심리치료에서는 내담자와 논의하여 회피 행동을 줄일 수 있는 다양한 접근을 시도하게 된다.

트라우마를 겪은 직후에는 흔히들 도망가거나 싸우거나 이런 반응을 하게 돼요. 도망갈 수 없고 싸울 수도 없으면 얼어붙어요.

우리의 몸과 마음이, 정확하게는 신경계가 그렇게 프로그램되어 있어요. 처음에 아예 감정이 없었던 상태가 어쩌면 얼어붙은 상태일 수도 있는 것 같아요. 도망갈 수도 없고 싸울 수도 없을 때 얼어붙는데, 이때 몸도 얼어붙어서 움직이지 못할 수 있고 마음도 얼어붙어 고통을 덜 느낄 수 있어요. 이런 상태일 때 주변 사람에게 이런 말을 듣죠. "이 정도 일을 겪었으면 많이 힘들어하고 고통스러울 것 같은데 괜찮아 보이네?"

김진주 그렇죠. 저 진짜 그 말 많이 들었어요.

최윤경 그러니까 사실은 괜찮지 않은 게 정상적인 반응이에요. 왜냐하면 이런 범죄피해를 겪는 거 자체가 비정상인 것이고. 그런 사건에 대해서 다양한 반응이 나타날 수 있죠. 마음이 힘들 수도 있고 정말 자신을 돌보지 못하고 집 안이 엉망이 되는 것도 가능한 일이고요. 거의 죽을 뻔한 일을 겪고 난 다음에, 내일이 있을 거라고 생각 못 하니까 과소비도 하고 사람마다 조금씩은 달라도 이런 반응이 나타날 수 있는 거예요. 그래서 흔히들 트라우마라는 비정상적인 사건에 대한 정상적인 반응이다. 이렇게 이야기를 하는 거죠.

김진주 뭔가 괜찮냐는 질문을 너무 많이 들으니까, 그걸 또 이제 약간 꺾어서 들은 게 '그러면 괜찮지 않아야 되나?' 했어요. 제가 너무 힘들었던 게 뭐냐 하면 1심이 시작하기 전에 퇴원 수속을 밟으면서 마비가 기적적으로 풀렸는데 그 마비가 풀린 게 너무 싫은 거예요. 그러니까 남들은 다 진짜 다행이다, 다리 다시 걷게 돼서 다행이다, 하는데도 말이에요.

사실 그때도 약간 엉성하게 걸었어요. 고장난 장난감 같았죠. 그때 당시에 '아, 왜 내가 걷지?' 생각했어요. 어떻게 보면 외상은 바로 잘 드러나잖아요. 다리가 마비된 거는 '다리가 마비됐네' 하고 잘 보이는데 정신은 아파도 티가 잘 안 나잖아요. 그냥 나는 진짜 하루하루가 숨 쉬는 것도 불안하고 길을 걸어다니는 것도 불안한데 이거를 입증하기도 어렵고 누구한테 보상해달라고 하기 너무 어려운 거예요. 남들이 괜찮냐고 물어봤을 때 사실 저 이렇게 무섭고 이런 게 있는데 제대로 말을 못 했어요. 내 고통과 두려움에 대해 인정을 못 받을 것 같으니까, 그에 대한 스트레스도 되게 심했던 것 같아요.

최윤경 그래요. 그 사건 겪은 이후 지금껏 살면서 전혀 경험해보지 못했던 여러 가지 일들을 많이 경험하셨을 것 같아요. 경찰 조사도 받으셨을 거고 또 법정 재판도 지켜보셨을 거고. 그런데 이 과정들이 하나하나 다 쉽지가 않아요. 재판을 참관하는 것도 두려울 수 있는데 피하지 않으셨고, 가해자를 가둬야 다른 사람들을 보호할 수 있다고 생각하신 그 목적의식도 굉장히 중요한 부분인 거예요.

김진주 저 피해자 상담 책도 되게 많이 읽었었거든요. 그래서 그럴 수도 있어요.

최윤경 피해자들은 보통 재판 과정에서 가해자를 피하고 싶어 하니까, 또 상처를 받을 수 있고 피해를 입을 수 있고 하니까 대개는 자신과 관련된 재판을 참관하지 못하는 경우가 많죠. 진짜 피해자가 진술해야 하는 경우 아니면 재판에 못 가고 지켜보지도 못하세요. 어쩌면 이런 것이 당연한 반응이죠.

그래서 저희 대학에서는 심리학과 학부생과 대학원생이 법정 모니터링이라는 자원봉사를 하고 있어요. 피해자 대신 법원에 가서 재판 진행 과정 듣고 참관한 내용을 전화로 알려드리기도 하고요. '지금 이러이러한 일이 진행되고 있고 피고가 어떻게 이야기했습니다. 다음 공판은 언제입니다.' 이런 것들을 모니터해서 알려주는 거죠.[4]

김진주 저는 그래서 온라인 방청을 너무 하고 싶은 거예요. 사실 제도가 있긴 하지만 신청을 해서 굳이 어렵게 '혜택'을 받고 싶지는 않았어요. 그래서 나는 재판 과정을 보는 게 너무 당연하다고 생각하는데 이거에 대한 제도가 너무 미비한 게 너무 화가 났었던 것 같아요. 뭔가 계속 피해자에 대해서, 뭔가 아무런 이해도가 없는 사법 체계가 원망스러웠어요. 여러 가지로 계속 그냥 소외받는다는 느낌을 계속 받았던 것 같아요.

최윤경 특히 어떤 부분이 피해자에 대한 배려가 없다 이렇게 느끼셨나요?

김진주 아무도 나한테 안 묻는 거요. 검찰도 거의 안 물었어요. 사실 뭐 제가 아무것도 모르니까요. 기억이 없으니까요. 그런데 뭐 딱히 제가 출석했는지는 궁금해하지도 않았죠. 처음에는 제가 법원에 가는 것도 되게 무서워했었거든요. 그래서 그 사람을 보려면 그

4 범죄피해자지원센터 또는 스마일센터에서는 범죄피해자를 대신해 재판을 참관하여 재판의 진행 과정을 피해자에게 알려주는 서비스를 제공하고 있다.

법원이 익숙해야 한다는 생각에 재판 있기 전에 법원을 많이 갔어요. 그러니까 일부러 거기 앉아서 시뮬레이션도 해보고, 그냥 그 중간에 앉아서 피고인이 이쪽에 있네? 재판장이 저쪽에 있네? 검사가 이쪽에 있네? 하면서 거기를 제 친한 구역으로 넣은 거죠. 그렇게 하고 가니까 그나마 좀 괜찮았어요.

그래서 결국 그 이후에는 오히려 집보다 더 많이 간 게 법원이었거든요. 제일 안전한 구역이 된 거예요. 어떻게 보면 그 1층에서 수색 검사를 하잖아요. 칼은 절대 못 들어올 거고 경위도 맨 앞에 서 있고. 이러니까 오히려 집보다 더 편한 거예요. 판사도 있고 이러니까 여기서는 아무도 어떤 짓을 못 하겠다고 생각하니까 법원을 엄청 자주 갔었어요.

최윤경 혼자서 생각해서 진짜 재판이 열리기 전에 법원을 먼저 가봐야겠다 이렇게 생각하신 거예요?

김진주 네.

최윤경 누가 이렇게 법원에 미리 가서 살피는 것이 도움이 된다, 이런 이야기를 들어서 그런 게 아니고요?

김진주 무서울 것 같아서요. 퇴원 수속을 하고 집에

짐을 가지러 갔는데 거기서 제가 공황이 오거나 이러면 너무 엄마가 걱정할 것 같은 거예요. 엄마나 가족들이나. 그래서 전날 남자친구한테 부탁을 했어요. "자기야, 집을 한번 가봤으면 좋겠어. 짐을 가지러 갈 때." 1층을 가는데 그 무서운 게 기억이 날까 봐 엄청 긴장해서 갔어요.

제가 그전에 이야기를 했던 게 뭐냐 하면 "자기야, 그날 1층에 있었던 일이 기억이 안 난다고 하더라도 우리가 이거 좋은 기억으로 덮어버리자." 이러면서, 제가 1층에서 키스를 하면서 들어갔죠. (웃음) 그렇게 덮었어요. 그래서인지 막 무섭지 않고 다행히 잘 견디게 된 것 같고요. 공황이나 두려움이 오는 것에 대해서 대비를 엄청 많이 하려고 했던 것 같아요. 괜찮아지려고 노력하다 보니까. 남들한테 괜찮아 보여야 되니까 그 시뮬레이션을 계속 돌렸어요.

공판 참석할 때도 언니가 같이 보러 올 테니까. 내가 무서워하면 안 되니까. 그래서 미리 가서 앉아보고. 괜찮네 이러고 딱 가고. 그랬었던 것 같아요.

최윤경 진짜 김진주 님이 하신 행동이 행동 변화의 원리가 담겨 있어요. 심리상담을 할 때 김진주 님이 지금 혼자서 생각해서 했던 행동들, 예를 들어 재판이 열리기 전에 법원에 미리 가본다거나 퇴원 후 집에 갈 때, 그러니까 범죄 장소에 갈 때 발생할 수 있는 일과 그에 대한 대처 등에 대해 치료자가 가이드를 하면서 하나씩 하나씩 시도하거든요. 그러니까 트라우마를 경험하면 위험한 것과 위험하지 않은 것을 구분하지 못하고 다 위험하게 느끼게 돼요. 그래서 심리상담에서 안전한 것과 진짜 위험한 것을 구분할 수 있도록 연습을 하거든요. 물론, 안전한 상황에서 연습을 하는 것이고요, 진짜 위험한 상황에서는 도망가는 게 맞아요. 그거는….

김진주 최고의 호신.

최윤경 그럼요. 도망가야 되는 거고. 그런데 이제 이런 사건을 한번 겪고 나면 안전한 것과 위험한 것이 구분이 안 돼요.

김진주 맞아요. 진짜.

최윤경 그전에 안전했던 공간도 위험한 것처럼 느껴지고요. 안전하다고 생각했던 사람도 위험하게 느껴지죠. 예를 들면, 그러니까 지금 아직 조금 남아 있으신 것 같은데 길을 걸으면서 뒤돌아보게 되는 것 같은 거요. 이전에는 뒤돌아보고 안 다니셨죠.

김진주 그렇죠. 절대 앞만 보고 다녔죠.

최윤경 그러니까 이제 이런 식으로 진짜 위험한 거랑 위험하지 않은 거랑 구분이 안 되고 위험하지 않은데도 불구하고 위협감을 느끼는 거예요. 그런 사건을 경험한 다음에 당연한 반응이지만 결과적으로 삶이 제한되거든요. 예전과 달리 못 가게 된 장소도 있고 못 하게 되는 일들도 생기거든요. 그래서 치료를 할 때 어떻게 하느냐 하면 지금 그 사건 이후로 위험하게 느껴지고, 그래서 피하고 있는 것들을 다 찾는 거예요. 그런 다음 안전한 상황에서 하나씩 하나씩 경험을 해보고 우려했던 것만큼 위험하지 않다는 것을 새로 학습하는 거죠.

처음에는 당연히 불안해요. 위험하다고 지각한 상황에서 불안이 쭈욱 올라가다가 어느 순간 정점을 찍고 그다음에는 불안이 떨어지게끔 되어 있는데, 대부분의 피해자들은 불안해지기 시작하면 벌써 이제 몸과 마음이 반응하고 불안하고 고통스러우니까, 그 상황을 떠나는 거예요. 그러니까 회피하고 도망가는 거죠. 결과적으로 여기가 안전하다 또는 위험하지 않다는 것을 경험할 기회가 없어지는 거죠. 그런데 김진주 님은 이런 것을 미리 알고 하셨는지 모르고 하셨는지 모르겠지만, 범죄가 발생한 이 공간에 가는 것이 굉장히 불안하고 피하고 싶을 텐데, 오히려 좋은 기억으로 덮은 것, 이런 것이 치료적인 작업이라고 볼 수 있어요.

김진주 댓글 중에 그런 것도 있었거든요. '2차 가해 걱정이 되니까 머리 짧게 잘라라.' 아니면 '남자답게 입고 다녀라.' 그런데 제가 그런 체형이 아니잖아요. 그렇게 하기 싫은 거예요. 예쁘게 하고 다니는 거? 아니면 노출이 있는 옷? 그리고 밤에 늦게 다니는 것, 휴대폰을 보는 것. 이런 것들에 대해서 너무 악플을 많이 받았고 2차 가해를 많이 받았어요. 그래서 그걸 똑같이 해봤어요. 그러니까 한날은 엄청 야하게 입고 돌아다녀 보고 한날은 엄청 밤에 돌아다녀 보고. 그런데 아무 일 안 일어나는 거예요. 그래서 그것도 무척 도움 됐었던 것 같아요. 그냥 그 사람들이 말하는 '이래서 당했네'를 해봤는데 안 일어나잖아? 이러고 나니까 그것도 도움이 됐던 것 같아요.

최윤경 그래요. 사실은 야한 옷 입을 수도 있고 야한 옷을 입어도 이런 일이 안 일어나는 게 정상인 거죠. 김진주 님이 혼자 하신 시도들을 전문가들은 '노출 치료(exposure therapy)'라고 해요. 두려움이 약한 수준부터 강한 수준까지 피하고 있는 대상이나 장소를 나열하고, 조금 노력하면 할 수 있겠다 싶은 것부터 하나씩 하나씩 치료자랑 같이 이야기해서, 시도를 해보고 이제 불안이 떨어지는 경험, '아, 이게 위험한 게 아니구나.' 이걸 새로 학습하는 거예요. 새로운 기억으로 이렇게 채우자 하는 것처럼 새로 학습을 해서 안전한 것을 다시 경험하는 거죠. 그래서 치료자랑 같이 이런 경험들을 하나씩 하나씩 연습하는데, 김진주 님은 그걸 그냥 혼자서 하신 거예요.

김진주 뭔가 걱정을 안 시키려고 애를 쓰다 보니 오히려 더 괜찮아진 케이스가 된 것 같아요. 시사 프로그램에서 '피해자의 잘못이 전혀 없다'라는 말에 되게 감명을 많이 받았어서 그랬었던 것 같기도 하고요. 제가 이제 많은 피해자들이랑 연락을 하다 보면 결국 거의 다 면식 대상이잖아요, 범죄자들은. 그런데 그분들이 그 사람이랑 나눴던 공간 있잖아요. 자기 집에서 만났던 그런 경우에 자기 집에서도 긴장을 못 놓으시더라고요. 그럴 때는 어떻게 해야 돼요?

최윤경 일단 현실적으로 생각을 해야 되는데, 일단 정말 가해자가 피해자를 찾아올 수 있는 상황인가. 예를 들면 가해자가 교도소에 가 있는 동안 몇 년은 사실 안심할 수 있잖아요. 그러니까 현실적으로 이게 일어날 가능성이 있는가를 객관적이고 이성적으로 따져봐야죠. 그다음은 사람마다 상황에 따라 대응 방법이 다를 수 있어요. 가해자가 우리 집을 알고 있다면 계속 불안할 수 있고 그 상황을 견디기 어렵다면 이사를 가는 것도 한 가지 방안일 수 있어요.

그런데 불안은 대개 영원히 계속되지는 않아요. 불안과 같은 감정은 보통 파도처럼 왔다가 파도처럼 밀려가거든요. 순간순간 또 다른 감정이 들어오고. 그러니까 환경이나 내가 경험하는 것들이 계속 바뀌잖아요. 그에 대한 반응으로 감정이 느껴지는 건데, 한 감정이 영원히 지속되지는 않는다는 거죠. 사실은 그 공간이 객관적으로 안전한 곳이라면 계속 그 공간에서 머물면서 불안이 감소하는 경험을 하는 것이 바람직한데요, 그렇게까지 자신을 고통스럽게 해야 하는 것이 맞나 생각할 수도 있죠. 그렇다면 자신의 가치관에 따라서 이사하는 것도 한 가지 방법이 되는 거죠.

김진주 제가 아는 피해자분 중에 한 분은, 어떻게 보면 그분도 저랑 좀 비슷한 케이스예요. 괜찮은 척을 많이 하다 보니까, 직장 복귀를 엄청 빨리 하셨어요. 그분이 직장에서 직장동료인 전 연인에게 칼에 찔리고 몽키스패너로 머리를 맞으셨어요. 그래서 그분이 직장동료들에 대한 스트레스가 너무 심한 거예요. 휴직 기간 동안 직장동료들이 그분의 일을 대신 해주고 이러다 보니까 그 죄책감에 복직을 빨리했는데 오히려 더 PTSD가 더 극대화되고 있어서 지금 거의 입원 권유까지 받을 정도래요. 괜찮지 않아야 되는 게 정상인데 계속 직장동료들한테 괜찮은 척을 하려다 보니까 지금 엄청 심해져서, 사실 그런 것들이 되게 안 좋은 것 같아요. 괜찮은 게 아니어야 되는데.

최윤경 그러니까 여러 가지 다양한 반응을 할 수 있는 게 당연하게 받아들여져야죠. 안 괜찮아도 괜찮고 어떤 반응을 해도 괜찮고요.

김진주 저도 되게 도움 됐던 게 "당연하다"는 말이었거든요. 정신과 선생님이랑 이야기를 하는데 제가 "이래서 이래서 너무 무서웠어요." 이러면 "당연한 거예요." 이렇게 말씀하시는데 다 피해자들이 겪는 거구나 이러니까 내가 유난스러운 사람이 안 되는 거예요. 그래서 되게 좋았던 거죠.

최윤경 저는 굉장히 힘드신 분들을 주로 많이 만나와서 그런지, 김진주 님의 이야기가 좀 신기하게 느껴지는 부분이 있는 것 같아요. 대개 역경이나 트라우마를 겪고 나서 다양한 반응을 보이는데, 많은 분들이 자연스럽게 회복되시고, 또 그중에 일부는 좀 안 좋아져서 외상 후 스트레스 장애와 같은 마음의 병이 생기기도 하고요, 또 일부는 삶이 좀 더 긍정적으로 달라지기도 해요. 비포 애프터가 달라지는 거죠. 일생동안 정말 한 번 있을까 말까 한 그런 일을 겪은 다음에, 고통스럽기는 했지만 그 전이랑 그 이후의 삶을 비교해보면 질적으로 다른 삶을 살게 되는 거예요.

김진주 맞아요. 제가 조금 덜 다쳤으면 모르겠는데 그때 당시에 피를 엄청 많이 흘렸고 사실 방치됐었으면 죽었을 것 같거든요. 그런데 그 죽음이 한 치 앞에 다가왔었다고 하니까 되게 하루하루를 가치 있게 살아야겠다는 생각을 한 거죠. 원래 저는 대학교 때도 과탑을 하고 장학금도 많이 받고 우수한 사람이라고 다들 평가를 했었는데 뭔가 점점 평범해지고 있었거든요. 그래서 가치관도 바뀔 정도였어요. 흐르는 대로 가자. 그냥 시간이 맡기는 대로 가자. 과거에는 그런 운명주의자였다면 지금은 어떻게든 내가 이 시간을 가성비 있게 써야 되겠다고 생각했요. 20년이라는 유통기한이 있는 사람인 것 같은 거죠. 그래서 오히려 질적으로 좋아졌어요. 처음에는 울기도 하고 버스킹을 보러 다니기도 하고 술 먹고 싶으면 먹고 그냥 흐름대로 갔는데 보복 협박을 받고 나서부터는 내가 그 흐름을 만드는 사람이 된 거죠. 그래서 더 좋아진 것 같아요.

최윤경 그러니까 그런 경험을 '외상 후 성장'이라고 하거든요. 일상에서 흔히 겪는 스트레스 사건이 아니라, 극심한 스트레스나 외상을 겪은 후에 질적으로 다른 삶을 살게 되는 것을 말해요. 삶의 철학과 가치관이 달라지는 경험을 하게 되는 거예요. 우리는 평소에는 죽음이라고 하는 것을 별로 생각하지 않고 살잖아요.

김진주 "죽고 싶다" 이런 말은 절대 안 하게 되었어요, 이제.

최윤경 죽을 뻔한 일을 경험한 다음에는, 그전에는 중요하게 생각했던 것이 이제는 덜 중요해질 수도 있고 새로이 중요한 가치가 생기기도 하고요. 이렇게 인생의 철학이 바뀌는 거예요. 삶의 우선순위도 바뀌고. 그리고 내가 이렇게 힘들 때 도와줬던 사람들이 있어요.

김진주 맞아요.

최윤경 그런 분들한테 감사한 마음을 느끼게 돼요.

김진주 맞아요. 그것도 컸던 것 같아요. 조력자들이 어떻게 보면 많았고. 기자님들도 그렇고 미디어 콘텐츠를 다루시는 분도 그랬지만 제 주변에 지지를 해주는 친구들이 많았기 때문에 빨리 더 치료가 잘 됐던 것 같아요. 일단 남자친구가 그랬고, 가족들은 거의 저를 환자 취급을 안 할 정도로 너무 정상인처럼 대해줘서 더 잘됐던 것 같고요.

그리고 항상 지인들이 많은 편에 속했었는데 지인들을 계속 만나다 보니까 나를 평범하게, 너무 피해자답지 않게 대해줘서 좋았던 것 같아요. 계속 만나고 그냥 일상을 같이 공유하고 이런 것 자체가, 나 그렇게 유별난 건 또 아니구나 생각도 하게 되었고요. 그래서 진짜 주변 사람이 너무 중요한 것 같아요.

최윤경 맞아요. 사회적 지지가 중요하죠. 그리고 또 이렇게 삶의 철학이 바뀌면서 새로운 삶을 시작하게 된 것을 '삶의 보너스'라고 표현하기도 하거든요. 죽었을 수도 있지만 새로운 삶을 얻은 것. 그러니까 이 시간들을 정말 가치 있게 써야겠다, 이런 생각들을 하신다고 해요. 그런 변화도 이제 조금 경험하신 것 같네요.

김진주 저도 약간 옛날에는 되게 시시콜콜 싸우는 그런 싸움들 있잖아요, 그런 거 보면 다 해결해주고 싶고 그랬는데 지금은 뭐 그건 그렇게 중요한 건 아닌 것 같은데? 그거보다는 이 핵심을 고쳐야겠는데? 이런 식으로 생각을 하게 돼요. 원래는 다 하나하나 고치려고 노력을 했었지만 지금은 진짜 중요한 것만, 진짜 우선순위만 먼저 봐요. 그래서 우선순위를 만드는 것도 되게 강해진 것 같아요. 여기서 제일 급한 게 뭐지? 그런 식으로 하니까 되게 도움이 많이 됐고요. 친구들도 되게 많이 걸러졌죠. 안 좋게 걸러진 건 아니지만 그냥 자연스럽게 그 사람들이랑 멀어지게 되었어요. 제가 열심히 사는 사람들을 좋아하거든요. 그런 사람들을 만나게 되고요. 그런 가치관이나 사람을 만나는 기준도 많이 달라졌어요.

최윤경 그런데 이제 사람들이 또 정신과 치료받는 거에 대해서 꺼리는 사람들도 있잖아요.

김진주 엄청 많았어요. 어떻게 보면 오지랖이고 걱정이긴 하지만 사람들이 제가 수면을 잘 못 하니까 아직도 약을 먹긴 하거든요. 그래서 정신과에 자주 갔는데 그게 엄청 도움이 되었어요. '괜찮아 보이네요.'라는 사람들의 시선이 되게 불편했기도 하지만 그걸 물어봤었어요, 정신과 선생님한테. "사람들이 저 괜찮아 보인다는 시선이 이상한 건가요? 저 괜찮은 게 이상한 건가요?" 라고요. 그분이 제가 치료를 꾸준히 받아서,

단약을 안 하고 꾸준히 받아서 더 빨리 회복된 것도 있다고 하셨죠. 그래서 남들은 다 정신과를 가는 것에 대해서 되게 싫어했었고 부정적으로 생각했었는데 저는 약을 안 먹으면 잠이 안 오는 거였기 때문에 어쩔 수 없이 간 거였기도 하지만 되게 회복이 빨랐어요.

최윤경 정신과 치료든, 심리학적인 치료든, 범죄피해자들이 치료를 받는 것이 도움이 될 텐데 많은 분들이 이것을 꺼리는 경우가 있어서 혹시 그분들한테 한마디 하신다면요?

김진주 제가 항상 피해를 입으신 분들한테 이제 사건 정황을 다 듣고 나서 정신과는 가시냐 물어보면 많은 분들이 안 간대요. 결국 정신의학과를 가는 게 정신 문제 치료도 있지만 그게 증거가 되기도 하거든요. 증거를 남기려면 무조건 가야 돼요.

사실 정신은 티가 안 나는 것이기 때문에 의학적으로 소견서를 안 적어놓으면 제가 안 괜찮다는 걸 증명할 방법이 없어요. 그런 것이기도 하고 단약을 하거나 아니면 병원을 아예 안 가서 증상이 심각해진 상황에서는 그 약 처방을 받으면 진짜 많거든요, 약이. 그러면 간이 부담을 못 하는 경우도 엄청 많단 말이에요.

그래서 증상이 없더라도 가야 되는 이유가, 심해져서 가게 되면 몸이 약을 감당 못 할 수도 있어요. 증상이 없어도 일단 가라고. 진짜 회복이 빨리 되려면 문제가 없어도 가는 게 맞다고 생각해요. 그때는 약이 많아져도 고칠 수 없는 상황이 올 수도 있다고 이야기해주고 싶어요. 빨리 가세요.

최윤경 이번에는 성폭력 피해에 대해서 조금 생각을 해보면 좋을 것 같아요. 김진주 님 자신이 성범죄자 피해자인 것을 스스로 밝히셨어요. 그런데 강한 사람들이 흔히들 약점이라고 생각하는 걸 또 이렇게 보여줄 수 있는 것 같아요. 신체적인 폭력과 마찬가지로 성폭력도 강자가, 힘이 센 사람이 약자한테 가하는 성을 매개로 한 폭력이거든요. 그러니까 이것도 신체 폭력과 마찬가지로 자신이 뭘 잘못해서 겪는 게 아닌 거죠. 성폭력도 마찬가지인 것 같아요. 내가 뭘 잘못해서 겪는 일이 아니고 그냥 단지 성이 매개가 된 강자가 약자를 향한 폭력.

김진주 사실 너무 부끄러웠어요. 이 일의 쟁점에 대해서 다 파악을 하려고 하다 보니까 항문 출혈에 대해서도 이야기를 했어야 했고 바지가 벗겨져 있었고 음모가 보였다는 등 그런 디테일을 남들이 아는 거에 대한

스트레스가 좀 있었는데 그럼에도 불구하고 어쩔 수 없다고 생각하게 된 거죠.[5]

최윤경 그래도 그런 걸 이야기할 수 있는 용기가 있었죠. 강자만이 할 수 있는.

김진주 사건을 알고 나니까 그 사람에 대해서 계속 비하하려고 애를 썼던 것 같아요. 아휴, 겁쟁이네. 그만큼 가소롭고 딱한 인간이구나. 그런 식으로 가해자를 하찮게 여기고 나니까 조금 더 괜찮아진 것 같기도 하고요. 많은 분들이 회피를 하다 보면 그 사건의 진실에 대해서는 잘 안 알려고 하니까. 그런데 저는 그거에 비해서 너무 자세히 알게 되다 보니까 오히려 빨리 치료된 것 같아요.

최윤경 심리지원 같은 거 많이 또 경험하셨다고 하니까 그중에서 좀 도움이 되셨던 방법이 있나요?

김진주 그냥 저더러 "당연하다"고 말해주는 게 제일 좋았어요. '부산여성의전화'랑 2심 때쯤에 연계가 됐는데 다른 피해자분들이랑 같이 만나서 진짜 아무 연관이 없는

---

5 성폭력 피해를 인지한 다음, 피해자는 충격과 혼란을 경험하고 수치심을 느낄 수 있다. 그런 상황에서는 성범죄가 발생했음을 증빙하고 범인을 검거하기 위한 우선 조치로, 112에 즉시 신고한 다음 증거물을 채취하는 것이 필요하다. 목욕이나 샤워를 하지 말고 옷(속옷 포함)을 갈아입지 않고 음료수나 음식물도 먹지 않으며 가능하면 대소변을 참고 즉시 가까운 해바라기 센터(원스탑센터)를 방문하면 도움을 받을 수 있다.

그냥 도자기 막 그런 거 만들고, MBTI나 자기 스스로에 대해서 뭔가 이야기를 하면서 사건에 대한 이야기를 유별나게 안 했는데도 되게 도움이 됐었던 것 같아요. 피해자분들이랑 연대도 하는데 즉각적인 피드백이 너무 좋았어요. 사건을 눈치보지 않고 얘기할 수 있는 상대가 있다는 건 참 행운이더라구요. 또 어떤 분은 "제가 이렇게 웃어도 되는지 몰랐어요"라고 하면서 되게 즐겁게 지내거든요. 사실상 사람들은 되게 범죄피해자들과 함께 있으면 되게 불쌍할 것 같고 불행할 것 같고 침울할 것 같은데 저희는 되게 재미있게 잘 놀거든요. 그런 것들이 너무 좋았어요. 그냥 결국 범죄피해자도 일반인이다. 그냥 민간인이다. 그런 거를 느끼게 되는 시점들이 되게 회복이 되게 빨리 됐던 것 같아요. 한 사건의 피해자지만 결국 그 사람도 똑같은 사람이라는 거죠.

최윤경 자신의 삶을 사는 거니까요.

김진주 네. 그런데 마치 다른 분들은 범죄피해를 입으면 되게 별종이라고 생각을 하시고 특수한 케이스라고 여기시니까. 그런데 그렇게 전혀 아니라는 생각을 가지게 되는 것도 되게 좋았던 것 같아요.

최윤경 그래요. 예술 활동 작업 같은 걸 하기도 하더라고요.

김진주 맞아요. 저는 뭔가 목적의식이 있을 때 되게 손이 엄청 빨리 움직이거든요. 그걸 빨리 안 하면 너무 답답해요. 그래서 막 갑자기 범죄와 관련된 포스터 이런 게 갑자기 생각이 나잖아요. 그러면 무조건 다른 일 때려치우고 딱 해야 돼요. 그리고 결과물이 너무 좋으면 기분이 좋고. 그런 뭔가 남들은 '좋아하는 일이 하는 일이 되면 안 좋다'고 하지만 저는 그건 아닌 것 같아요. 좋아하는 일을 할 때 그 성취감이 더 큰 것 같아요. 거기다 남들을 도와준다니. 너무 좋아요.

최윤경 이거 되게 도움 많이 돼요. 명상하고 호흡하는 거. 여기 책 《마음건강안내서》 10페이지에 보면 방법이 여러 가지가 있는데 QR코드 찍으면 동영상 연결되거든요. 우리가 불안하고 막 각성되어 있으면 숨을 잘 못 쉬게 되는 경우가 있거든요. 불안하면 이완할 수 없고 이완돼 있으면 불안하지 않아요. 그래서 이완될 수 있는 가장 쉬운 방법의 하나가 천천히 숨 쉬는 거죠. 그래서 복식호흡 같은 걸 가르쳐주는데 일단 팔다리 긴장을 풀고 어깨도 좀 이렇게 움직여보고, 그다음에 배 속에 풍선이 들어 있다고 생각하는 거예요.

그래서 여기 풍선 그림이 있는 건데 공기를 코로 들이마시고 가슴을 쭉 펴서 공기가 배에 들어갔다고 생각하면 배에 풍선이 있어요. 공기가 들어갔으니까 배가 나오겠죠. 그다음에 후 하고 내쉬면 풍선이 쪼그라들어서 공기가 나가고. 이런 과정을 하는 건데 이 숨쉬기가 내 마음대로 안 될 때 가장 쉽게 내 마음대로 할 수 있는 것 중의 하나예요. 천천히 숨 쉬는 것. 숨쉬기 속도를 조정할 수 있으니까요.[6]

김진주 제가 항상 긴장 상태에 있거든요. 약간 이를 꽉 깨물고 있거나 다리를 떨거나 아니면 항상 초조하거든요. 죽음과 관련된 문제이기도 하지만 그냥 항상 뭐가 급해요. 원래도 성격이 급했는데 더 급해지고 뭔가 일어났을 때 보면 이를 엄청 꽉 다물고 이랬었고. 그런 것들 보면 그런 것 같아요. 긴장을 되게 많이 하고 있는 것 같아요.

최윤경 그래서 천천히 숨 쉬는 것을 평상시에 연습하면 좋을 것 같고요. 그다음에 여기에 있는 것 중에 금고에 봉인하기 같은 것도 고통스러운 기억이 불쑥불쑥 떠오를 때

---

6 보건복지부 국립정신건강센터의 유튜브에서 '마음 안정화를 위한 복식훈련 기법' 동영상을 통해 복식호흡을 배울 수 있다.
https://youtu.be/qkDjMJkLxIo?feature=shared

도움이 되는 방법이에요.[7]

사람에 따라서는 기억이 굉장히 고통스러울 때가 있거든요. 그럴 때는 잠시 고통스러운 기억을 금고에 넣고 자물쇠로 잠그는 상상을 하는 방법이에요. 이런 방법을 쓸 수도 있어요. 그다음에 15페이지에 보면 나비포옹이라고 손을 이렇게 교차시켜서 왼쪽, 오른쪽 이렇게….[8]

김진주 아, 그것도 많이 해요. 약간 스스로 칭찬하는 거. 잘했네 이러면서. 그런데 그것도 되게 도움 된다고 하더라고요.

최윤경 위험한 상황에서 싸움 또는 도주 반응이 나타나는데, 싸울 수도 없고 도망갈 수도 없으면 해리 반응, 즉 얼어붙는 반응이 나타나거든요. 얼어붙을 때는 조금 현실 감각을 되찾을 수 있는 방법이 도움이 돼요.[9]

---

7 행정안전부 안전한 TV 유튜브에서 '떠올리고 싶지 않은 기억을 가둘 수 있게 도와주는 컨테이너 기법-심리안정화 기법' 동영상을 통해 봉인기법을 배울 수 있다. https://youtu.be/FBWXdSu53W8?feature=shared

8 KTV 국민방송 유튜브에서 '스트레스·트라우마는 가라! 스스로를 지키는 안정화 기법&마음프로그램(복식호흡, 나비포옹법 등)' 동영상을 통해 복식호흡과 나비포옹법을 배울 수 있다.
https://youtu.be/bkjdJvY-q7O?feature=shared

9 행정안전부 안전한 TV 유튜브에서 '현실감을 찾아주는 감각 알아차리기 연습법-심리안정화 기법' 동영상을 통해 현실감을 되찾는 방법을 배울 수 있다. https://youtu.be/MnOXrkM3eE4?feature=shared

여러 가지 방법이 있지만 촉각 같은 거, 몸에서 느껴지는 감각 같은 것들을 경험해보는 것이 도움이 돼요. 손으로 이렇게 헝겊이나 책상 같은 것을 만지는 느낌이나 엉덩이가 의자에 닿은 느낌, 등이 의자 등받이에 닿은 느낌 이런 것들도 느껴보는 것이 좋아요.

김진주 음미하는 거군요.

최윤경 네. 감각 경험은 지금 여기서 일어나는 거라서 해리가 됐다가도 조금 돌아오게 만들거든요. '엄지발가락에 힘을 꽉 줘고' '발가락을 꼼지락꼼지락 해보고' 이런 감각 경험을 하면서 지금 여기의 현실로 돌아오게 만드는 방법이에요. 또 좋아하는 차를 음미하면서 마신다든지 하는 것도 도움이 돼요.

김진주 많은 피해자분들이 엄청 진짜 바보 같을 정도로 약간 남한테 베푸시더라고요. 그러면 제가 "더럽게 이기적으로 살아보세요." 이런 식으로 이야기하거든요. 주변에 너무 배려하면 자신을 놓치는 것 같아요. 그래서 일단은 본인 먼저 파악을 하는 게 중요하다고 해요. 그분들은 빨리 재판 같은 것들부터 먼저 정리를 하려 하시는데, 저는 지금 그거 하실 때가 아니라고, 그냥 수첩 하나 사서 좋아하는 거 뭔지 싫어하는 거 뭔지 일단 먼저 적어봐라 이러면서 그거 먼저 시켜요. 그러고 나서 좀 몸이 건강해지고 나면 이제 그때부터 해라, 이렇게 이야기하거든요.

그런데 제 주변에는 자살 심리를 가진 피해자분들도 엄청 많거든요. 사실 저는 그거에 반대심리를 가지고 있는 게 제 가족 중 한 분이 자살로 세상을 떠났기 때문에 얼마나 그 주변 사람들이 고통스러웠는지 알다 보니까 절대 안 하고 싶은데, 피해자들의 심리를 잘 모르겠는 거예요. 그래서 이제 많은 걸 찾아봐도 너무 살고 싶어서 그러는 거라고 이야기는 하는데 어떻게 터닝포인트를 만들어줘야 할지 모르겠어요. 그래서 결국에는 어떻게든 병원을 가야 되는 문제이긴 한데 어떻게 해야 이 사람들에게 조금 더 무뎌지게 만들어줄까. 그런 게 참 고민되는 것 같아요.

최윤경 그러니까 본인의 잘못은 아니어도 언제 트라우마를 겪을 수 있는 거고요. 내 잘못은 아닌데 겪을 수 있는 거죠. 그렇지만 자기 삶을 어떻게 가꾸어 나갈까 하는 건 이제 각자의 몫인 거예요. 그래서 살아야 되는 이유를 찾을 수 있으면 되는데 그게 좀 쉽지는 않죠. 살 만한 이유를 찾는 것.

김진주 요즘 제가 제일 많이 권유하는 건 수첩이에요.

수첩 사서 좋아하는 거, 싫어하는 거, 잘하는 거, 못하는 거 다 적으세요. 그런 식으로 하고 있습니다.

최윤경 좋은 방법인 것 같아요. 그리고 국가 트라우마센터에서 만든 앱이 있어요. 마음 프로그램이라고. 이 앱에는 교육적인 내용도 들어 있어요. 나중에 들어가보세요.[10]

10 마음 프로그램은 트라우마에 대한 교육과 안정화 기법으로 구성된 앱으로, 스트레스 반응을 조절할 수 있는 안정화 기법을 배우고 훈련하여 심신의 안정을 돕는 프로그램이며, 앱 스토어에서 다운받을 수 있다.

제2장

제대로 된 심판

피해자 관련 상담을 받게 된 적이 있었다. 상담사분께 보복 관련 얘길 했더니 피해자들이 다 걱정하는 거라며, 나더러 그런 일은 절대 없을 거라며 멋쩍게 웃으셨다. 난 그 사람이 무서웠던 게 아닌데 오해를 하시는 것 같았다. 자신의 감정을 말할 용기도 없어서 가녀린 여자를 뒤에서 공격하는 자가 뭐가 무섭겠는가. 깡은 무슨. 비겁하기 짝이 없었다. 그저 내가 죽을 수도 있는 상황이 무서운 것이지, 그자가 무서운 것이 아니었다. 그래도 그냥 죽긴 싫어서 나를 보호할 수 있는 법들을 검색해봤다.

일단 뒤에서 당했다 보니 호신용품은 아무 쓸모가 없었다. 호신술을 하는 전문가는 최적의 호신술이 '도망'이라고 말했다. 그래서 도망갈 수 없는 상황에서 재빠르게 내 몸을 보호할 수 있는 '쿠보탄'을 샀다. 동물의 뿔처럼 생긴 건데 너무 흉악해 보여서 정말 필요할 때만 꺼내야 할 것 같았다. 그래서 내 주머니엔 항상 쿠보탄이 들었고, 많이 불안할 땐 볼펜을 손에 꼭 쥐고 살았다.

사각지대 때문에 확인할 수 없는 7분의 시간때문이었을까, 내가 만약 누군가에게 죽게 된다면 증거라도 남기고 죽어야겠다 싶었다. 그래서 뒤도 찍을 수 있는 블랙박스를 찾기 시작했다. 그런 제품은 없을 줄 알았는데 보안요원이나 공무원들이 사용한다는 넥밴드형 360도 카메라가 있었다. 꽤나 가격이 나갔지만 내 목숨보다야 비쌀까. 바로 구매했다. 블루투스 이어폰이랑 비슷하게 생겨서 밤에 불안할 때면 꼭 켜고 돌아다녔다. 그저 증거를 남길 뿐인 장치인데도 너무 안심됐다. 더 이상의 사각지대로 인한 피해는 일어나지 않을 테니까. 꼭 돈 많이 벌어서 보디가드를 많이 고용해야겠다는 생각도 했다. 더 이상 가족들과 지인들의 걱정을 사기 싫었다. 사건 이후로 "괜찮아?"라는 질문을 정말 수천 번은 들었으니까. 그래서 괜찮게 보이려고 나 스스로도 애를 썼다. 취미도 여러 개 만들어보고 부모님이 언제나 내 위치를 확인할 수 있도록 위치추적기도 지니고 다녔다.

그런데 생각보다 큰 문제가 생겼다. 다른 사람들에게 걱정시키지 않으려고 티를 안 내다 보니 측근들도 내가 정말 괜찮은 줄 알았다. 6년째 사귀던 남자친구랑 가장 크게 싸웠던 게 바로 사건이 있고 나서였다. 하루 종일 긴장하면서 걸어야 했기에 집에만 들어오면 녹초가 됐다. 항상 마사지기는 꺼내져 있었고, 빨래와 설거지는 산처럼 쌓여 있었다. 내가 정말 괜찮은 줄 알았던 남자친구는 지저분한 집을 이해하지 못하며 짜증을 냈다. 그때 처음으로 병원이 아닌 데서 펑펑 울었다. “나 사실 괜찮지 않아!” 울부짖으며 펑펑 울어댔다. 벌거벗은 것 같은 기분이었다. 나도 모르고 있었던 내 상태를 다투면서 알게 된 것이다. 밖에서 괜찮은 척하려고 애쓰다 보니 더 상태가 안 좋아졌고, 그게 집에서 다 드러났던 것이었다. 남자친구는 펑펑 우는 내 모습에 놀라며 정말 괜찮아진 줄 알았다며 나를 토닥여줬다. 내심 자기도 여자친구가 이런 일을 겪고서는 스트레스가 많았을 거다. 얼마나 많은 사람에게 질문을 받았겠냐. 나조차도 지인들이 매번 하던 질문이 “남자친구는 뭐래?”였다. 그러면 나는 그냥 묵묵히 잘 있어주고 있다고 하면 주변 지인들은 “어우, 나 같으면 그 새끼 바로 죽이러 간다”라고 했었다. 남자친구 역시 그런 얘기를 오죽 많이 들었겠는가. 하지만 그런 복수는 어느 누구에게도 통쾌하지 않다. 가해자를 죽이러 가면 연애는 어떻게 하고, 결혼은 어떻게 하겠는가. 사람들이 과장되어 말하는 그 이야기가 얼마나 힘들게 했을까. 내가 너무 미안했다. 이런 일을 겪게 해서.

CCTV 영상을 받기 전에, 〈네이트판〉에 올릴 글도 준비했다. ‘12년 뒤에 저는 죽습니다’. 드디어 이 사실을 세상에 공표할 수 있다니. 너무 속 시원했다. 너무 오랜 시간을 기다렸다. 모두를 설득시키기 위해서. 12년 뒤에 왜 죽을 것 같은지 써 내려갔다. 진짜 12년 뒤에 죽을 거라고 생각했다. 최대한 쉽게 쓰려고 덜어내고 덜어냈다. 사건을 잘 모르는 사람들도 이해할 수 있게 하기 위해서였다. 지금 생각하면 나도 참 특이한 사람이었던 게, 친한 언니에게 돌려차기를 당하는 나를 그려달라고 했다. 이번만큼은 글이 갑자기 삭제되지 않도록 덜 자극적이게 쓰기도 했다.

이유도 모르게 갑자기 지워졌던 저번 글과 다르게 이번 글은 반응이 뜨거웠다. 공론화시키길 잘했다고 생각한 건 바로 이 순간부터였던 것 같다. 다름 아닌, 범죄피해자 지원실의 연락 때문이었다. 〈네이트판〉에 실시간 1위를 하니 연락이 와서는 갑자기 내일 신청하러 오라고 했다. 언제는 면담 날짜 때문에 다음 달에 전화해서 정하라더니, 너무 허무하면서도 동시에 기뻤다. 부모님에게 돈을 갚을 수 있다는 생각에.

드문드문 기자님들에게 연락이 오긴 했지만 〈네이트판〉에 글을 올리고부터는 정말 휴대폰을 달고 살았다. 기자님들은 범죄피해자의 목소리를 너무 듣고 싶어 했다. 남을 변호하고 대변하는 사람이 되고 싶지만 현실은 가해자를 상대해야 하는 변호사처럼 말이다. 일시적으로 자신의 피해를 얘기하는 피해자는 있었지만 이렇게나 지속적으로 자신의 피해에 대해서 알리려고 하는 사람은 없었기에 기자님들의 연락이 끊이지 않았다. 어디든 가리지 않고 인터뷰를 승낙했다. 기다려보자는 얘기만 들었던 1년의 세월이 지나고 나니, 이 제안들이 너무 감사하게만 느껴졌다. 내가 정말 운이 좋았던 건지 만나는 기자님들마다 피해자에게 진심인 분들이었다. 피해자의 이야기를 듣고 싶었지만 그럴 수 없어서 가해자에 대한 기사를 자극적으로 써서 그나마 형량에 영향을 주고 싶었다는 걸 그제야 이해할 수 있었다.

그리고 마침내, 영상 자료를 받았다. 〈그것이 알고 싶다〉의 덕후였던지라 황민구 박사님 영상을 자주 봤었다. 그래서 CCTV를 받았을 때 폭행 장면보다 7분 동안의 복도 영상을 자세히 봤다. 남들이 보진 못했으나 현관문 유리에 비치는 사각지대의 모습을 볼 수 없을까 했는데, 잘 보이지도 않고 영상을 일부만 저장해놨더라. 아쉬웠지만 어쩔 수 없었다. 아쉬워하는 게 맞는지도 잘 모르겠지만. CCTV 영상이 확보된 순간부터는 일이 술술 풀리기 시작했다. 고구마 천만 개를 먹고 드디어 사이다를 먹은 느낌이었다. JTBC News, MBC 〈실화탐사대〉와 같이 촬영했다. CCTV라는 윤활제를 가지고 부리나케 달렸다. 프리랜서일 때보다 더 바쁜 일상을 보냈다. 가족들의 인터뷰가 필요하다고 하면 친언니가 날 도와줬다. 아빠는 일 때문에 그럴 여유가 없었고, 엄마는 차마 힘들어서 인터뷰를 못 하겠다고 했기 때문이었다. 매번 친언니한테 부탁하니 나한테 농담 삼아 출연료도 없냐며 툴툴댔다. 거참, 벽에 똥칠하면 내가 간호해줄게. 처음엔 이호진 기자님한테 CCTV를 보여주는 게 너무 죄송스러웠다. PTSD가 올 영상인 걸 분명히 아는데, 이걸 미디어에 공개하는 게 맞을까 마음이 착잡해졌다. 이호진 기자님께 조금만 기다려달라고 하고 깊이 생각했다. 그러다가 병원에서부터 있었던 사람들의 반응이 기억났다. 설명을 수백 번 해도 이해를 못 하겠다는 사람들의 반응들. 이상동기 범죄? 무차별 범죄? 이유를 모르는 폭행을 이해할 수 있는 사람은 없었다. 더 이상 이런 상황을 다른 피해자들이 겪지 않길 바라며 공개해야겠다고 결심했다.

포렌식 검사 결과도 정리해봐야겠다며 파일을 열었는데 머리를 또 한 대 맞은 것 같았다. 포렌식 결과 가해자는 도주하는 동안 수차례 '부산 부전동 살인 사건' '부산 강간 사건'에 대해 검색을 했었다. 너무 어이가 없었다. '이거 빼박 아니야?' 왜 이걸 다들 놓친 거지? 경찰은 뭐 한 거래? 가해자가 도주 동안 긴장하면서 검색했던 단어들은 거의 자백에 가까웠다. '갤럭시 GPS', '서면 실시간 사건', '서면 묻지 마 폭행', '서면 ○○○ 살인 사건', '기절할 때

오줌싸는 이유', '머리 과다출혈 사망', '토막 유기'까지. 가해자는 진술 당시에, 왜 이런 검색을 했냐고 형사가 물어봤을 땐, 관련 형량이 궁금해서 검색했던 것뿐이라고 했다. 근데 그 답변을 듣곤 그냥 다음 질문으로 넘어갔다. 장난하냐고. 그러면 왜 사건 장소인 부전동과 실시간을 같이 친 거냐고. 누가 봐도 사건의 동태를 보려는 거잖아. 이때만큼은 기억을 지운 나 자신이 너무 싫어졌다. 범죄피해 PTSD 중에 해리성 기억상실 장애는 굉장히 흔한 증상인데, 어떻게 경찰은 사실관계를 파악해보지도 않은 걸까. 범죄피해 PTSD 증상도 고려하지 않는 수사 체계는 고쳐야 할 게 너무 많다고 생각했다. 기억을 잃어버린 피해자는 방해물이 될 수 없는데, 조금도 알려주지 않는 사법 체계가 미웠다. 네가 힘들더라도 기억은 남겨놓지 그랬어. 아무리 피해자가 기억이 없어도 그렇지, 어떻게 가해자 말만 믿고 넘어가는 거지? 왜 이렇게 수사와 재판이 기울어졌을까. 기억을 잃으면 철저히 피해자가 손해구나. 기억해내라고 내 머리를 두들겼다. 모든 과정에서 피해자는 빠져 있었다. 이 사건은 내가 없으면 일어나지도 않은 사건인데. 내가 무언가 알고 싶다고 하면 법원 직원들은 하나같이 마치 교육이라도 받은 듯이 말했다. "피해자는 사건의 당사자가 아니세요." 알아서 잘해주겠거니 하고 지나가게 놔두면 피해자들은 모른 채로 당하겠다 싶었다. 얼마나 말도 안 되는 양형기준으로 감경이 되는지는 당연히 모를 거다. 다들 업무로만 치부할 뿐이구나. 나에겐 인생이 달린 문제인데. 씁쓸했다. 진짜 피해자만큼 사건에 진심인 사람은 없구나 깨달은 날이었다. 그런 감상에 푹 젖어 있던 나는 머리를 털며 정신을 차리려고 애를 썼다. 그게 중요한 게 아니야, 다른 피해자를 구해야 해. 1,268장에서 의미 있는 페이지들은 다 엑셀에 입력했다. 사건기록을 너무 헤집었던 터라 찢어져서 너덜너덜해졌다. 그렇게 사건을 모조리 씹어먹었다. 이호진 기자님도 나와 마찬가지로 사건을 해부하고 계셨는데, 영상을 여러 차례 보니 가해자가 들어올 땐 네모난 곽이 담긴 봉투가 보이는데 나갈 땐 없었다고 했다. 그래서 이동 경로에 있던 편의점에 가서 사정사정하며 구매 이력을 확인해보려고 했으나 CCTV도 구매 이력도 아무것도 남아 있질 않더라. 이걸 왜 내가 하고 있는 건지 원.

JTBC에서 기사가 보도되기 며칠 전, 가해자가 극단적 선택을 했다는 얘기를 지현 님에게 들었다. 맙소사. 순간 멍해졌다. 목숨을 포기할 인간이 아닌데, 거짓말이겠지. 그런데 확인할 방법이 없었다. 이미 저녁이었고 낮이라고 한들 민간인인 내가 가해자의 상태를 확인할 수 있는 방법은 없었다. 지금은 죽으면 안 되는데, 머리가 멍해졌다. 죗값은 다 치르고 죽어야지. 그렇게 손쉬운 선택을 하면 안 된다며 짜증을 냈다. 이 세상에서 그 누구보다도 가해자가 살기를 바라는 사람이 나였으니까. 알고 보니 가해자가 구치소에서 자신을 생각하는 사람이 많을 거라며 자살 소문을 내보라고 했던 것이었다. 진짜 꼬여도 오지게 꼬인 놈이었다. 살아 있어서 다행이라는 마음으로 다시 투지를 불태웠다.

11월 30일, JTBC에서 이호진 기자님의 단독 기사로 CCTV 영상이 공개됐다. JTBC 〈사건반장〉에서도 사건을 다뤄보고 싶다고 연락이 왔다. 다른 시사 프로그램들은 일주일에 한 번 사건을 집중적으로 다룬다면, 〈사건반장〉은 정치 이슈 없는 시사 프로그램이었다. 인터뷰를 확인하려고 봤는데 너무 재밌는 프로그램이라 저녁 6시 30분만 되면 챙겨보는 '사반' 가족이 됐다. 반성한다는 이유로 8년이 감형된 것과 잔인한 CCTV 영상, 이 둘은 전혀 어울리지 않았다. 뉴스를 본 모든 이들이 충격을 받고 분노했다. 하지만 여전히 진실에 가까이 가지 못했다는 사실에 끊임없이 유튜브 댓글을 챙겨봐야 했다. 혹시나 제보가 있을지도 모르니까. '폭행'이라는 유튜브의 재생목록을 만들어서 '부산 돌려차기 사건'을 다룬 영상들은 모조리 추가했다. 그러다가 유튜브 〈김원TV〉에서 내 사건을 다룬 것을 보게 됐다. 평소에도 챙겨보던 채널이 '부산 돌려차기 사건'을 다루다니 이상하게 반갑기까지 했다. 다뤄주셔서 너무 감사하다고 인스타그램에서 메시지를 보냈는데 답변을 주셨다. 또 한 번 다뤄주시겠다며. 느낌이 묘했다. 내 사건이 올라간다니 또 제보가 있을까 싶어서 영상들의 댓글들을 훑어보고 있었다. 그런데 새삼 달라져 있는 내 모습을 발견했다. 잘못된 댓글이 있으면 속상해하던 내가 이젠 '넌 안 봤잖아, 1,268장'이라며 속으로 비웃었다. 속상해할 필요가 없었다. 이런 사람들은 알려고 하는 의지조차 없는 사람이니까. 나 자신을 먼저 설득하고 나니 작정하고 괴롭히려는 악플러들의 댓글은 날 흔들지 못했다.

본격적으로 공론화를 시키고 나니 나를 응원한 사람이 이 세상에 생각보다 많다는 걸 깨달았다. 첫 보도에는 많은 정보가 생략되어 있기에 현명한 사람들은 정확한 보도가 나올 때까지 의견을 적지 않는다. 아니면 그저 묵묵히 지켜보며 응원하든지. 그래서 온라인에서는 진심으로 응원하는 사람보다 진심으로 헐뜯는 사람이 많았던 것이다. 그런데 공론화를 하고서는 응원하는 사람들의 댓글이 훨씬 많아졌다. '아, 사람들은 응원을 하는 데 시간이 필요했을 뿐이었구나'라며 무릎을 탁 쳤다.

여전히 악플러는 존재하지만 이제 나는 악플러들의 시선 따윈 신경 쓰지 않기로 했다. 피해자들이 겪는 이 부조리한 현실을 바꾸는 게 더 중요하니까. 내 감정보단 피해자의 감정에 집중하기로 했다. 공론화를 시작하고 났을 때 한창 드라마 〈더 글로리〉가 흥행했는데 나는 너무 비현실적인 픽션 아니냐며 혀를 찼다. 범죄피해자가 복수를 한다고? 수사 체계나 사법 체계의 부재는 나도 공감하는 바였지만 복수를 할 수 있다는 건 말이 안 됐다. 저건 재력이나 인맥이 있어야 가능한 거잖아. 누군가는 사건의 공론화가 복수라고 하지만 공론화가 복수라고 생각한 적은 한 번도 없었다. 내가 겪은 이 고통이 감히 환산이 가능하겠는가. 다만 정당한 죗값을 받게 하고 그날의 진실을 밝히고 싶었을 뿐이었다.

피해자라면 사건에만 신경 쓰면 될 줄 알았는데 언론, 미디어, 변호사 등 신경 쓸 것투성이였다. 사실 피해자는 사법 체계에서 할 수 있는 게 많지 않다. 사건열람도 어렵고 방청석에나 앉을 수 있으니까. 그 와중에 변호사와도 트러블이 있었다. 다른 사건에 비해 내가 직접 처리하는 게 많다 보니 변호사 입장에서는 편한 피해자일 거라고 나는 생각했다. 그런데 변호사에게 궁금한 게 있어 카톡을 보냈는데 2주 동안 답이 없었다. 재빠른 답을 원한 건 아니지만 2주 동안 아무 얘기도 없이 답이 없는 건 너무 하지 않나. 스트레스가 극도로 다다르면서 2주 동안 연락이 안 되시는 건 조금 당황스럽다고 조심스럽게 얘기했다. 그런데 돌아온 답변은 이랬다.

"수차례 설명해 드렸는데, 제가 계속해서 같은 질문에 답을 드려야 하나요?"

나는 내가 하는 질문들이 다 같은 내용인지 몰랐다. 아무리 검색을 잘한다고 하더라도 나는 법조인이 아니었다. 신경 쓸 것투성이였던지라 내가 사서 스트레스를 받는 것 같았다.

법을 아는 사람들한테 따질 깜냥 따윈 없었고 돈 안 돌려줘도 되니 혼자 싸우는 게 낫겠다 싶었다. 그러다가 은인을 만났다. 〈김원tv〉의 내 사건 영상을 보고 변호를 도와주고 싶다는 법률사무소가 있다며 얘기 한번 나눠보겠냐고 김원 님께서 내게 물으셨다. 나는 더 이상 돈을 지불하기도 부담스럽고 피해자로서 할 수 있는 건 제한적이었던지라 굳이 변호사가 필요할까 싶었다. 그래도 전화는 한번 해보겠다고 했다. 빈센트 법률사무소 운영책임자인 홍태의 님은 내가 지금 얼마나 많은 것들이 힘든지 잠깐의 통화로도 눈치를 챈 듯했다. 그러면서 본인이 겪은 얘기를 해주셨다. 자신은 고유정 의붓아들 사건의 유가족이라고 했다. 친아들이 고유정의 손에 죽었던 터라, 그 시기 동안 너무 힘들었다고 했다. 그래서 범죄피해자에 대한 이해도가 남다른가 했다. 어떻게 변호를 해야 할지 확신에 차 있었다. 확실히 도와줄 수 있는 게 있을 것 같았다며 내게 무료변론을 해주겠다고 했다. 망설일 이유가 없었다. 1심의 변호사에게 사임계를 내달라고 했다. 돈은 돌려주지 않아도 된다고 했다. 돈보다 스트레스를 안 받는 게 최우선이었다. 그렇게 빈센트 법률사무소와 2심을 시작하게 됐다.

심판의 시간이 다가왔다. 판사가 아닌 내가 그를 판단해보리라. 정말 8년을 감형할 만큼 반성을 한 건지 확인해야 했다. 2심 재판부에 피해자 열람기록 복사를 신청했다. 상고이유서를 확인할 수 있었다. 며칠이 지나고 승인이 나서 확인할 수 있었는데, 반성은 개뿔. 중상해 판례를 열심히 모았더라. 그러면서 상고이유서에는 이렇게 적혀 있었다.

> 저의 착각과 오해로 일면식도 없는 사람을 묻지 마 식으로 상해를 가한 것에 대해 깊이 잘못을 느끼고 있지만 상해에서 중상해 살인미수까지 된 이유도 모르겠고, 어떤 일이든 마땅한 처벌을 받는 것이 마땅하지만 저와 비슷한 묻지 마 범죄의 죄명, 형량도 제각각인데 왜? 저는 이리

> 많은 징역을 받아야 하는지 모르겠습니다. 전과가 많다는 이유라면 저는 그에 맞게 형 집행을 다했습니다.

1심 판사님, 보고 계시죠? 얘, 반성한 건가요? 아니면 반성했다가 항소할 때 잠깐 다시 바뀐 걸까요? 개소리도 참 정성껏 한다 싶었다. 하긴 재판을 받고 있는 와중에도 헤어진 여자친구에게 보복 편지를 쓸 정도면 알 만했다. 반성을 한다는 자가 항소이유서에선 전혀 반성을 하고 있지 않았다. 이런 잡범을 상대해야 한다니 힘이 빠졌다. 그런데 그 다음 구절을 읽자 마자 나는 폭발했다.

> 피해자분은 회복이 되고 있으며 1심 재판 때마다 방청객에 왔다고, 변호사님에게 들었으며 너무나 말도, 글도 잘 쓰는 것도 보면 솔직히 진단서, 소견서, 탄원서 하나로 '피해자'이기에 다 들어줄 수밖에 없는 것 아니겠습니까? 검찰 역시도 제가 성폭력을 저질렀을 것이라고 끼워서 맞추고 짜 맞추고 결국에는 아무런 흔적, DNA가 안 나온 것처럼 그저 뽑기 하듯 되면 되고 안 되면 마는 식은 아닌 것 같습니다. 존경하는 재판장님 제가 저지른 잘못은 정말 처음부터 끝까지 인정합니다. 하지만 살인미수 형량 12년… 너무 합니다.

미친 거 아니야? 감히 어떤 회복도 돕지 않았던 자가 회복이라는 말을 꺼낸다고? 난 1심에서 감정적이었던 적이 단 한 번도 없었다. 감정적이기만 하면 내 말을 안 들어줄까 봐. 친구들이 불쌍한 척 좀 하라고 할 정도로 사건에 이성적이었다. 이 울보가 말이다. 어디에도 내 편이 되어달라고 한 적이 없는데 의사, 변호사, 검사가 다 피해자랑 짜고 친다고 엮어버리다니. 감히 내가 존경하는 의사 선생님까지 욕보여?

그때부턴 증오로 움직였다. 분노는 나를 더 강하게 만들 뿐이었다. 매일 사건번호를 검색하고 반성문이 접수되어 있으면 바로 탄원서로 맞받아쳤다. 내가 아직 괜찮지 않다는 첨부 서류들을 잔뜩 냈다. 검찰에서 피해자 탄원서만 받아보려고 했는데 책 한 권이 나왔을 정도라고 했다.

주변 사람들의 시선 따윈 중요하지 않았다. 그 더러운 입을 꿰매놔야 했다. 항소이유서를 인스타에 올리고 나니 인터뷰 요청이 빗발쳤다. 누가 봐도 반성하지 않는 내용임이 증명됐다. 더 짜증 났던 건 심지어 가해자는 두 번이나 당일 불출석을 했다. 가해자가 당일 불출석을 하면 피해자가 알 수 있는 방법이 없다. 그렇게 내 소중한 지인들의 시간을 낭비해야만 했다. 구치소에서 조금이라도 더 오래 있으려는 가해자의 얄팍한 전략이었다. 시간을 끈다면 불리한 건 가해자일 뿐이었다. 나에게 시간을 더 벌어줬으니.

이수정 교수님의 유튜브 채널 〈사건수정〉에서도 내 사건을 다뤄보고 싶다는 연락이 왔다. 〈그것이 알고 싶다〉에서 자주 봤던 분의 목소리를 직접 들을 수 있다니 너무 떨렸다. 거침없는 질문에 나는 당황하고 있었는데, 이 교수님는 그런 나를 천천히 다독여주었다. 항상 방송에선 날카로운 전문가의 모습만 봤었는데, 실제로는 너무나도 친근하고 유쾌한 분이었다. 그러면서 마지막으로 해주신 말씀은 '살아 있기에 바꿀 수 있다'였다. 너무 뭉클했다. 사법 체계를 바꾸려고 시작한 일이었는데, 너무 도움이 되는 인상 깊은 말이었다. 그날 내 거울에 그 문장을 화이트 마커로 적은 뒤 이후로 집에서 나갈 때마다 그 글을 보고 나갔다.

사건에서 가장 큰 터닝포인트도 이때쯤 찾아왔다. 〈김원tv〉의 제보자 덕분이었다. 바로 '부산 돌려차기 사건'을 신고했다는 사건 목격자의 등장이었다. 사실 목격자는 이런 사건인지 몰랐다고 했다. 너무 당황해서 자세히 볼 수 없음에도 불구하고 바지가 열려 있었고 체모가 보일 정도라고 했다. 아직도 기억하고 있을 정도였으니 얼마나 황당한 그림이었겠는가. 당시에 발견했을 때 너무 구두나 옷가지들이 나란히 정렬되어 있었기 때문에 취객이 집인 줄 알고 옷을 벗어둔 줄 알았다고 했다. 나랑 연락하지 않아도 되니 이에 대해서 증언해줄 수 있겠냐고 했더니 어렵게 승낙했다고 한다. 나 대신 너무 감사하다고 전해달라고 했다.

무슨 영화보다 이렇게 실감 나는 서사가 나오는 건지. 아끼면 똥 된다더니 금이잖아. 너무 방방 뛰면서 신난 것도 잠시, 머리를 쥐어짜며 펑펑 울었다. 진실만 좇다 보니 내가 처한 상황은 하나도 생각하질 않았던 것이었다. 나 스스로 성범죄피해자란 걸 알리는 꼴이었으니까. 내가 정말 성범죄피해자라니. 한참을 울다가 내가 좋아하는 거품 목욕을 하고 나서야 다시 정신을 차릴 수 있었다. 정신 바짝 차려야 한다. 이젠 진짜 성범죄로 바꿀 수 있을 테니.

2심이 시작되기 전에, 〈부산일보〉 기자들을 만나게 됐다. 그중에서도 변은샘 기자님은 이미 내가 아는 분이었다. 특이한 이름이기도 했지만 내 사건을 처음 다룬 기자님이었기 때문이다. 변은샘 기자님은 경찰이 내겐 한 번도 안내해준 적 없는 얘기들을 계속 기사로 썼다. 그래서 사건 초반엔 변은샘 기자를 별로 좋아하지 않았다. 가해자의 입장만 듣고 쓰는 기자님이 너무 미웠기 때문이었다. 그런데 알고 보니 변은샘 기자님은 나를 계속 찾았다고 한다. 사건이 일어난 오피스텔 단톡방에 들어가볼 정도로 피해자를 간절히 찾았다고 했다. 나는 병원에 있어야 했고 당연히 경찰은 개인정보니 알려주지 않았을 거다. 그러다 보니 글로 남길 수 있었던 건 가해자 입장밖에 없었던 것이다. 당시에 얼마나 피해자를 찾기 위해 애썼는지를 듣다 보니 미웠던 마음이 순식간에 사그라들었다. 심지어 죄송스러웠다. 사람을 이렇게나 오해하다니. 그제야 기자님들이 가해자의 입장에서 왜 저렇게 자극적으로 쓰나를 이해할 수 있었다. 피해자를 만날 수 없었기에 가해자라도 비난받을 수 있도록 애썼던 거다. 그렇게 오해를 풀고 나서 변은샘 기자님은 지난 1년간 있었던 '부산 돌려차기 사건'의 흐름을 정리해서 기사로 써주었다.

같이 만나게 된 안준영 기자님은 검찰 출입 담당이었는데, 내가 관심 있는 공판에 가면 항상 방청석 앞에 앉아서 기사를 작성하고 있었다. 부산과 관련된 사건을 검색하면 다 안준영 기자님이 쓴 기사가 나올 정도였으니 말이다. 지방에서 공론화를 시키는 건 정말 시간을 갈아 넣어야 될까 말까인데, 이런 분들을 만나야지만 그나마 가능하다. 그들만큼 사건을 가까이 다가갈 수 있는 분들은 없기에. 난 참 행운아다.

2023년 3월 15일, 두 번이나 불출석했던 가해자가 드디어 공판에 참석했다. 오랜만에 나타난 가해자는 귀에 머리를 꽂을 만큼 장발이 되어 있었다. 흰색 뿔테 안경도

겼더라. 구치소 안에서 치장했을 모습을 상상하니 역겨웠다. 착석하려는 순간에 눈에 띄었던 건 가해자의 죄수복이었다. 죄수복이 살에 파묻혀 살려달라고 울부짖고 있었다. 얼마나 잘 먹고 잘 살았으면 살이 저렇게 불려서 나왔을까 기가 찼다. 공판이 시작하기 전부터 나는 성범죄 조사를 다시 해야 한다고 간절히 탄원서를 적었다. 2심 검사인 김태훈 검사님은 재판 전 나에게 전화를 해서 피해자로서의 생각을 물었다. 나는 당연히 성범죄가 추가돼야 한다고 했고, 공판 때 검사님은 내 말 그대로 성범죄에 대해 검사해야 한다고 주장했다. 하지만 2심 재판부는 항소심에서 공소장도 없는 죄명을 대상으로 추가적인 감정은 허락하지 않는다고 했다. 이해가 안 됐다. 무슨 동기로 살인미수를 저지르게 됐는지를 알아보자는 거지, 내가 언제 이 사람한테 누명을 씌운다고 했던가. 모든 범죄가 그렇지만 특히 살인(미수)죄는 동기를 가장 중요하게 본다. 이는 양형위원회의 양형기준을 보면 알 수 있다.

양형기준은 죄에 해당하는 형벌의 정도를 따지는 기준이다. 양형위원회 홈페이지에는 어떤 감경요소와 가중요소가 있는지 적혀 있다. 살인미수는 살인죄와 유사한 양형기준을 가지고 있다. 계획적 살인 범행, 범행에 취약한 피해자, 사체손괴, 잔혹한 범행수법, 존속인 피해자,

비난할 만한 목적에 의한 약취/유인인 경우, 강도강간범인 경우, 피지휘자에 대한 교사, 중한상해, 반성 없음, 특정강력범죄(누범), 사체유기, 특정강력범죄에 해당하지 않는 이종 누범, 누범에 해당하지 않는 동종 및 폭력 실형전과, 합의 시도 중 피해 야기. 이렇게 16개가 있다.

또한, 살인/살인미수는 5가지 유형으로 구분하고 있다. 참작 동기 살인, 보통 동기 살인, 비난 동기 살인, 중대범죄 결합 살인, 극단적 인명경시 살인. 중대범죄 결합 살인(미수)은 비난 동기 살인(미수)보다도 양형기준이 훨씬 높다. 재판부에 잔뜩 실망한 나를 태의 님이 달래주었다. 보수적인 재판부가 오히려 나을 수도 있다며. 난 만족할 수 없었다. 재빨리 집에 가서 탄원서를 쓰기 시작했다. 나는 이 사람의 형량을 높이는 게 목적이 아니라 진실을 알고 싶을 뿐이라고. 살인(미수) 양형기준의 가장 중요한 동기를 찾으려는 것뿐이라고. 애초에 내 편이 되어달란 적도 없고, 내가 원하는 대로 재판이 흐르기를 바란 적도 없었다. 그저 있는 사실을 알고 싶을 뿐이었다.

패자부활전

여태껏 사건을 몰랐던 사람들이 가장 많이 알게 된 이유는

〈그것이 알고 싶다〉일 것이다. 난 사실 〈그것이 알고 싶다〉의 팬, '그앓이'였다. 온종일 방송을 틀어놓고 작업을 할 정도로 범죄, 법에 관한 지식들이 좋았다. 당연히 그알팀에도 내 사건을 제보했었지만 아무 자료가 없어서였을까 처음에는 연락이 없었다. 2심 첫 공판이 끝나고 〈그것이 알고 싶다〉팀에서 이 사건을 다뤄보고 싶다고 연락이 왔다. 이 사건에 대해 이미 여러 채널에서 다 다뤘다고 생각한 사람들이 많았기에 일단 고민 중이라고 했다. 그때 아마 마음의 결정을 내린 건 태의 님의 설득 때문이었을 것이다. 나는 자세히 보지 못했던 DNA 감정 결과서를 얘기해줬다고 한다. 비상구 손잡이에 가해자의 지문이 있었다고 하더라. 내가 죽을까 봐 무서워서 사각지대로 데려갔다던 가해자가 비상문을 열려고 했다는 것이다. 그때 소름이 머리끝까지 났다. 정말 그 문으로 들어갔더라면 난 죽었을 거다. 오랫동안 발견되지 못한 채로. 다행히 그 비상구 문은 폐쇄되어 있었고 가해자가 택할 수 있는 건 얇은 X배너 뒤였던 것이다. 지금 생각해보면 무식하게 간도 크고 욕정에 눈이 먼 인간이다.

〈그것이 알고 싶다〉 작가님과의 전화가 끝나고서 김재환 피디님을 만날 수 있었다. 가해자가 출석한 첫 2심 공판 날, 수송차량에 오르는 모습을 찍기 위해 부산으로 오셨다. 다른 사건에 비해 자료가 많았던 터라 인터뷰에 엄청 신경을 많이 써주었다. 총 여덟 시간 가까이 촬영했다. 최대한 많은 얘기를 확보한 뒤에 이를 검증하기 위한 절차를 거친다고 했다. 내 말만 믿는 것이 아니라 모든 것을 취재한 뒤에 교집합을 송출하는 거였다. 이래서 그알그알 하는구나 하면서도 방송 확정이 안 났던 상황이라 항상 마음이 위태로웠다. 제발 돼라. 관계자들을 재환 피디님이 끈질기게 설득한 결과 확정이 됐다고 하더라. 이런 이야기를 맘껏 할 수 있는 데가 있다니 너무 행복했다.

매일 추적하고 사실을 확인하는 게 일상이 돼야 했다. 지인들이 슬슬 걱정하기 시작했다. 그때 친언니는 "집착하지 말라"고 했다. 사건에 너무 집착하지 말고 일상생활로 돌아와야 하지 않겠냐며. 박서희 선생님도 사건에만 집중하는 나를 많이 걱정하셨다. 하지만 돈은 언제나 있다가 없어지는 것이지만, 재판은 그렇지 않다. 재판은 3심이 끝나면 더 이상 소명할 기회는 없다. 남자친구는 지금의 나를 어떻게 생각할까 문뜩 궁금했다. 조심스럽게 남자친구에게 "나, 너무 집착하는 거 같아?"라고 물었다. 그런데 남자친구는 유일하게 "아니? 그런 큰일을 당했는데 신경 쓰이는 게 당연한 거 아니야?"라며 내가 하는 일들이 당연하다고 잘하고 있다고 다독여줬다.

당연하다는 이야기가 그렇게 든든할 수가 없었다.

인터뷰를 할 때면 항상 피해자로서 어떻게 보여야 하는가에 대해 고민했다. 당시에는 크게 부상을 입은 게 사실이지만 기적적으로 다리가 움직였고 남들이 보기엔 다 밝아서 다행이라며 흐뭇해할 정도로 피해자스럽지 않았으니까. 피해자가 이런 취재를 할 때 다운되어 있는 게 당연한데도 과거를 회상하는 인터뷰가 아니면 금방 다시 웃어댔다. 재환 피디님도 나를 연신 특이한 사람이라며 고개를 저으며 웃으셨다. 가끔 "피해자의 대모에게 물어볼 게 있다"고 너스레를 놓으며 전화를 하시기도 했다. 재판 날에는 일부러 그렇게 꾸며 입는 거냐는 질문을 받은 적도 있었다. 가해자에게 이런 피해자도 있다는 걸 보여주려고 화려하게 입고 간다고 설명하니 피디님이 이제야 이해가 간다는 표정을 했다. 그만큼 화려하게 입었었나 싶다가도 내 전략이 먹혔구나 싶었다. 길가에서 카메라로 촬영한 적도 많았는데 그때마다 불안감이 올라왔다. 〈그것이 알고 싶다〉 본편에는 나가질 않았는데, 사건 당시 걸었던 길을 그대로 찍은 날이 있었다. 계획 없이 무작정 걷기 시작했는데 눈앞이 시큰거렸다. 왜냐하면 그 앞에서 버스킹을 하는 그 동생을 마주한 것이다. 나는 그날 버스킹을 하는지도 모르고 걷고 있었는데 왠지 〈그것이 알고 싶다〉팀과 함께 예전의 시간으로 이동한 것 같았다. 버스킹이 더 이상 즐겁지 않은 이 현실이 너무 슬프기도 하고 간만에 밤에 버스킹을 볼 수 있어서 너무 기쁘기도 했다. 무슨 감정일까, 카메라가 있고 사람들의 시선이 쏟아지는데도 엄청 울어댔다. 정신을 차리니 마치 버스킹하는 동생의 전 여친이라도 된 것 같아서 빨리 그 자리를 벗어나고 싶었다. 혹시나 내가 피해자인 걸 누군가 알아차리면 어떻게 하지? 그래도 어쩔 수 없었다. 해야만 했다. 그렇게 촬영을 마무리했다. 이미 다 아는 내용이 나올 거라고 생각했다. 새로운 사실이 나올 리가 없을 것 같았다. 그런데 재환 피디님이 꼭 챙겨 보라고 하는 말에 내심 뭐라도 있을까 기대했다.

〈그것이 알고 싶다〉 본방송 날, 같이 보자고 친언니를 집으로 불러댔다. 사실 혼자 있으면 무서울까 봐 불렀다. 너무 기분이 이상했다. 매번 보던 〈그것이 알고 싶다〉에 내가 나오다니. 진짜 한 치 앞도 알 수 없는 게 사람 인생이라지만 내 인생은 너무 기구했다. 초반엔 다 아는 내용이었지만, 도대체 무슨 내용이 있을까 심장이 떨렸다. 그쯤에는 내가 성범죄를 당했기를 바랐던 것 같다. 〈그것이 알고 싶다〉는 과학수사대가 아니기에 가지고 있는 자료로 분석한다. 방송을 보다가 황당했던 건 항문외과의 진단이었다. 분명히 내가 진료를 보러 갔을 땐 병원에 입원하면 흔히 겪는 증상들이라고 얘기를 했었는데, "자세히 보니까 다발성 손상이 보인다"라며 성범죄가 연상되는 상처들 같다고 했다. 일찍이 말해줬으면 1심 때부터 얘기했을 텐데 너무 어이가 없었다. 그리고 감식보고서에 가해자의 DNA가 추출됐다고 했다. 청바지의 엉덩이 부분이었다. 이게 만약 안쪽 면이라면 "버튼이나 지퍼 같은 건 만지지 않았다"는 가해자의 증언을 깨부술 수 있는 절호의 기회였다. 하지만 이마저도 청바지의 안쪽 면인지, 바깥 면인지 자세히 기재되어 있지 않아서 알 수 없다는 전문가의 의견이었다.

내 목구멍을 고구마가 쿡쿡 쑤셔댔다. 숨을 조이며 계속 방송을 보고 있는데 그 순간 비장의 카드가 나왔다. 바로 모자이크를 하지 않은 제보자의 증언이었다. 가해자와 같은 구치소를 쓴 제보자였다. 제보자가 말하길, 가해자가 피해자의 주소를 안에서 계속 외우면서 "나가면 두 배로 때려서 죽여버릴 거다"라는 말을 계속했다고 한다. 그렇게 방송이 끝났다. 언니는 인터뷰를 오래 했는데 얼마 안 나왔다고 투덜댔다. 정신건강의학과 박서희 선생님도 인터뷰를 했는데 하나도 안 나왔다며 서운하다고 연락이 왔다. 나도 여덟 시간 넘게 인터뷰했는데 저 정도 나왔다고 위로를 해드렸다. 언니를 집으로 돌려보내고는 있는 제보자의 신변이 걱정되어서 허겁지겁 검색을 했다. 종합격투기 MMA 출신 유튜버 엄태웅 씨였다. 운동선수였다는 사실에 안심되면서도 낯선 사람이 왜 이런 제보를 할까 미심쩍었다.

저 제보자는 왜 제보를 한 걸까. 혹시 저 사람도 한 패이면 어떻게 하지? 검색해보니 인스타그램 계정이 있길래 곧바로 메시지를 보냈다. 걱정을 괜히 했나 싶을 정도로 이분은 나를 되려 걱정하고 있었다. 엄태웅 씨에게 날것의 이야기를 듣고 싶었다. 방송이란 건 편집이 있을 테니 그 이상의 비하인드가 분명 있을 것이었다. 내가 예상한 대로 가해자는 '너무' 잘 지낸다고 했다. 내가 예상한 그대로 살고 있구나 하며 씁쓸하게 잠들었다.

그후 며칠 동안 엄태웅 씨와 연락을 주고받았다. 엄태웅 씨는 정말 가해자를 혐오하고 있었다. 그래도 나는 무서웠다. 무슨 이유로 엄태웅 씨가 구치소에 갔던 건지도 모르는데… 쉽게 다른 사람을 믿기가 어려웠다. 이 또한 나를 시험하려는 가해자의 농락이면 어떻게 하지. 그러다가 보통은 출소하면 제 살길 찾기 바쁘지 않냐는 생각이 들었다. 무슨 이유에서건 나에게 도움을 주셨으니 감사한 분이라고 생각하기로 했다. 심지어 엄태웅 씨는 보복범죄와 관련된 증언을 하는 바람에 교정청에서 조사까지 받아야 했다. 도대체 한 사람 때문에 몇 사람이 피해를 보는 건지. '한 명의 가해자와 여러 명의 피해자'가 맞는 말이 아닐까 싶었다. 정말 감사하고 죄송했다. 그래서 엄태웅 씨에게 본인의 유튜브 채널 방송에 필요한 인터뷰가 있다면 도와드리겠다고 했다. 다행히도 방송에서 코멘트를 해줄 수 있냐는 말에 당연히 해드린다고 했다.

그렇게 연락하다 보니 보복 관련 증언한 것 때문에 엄태웅 씨가 부산으로 조사를 받으러 온다고 했다. 그러다 통화를 끊으려고 하는 찰나에 엄태웅 씨가 내게 물었다.

"마지막으로 확인할 게 있는데, 혹시 ○○ 아파트에 사세요?"

순간 간담이 서늘해졌다. 이 사람이 이사한 우리 집 주소를 어떻게 알지? 너무 무서웠다. 가해자가 구치소에서 이 아파트 이름을 달달 외우고 있다고 했다. 무서운 것도 잠시, '빼박'이다 싶었다. 모르는 사람이 내 주소를 알 정도로 가해자가 주소를 달달 외우고 있다니. 출소를 한 사람이 그 아파트 이름을 외우고 있을 정도라면 얼마나 외워댔던 걸까. 무슨 유명 브랜드 아파트 이름이 아니었다. 정말 오래된 아파트 이름이었기에 직접 들은 게 아니라면 말이 안 되니까. 그 짧은 시간에 머리를 굴렸다. 그래도 아직 저 사람에 대해서 잘 모르니까 애매하게 얘기해야겠다 생각했다. “저와 관련된 주소이긴 한데, 그 이상은 말씀드릴 수가 없어요.” 그러자 엄태웅 씨는 일단 알겠다며, 조사를 받고 온다고 했다.

전화를 끊고 나니 숨이 조여왔다. 나도 그저 보복은 내 피해망상일 거라 생각했는데, 진짜라니. 심지어 가해자가 외우고 있는 건 우리 집 본가 주소였다. 내가 따로 사는 자취방도 아니고 본가를 어떻게 해야 하나 싶었다. 처음으로 괜히 알려고 했다는 생각을 했다. 나 혼자 죽었으면 됐을 걸 가족까지 위험에 끌어들였다. 죽고 싶었다. 차라리 내가 죽어서 이 이야기가 끝을 맺을 수 있다면.

한국심리과학센터라는 곳에서는 부산 돌려차기 사건과 같은 판례들을 찾아주시겠다고 했다. 몇십 건의 유사 판례들을 확인했는데 확실히 내 사건에서의 1심 결과는 너무 약소한 형량이었단 걸 그제야 알 수 있었다. 특히 ‘우연히 살인미수에 그쳤다’는 문구가 딱 나를 보고 하는 말 같았다. 빠르게 탄원서를 또 적었다. 〈그것이 알고 싶다〉 본방송이 나가고 나서 김재환 피디님이 취재 비하인드를 얘기할 수 있는 ‘그알저알’ 콘텐츠에 나가게 됐다고 했다. 혹시 도움이 필요한 게 없냐고 내게 물었다. 지금 단계에서 다른 분들에게 뭘 바랄 수 있을까. 탄원서밖에 없었다. 인터뷰했던 유튜브 〈빡친변호사〉 천호성 변호사님의 도움으로 전자로 탄원서를 받는 설문조사 폼을 만들었다. 정확한 정보를 토대로 이루어진 취재이다 보니 많은 분들이 응원과 격려를 남겨주었다. 진짜 순식간에 몇만 명을 넘는 걸 보고 〈그것이 알고 싶다〉라는 프로그램이 얼마나 많은 피해자에게 영향을 주고 있는 걸까 체감했다. 설문조사 폼에 내 인스타 주소도 남겨놨다. 탄원서를 쓴 분들은 정말 범죄피해자에게 진심인 사람들이기에 인스타에도 찾아오실 수 있었으면 했다. 범죄피해는 불행한 사람만 겪는 게 아니니까. 많은 분들이 DM을 보내왔다. 뭔가 내가 이루려고 하던 목적에 가까워진 것 같아 뿌듯했다. 내 피해구제가 아닌 피해자에 대한 인식을 바로잡는 목적 말이다.

'살아 있기에 바꿀 수 있다'라고 적힌 내 거울의 낙서도 방송에 나왔다. 살아 있기에 바꿀 수 있다. 과연, 진짜 바꿀 수 있을까. 살아서 법을 바꾼 경우를 많이 못 봐서 한없이 위축되기 시작했다. 살아 있어서 다행이라는 순간이 오긴 할까. 신상공개 또한 그렇다. 성범죄 사건을 제외하고 살인미수와 관련된 신상공개는 보지 못했다. 남들은 신상공개가 무슨 의미가 있겠냐고 하지만 이런 사례가 없었지 않은가. 신상공개와 관련해서 〈청원24〉 홈페이지에 다시 재차 청원했으나 피고인이라서 안 된다고 했다. 경찰청에서는 이미 피의자가 아닌 피고인이라서 안 된다며 거절당했고, 검찰청에서는 재판 중인 피고인이라 안 된다며 거절당했다. 억울한 피고인을 만들면 안 된다면서 왜 수사 과정에서는 신상공개를 하는 건지. 이해할 수가 없었다. 신상공개와 관련된 문제는 계속 논란이 됐었던 것 같은데 아직도 고쳐지질 않았다니. 다들 비판만 하고 고칠 생각은 없는 것 같다. 신상공개를 전담하는 부서는 정해져 있지 않고 문의할 수 있는 곳도 없다. 특정강력범죄 신상공개 기준은 다음과 같은 네 가지가 충족되어야 한다.

첫 번째, 범행 수단이 잔인하고 중대한 피해가 발생한 특정강력범죄 사건일 것.
두 번째, 피의자가 그 죄를 범하였다고 믿을 만한 충분한 증거가 있을 것.
세 번째, 국민의 알 권리 보장, 피의자의 재범 방지 및 범죄예방 등 오로지 공공의 이익을 위하여 필요할 것.
네 번째, 피의자가 청소년에 해당하지 않을 것.

'부산 돌려차기 사건'에서 해당되지 않는 기준이 있는가. 아니, 모든 기준이 충족한다. 그런데 왜 애초에 열리지 않았을까. 그건 바로 세 번째, 국민의 알 권리라는 구절 때문이다. 언론에서 다뤄지는 신상공개는 모두 언론의 주목을 받아서다. 정확히 얘기하자면, 언론이 다루지 않으면 신상공개 심의위원회는 개최되지 않는다. 독립적인 기관들이 언론에 영향을 받아야만 움직인다니 기관들이 마비된 것 같았다. 특정강력범죄면 무조건 심의를 한다던가 기준이 있어야 하는데 프로토콜, 시스템 같은 건 존재하지 않았다. 신상공개를 반대하는 사람들의 의견을 엄청나게 찾아봤다. 영상을 찾아봤는데 한 영상을 보고는 화가 치밀어 올랐다. 신상공개를 하면 속은 시원할 테지만, 그렇게 하면 2차 가해를 받을 가해자의 가족은 어떻게 할 것이냐며. 장난하는 건가. 가해자에게 앙갚음하려고 피해자들은 신상공개를 원하는 것이 아니다. 그런 의견은 기껏 용기를 낸 피해자와 피해자 가족들에게 모독이다. 누구를 헐뜯기 위한 목적으로만 쓰이지 않냐고 하는데 당연하다. 지금까지는 피해자가 살아 있는 경우 공개한 적이 성범죄를 제외하곤 없기 때문에 그러한 기능만 있는 것이다. 미수의 범죄는 더더욱 그러했다. 심지어 가해자의 가족이 입을 2차 가해가 있을 수 있다는 우려가 같잖았다. 2차 가해와 관련된 대응 방안을 구축하면 되는 건데, 그런 이유로 제도를 반대한다니. 나 원 참. 일 만들기 싫으면 솔직히 얘기를 하지. 애초에 신상공개는 특히 악질적인 범죄자로부터 국민을 지키기 위해서인데, 지금은 사회에 절대 나오지 않는 범죄자만을 공개하고 있다. 무기징역이나 사형을 받은 범죄자 신상공개를 한다고 달라지는 게 뭐가 있겠는가. 그러니 헐뜯는 용도로밖에 쓰이지 않는 거다. 그래서 '부산 돌려차기 사건' 가해자의 신상공개를 간절히 원했다. 신상공개의 기능을 만들었으면 하는 바람 때문이었다. 더 이상 그 사람에게 아픈 사람이 없으면 해서였다. 그리고 많은 특정강력범죄에 있어서 신상공개가 되도록 움직여야 한다고 생각했다. 가면 갈수록 숙제가 쌓여갔다.

2심 첫 공판에서 성범죄와 관련된 조사는 안 된다고 했는데 〈그것이 알고 싶다〉가 방송된 이후로는 뭐라고 얘기할지 궁금했다. 첫 번째 공판보다 기자들도 많이 보였다. 재판이 시작하자 재판부는 이렇게 서두를 열었다. 피해자 출석했냐고. 피해자 탄원서를 봤다며 살인미수 양형기준에 중요한 동기를 찾으려고 하는 것이라는 것에 동감한다고 했다. 그렇게 DNA 재감정을 재판부가 허락해줬다. 처음엔 너무 기뻤다. 내가 쓴 탄원서로 재판부를 설득하다니. 법을 공부한 보람이 있다고 생각했다. 근데 조금 더 생각하다 보니 가장 기초가 되는 양형기준을 피해자의 탄원서를 보고 동감한다고? 그러면 판사가 양형기준에 대해서도 생각을 못 했다는 거야? 이건 무조건 〈그것이 알고 싶다〉 때문이다. 재판에서 언론은 영향을 끼치지 못한다고 얘기하는 사람도 있지만 이로써 나는 그 의견을 반박할 수 있는 산증인이 됐다. 언론 보도가 되면 그제서야 바뀌는 관계자들의 태도를 많은 피해자들은 느낄 것이다. 진짜 씁쓸했다. 독립적으로 움직여야 할 법원이 방송에 움직인다니. 그러니 다들 언론을 찾는구나 했다. 사법부가 제 할 일을 하면 어떤 피해자가 시간 들여가며 언론을 찾겠는가. 그 와중에 탄원서는 7만 여장이 모였다. 처음 들어본 숫자였다. 7만 장이라니. 진짜 이 은혜를 어떻게 갚아야 할지 엄두도 안 났다. 열심히 다른 피해자들을 위해 움직이여야겠다고 다짐하게 되는 날이었다.

공판과 공판 사이에는 생각보다 시간이 꽤나 있다. 열심히 뛰어야 했던 그 시간 속에 드디어 짬이 났다. 그래서 〈소년심판〉이라는 드라마를 다시 챙겨봤다. 처음 봤을 때는 그저 소년재판을 열심히 하는 판사의 이야기라고 생각했다. 이미 봤던 드라마라 다 아는 내용이었는데 9화는 남달랐다. 아빠가 딸이 보이지 않는다며 실종신고를 했는데 그 딸은 공사장 인부에게서 발견된다. 가해자들이 집단성폭행을 한 뒤 피해자를 놔두고 간 것이었다. 이들은 직업이 범죄자라고 할 만큼 소년원을 자주 드나드는 가해자들이었다. 그중에서도 주동자는 여자들을 미끼로 삼아 성매매하는 남자들을 협박하고 갈취했다. 근데 순간

소름이 돋았다. 내 가해자의 문신도 그랬고 심지어 가해자의 전과 역시 너무 흡사했다.

알고 보니 내 가해자는 〈그것이 알고 싶다〉에 출연한 게 두 번이었다. '부산 돌려차기 사건'이 두 번째였고, 성매매 매수남들을 대상으로 폭행, 협박, 갈취를 해서 재판에 불려간 〈그것이 알고 싶다〉 889회, '비열한 거리 2부-범죄소년'이 첫 번째였다. 문신을 보여주며 모텔 사장님들에게 윽박지르는 모습은 거의 복사 붙여넣기 수준이었다. 초범이라고, 촉법이라고 감형된 남자아이는 결국 전과 18범이 됐다. 사법 체계가 만든 괴물이었다. 반성, 인정, 심신미약, 초범 등으로 감형받는 형량아울렛에 얼마나 익숙해졌겠나. 그제야 진술할 때 연기를 할 만큼 여유롭던 가해자가 이해가 되었다. 피해자가 성폭행당한 뒤 방치되었다는 점도 나와 유사했다. 그때 피해자가 했던 말이 너무 마음을 아리게 했다.

"왜 하필 저였을까요. 저 요즘 매일 그 생각만 해요. 왜 나지? 내가 뭘 얼마나 잘못했길래? 왜 나한테만 이런 일이…."

내 말을 대신하고 있는 것 같았다. 왜 하필 나였을까. 어쩌면 절대 풀리지 않을 수수께끼다. 그런데도 피해자들은 자신에게 원인을 찾으려고 애쓴다. 다시 예전으로 돌아가고 싫어서. 하지만 단호하게 얘기해야 할 거 같다. 우리 세대엔 타임머신 따윈 없기에 돌아갈 수 있는 법은 없다. 하지만 더 좋아지는 방법은 있다. 내가 내 스스로를 아껴주는 것. 나조차도 나를 채찍질하면 아무도 보살펴줄 사람은 없을 것이다. 이땐 내가 〈소년심판〉의 소년범에게 당하리라곤 상상도 못 했는데 참 씁쓸한 하루가 됐다.

피해자가 바꾼 죄명

그렇게 두 번의 2심 공판이 지날 동안에도 DNA 재감정의 결과는 나오질 않았다. 그 와중에 김태훈 검사님이 처음 출동했던 경찰의 증인 심문을 신청했다. DNA 결과가 나오지 않았지만 심증은 점점 확증이 되어가고 있었다. 처음 출동했던 경찰은 내가 복도에서 피를 흘린 채 누워 있었고 의식이 희미했었다고 증언했다. 피해자의 상의가 가슴 밑까지 올라가 있는 상태였고 바지는 지퍼가 절반 이상 내려간 상태로 바깥쪽으로 접혀 있었다고 했다. 맨살이 많이 보여 바지 앞단을 정리했다고 했다. 이런 진술이 왜 사건 초반에 다뤄지지 않았을까. 경찰관이나 소방관에게 바디캠만 있었더라도 이 사건은 손쉽게 풀릴 수 있었을 건데. 아쉬움이 너무 컸다.

최초 목격자는 나도 너무 보고 싶었다. 너무 감사한 분이기에. 비공개로 진술을 해야 해서 남언호 변호사님과 나만 법정에 남아 있었다. 어리고 예쁜 여성분이 증인실에서 법정으로 나왔다. 얼마나 떨리는 건지 손을 덜덜 떨며 들어왔다. 정말 미안했다. 살면서 법원에 올 일이 뭐가 있겠는가. 진술은 할 수 있으려나 걱정했는데 다행히 차분히 진술해주셨다. 증언을 들어보니 초반에 대처를 엄청 잘 하셨더라.

목격자는 처음에 핏방울이 떨어진 걸 보고 우편물함 쪽으로 시선이 가게 됐는데 배너 뒤에 내가 쓰러져 있었다고 했다. 너무 가지런히 소지품이 놓여 있었던지라 취객이 집으로 착각해서 누워 있다가 다쳤나 싶었다. 그래서 말을 걸었더니 횡설수설하는 상태였다고 했다. 어디를 만지진 않았느냐는 검사님의 질문에 무슨 사건인지 모르니 증거를 훼손할 수도 있다는 생각에 멀찍이 있었다고 했다. 너무 현명한 분이었다. 초반에 목격자분의 진술만이라도 확보했더라면 사건이 훨씬 쉽게 풀렸을걸 경찰이 너무 미워졌다. 바지의 상태는 어땠냐고 물었더니 체모가 보일 정도라고 했다. 미세하지만 경찰관과 목격자가 증언한 바지의 상태가 조금 달랐다. 경찰관은 팬티나 체모에 대해서는 기억이 나지 않는다고 답했다. 하지만 목격자는 체모가 보였다고 답했다. 미세하게 다른 증언을 검사님은 목격 위치에서 해답을 찾아냈다. 경찰관은 하반신 쪽에서 바라봤고 목격자 분은 어깨 쪽에서 바라봤던 것이다. 드디어 단추들이 하나씩 잘 맞춰지고 있는 것 같았다. 두 사람 다 바지는 골반까지 내려가 있었다고 증언했다. 배꼽까지 오는 하이웨스트 바지였던 지라 누군가 벗기지 않았다면 있을 수 없는 위치였다. 〈김원tv〉로부터 나중에 듣기로는 내가 의식이 없어 횡설수설하는 얘기까지 녹음을 해놓을 정도로 현명한 분이었다. 꼭 행복하게 잘 지내셨으면 좋겠다. 이렇게 날 살려주셨으니 이 삶은 남들에게 베풀면서 살겠다고도, 이 책을 통해 전하고 싶다.

이제 정말 DNA 감식만 남은 상태였다. 왜 이렇게 오래 걸리는 건지 마음이 오르락내리락했다. 결과가 나오기 전, 바지 단추가 쉽게 열리지 않는 구조인 것을 검증하는 시간을 가지기로 했다. 사진만 봐도 알 수 있있는데 검증을 왜 해야 하는 건지 나는 도무지 이해가 안 됐다. 감식 결과가 나오지 않은 거지 DNA 채취는 끝났던 터라 바지를 다시 볼 수 있었다. 산 지 얼마 안 된 바지라 너무 아까웠는데 다시 법정에서 봤을 땐 바지라고 볼 수가 없을 정도였다. 대검찰청에서 DNA를 조사하느라 바지에 구멍이 송송 나 있었다. 알고 보니 이원석 검찰총장님이 대검 유전자

감식실에 121개 부위의 광범위한 정밀 감정을 지시했다고 한다. 그래서 늦는 거였구나. 그제야 이해할 수 있었다. 바지를 검증하는 과정에서 재판부는 내게 마이크를 건네주며 설명을 부탁했다. 평소에 어떻게 착용하는지, 벗을 때 어떤 단추를 이용해서 벗는지를 설명했다. 하이웨스트 바지라 배꼽에 닿는 바지라는 것도 열심히 설명을 해줬고, 치수를 재기도 했다. 그리고 재판부는 바지에 묻어 있는 흐릿한 얼룩들에 대해서도 질문했다. 그때 문뜩 가해자가 검색했던 '기절했을 때 오줌싸는 이유'가 생각났다. 그때 실신하면서 소변을 누게 되어서 그 얼룩이 피와 함께 번진 것 같다고 설명했다. 만천하에 내 하체가 짧은 걸 증명해야 한 터라 빨리 도망치고 싶었다. 공판에 참석했던 연대자 D님은 내게 잘 설명했다고 칭찬해주셨다.

그렇게 사건이 끝으로 향하고 있을 무렵 천호성 변호사님에게서 전화가 왔다. '부산여성의전화'에서 상담을 받고 나가는 길이었는데, 유튜브 채널 〈카라큘라 범죄연구소〉(이하 〈카라큘라〉)에서 이 사건을 다뤄보고 싶다고, 연락처를 넘겨줘도 되냐고 물었다. 나는 방방 뛰었다. 〈카라큘라〉의 오랜 구독자였기 때문이었다. 거의 끝을 달리고 있었던 터라 더 이상 다룰 수 있는 게 있을까. 되려 카라큘라 님이 더 걱정스러웠다. 더 다룰 소재가 있을지. 카라큘라 님의 연락을 기다리고 있었는데 연대자 D님에게서 메일이 왔다. 공소장이 변경됐다고 했다. 무슨 소리지? 난 들은 얘기가 없는데. 진짜 사건번호를 검색하니 검사님이 공소장 변경 신청을 했다고 적혀 있었다. 뭐지 하던 찰나에 김태훈 검사님에게서 연락이 왔다. 자세히 얘기해줄 수 없지만 바지 안쪽 면에서 범인의 DNA가 나왔다고 했다. 순간 눈물이 핑 돌았다. 이게 무슨 일이지 실감도 안 나더라. 김태훈 검사님은 나에게 사법부를 대신해 진심으로 사과를 해주셨다. 가해자가 아닌 다른 이에게 받은 진심 어린 두 번째 사과였다. 진짜 애쓴 보람이 있구나. 잘 살아 있었구나 싶었다. 박서희 선생님에게도 전화해 이 소식을 전했더니 자기 일처럼 기뻐해주었다. 다들 집착이라고 얘기했는데 아니란 걸 보란 듯이 증명한 것 같아 짜릿했다. 거봐, 두고 보자 했잖아.

천호성 변호사님과 카라큘라 님에게도 연락해서 이 소식을 알렸다. 얼마 지나지 않아 〈카라큘라〉팀이 부산으로 내려와 취재하고 제보자들을 만나러 다니기 시작했다. 매번 인터뷰를 해줬던 가해자의 전 여자친구에게 또 연락해야만 했다. 지현 님은 그때 당시에 많이 수척해 있었다. 남자친구였던 사람이 전과자였던 것도 충격인데 도주를 도와줬다며 '끼리끼리'라는 댓글에 시달려야만 했다.

사실을 알았더라면 절대 도주를 도와주지 않았을 거란 걸 나는 알고 있었지만, 네티즌은 알려고도 하지 않았다. 그래서 지현 님에게 너무 힘들면 인터뷰하지 않아도 된다고 했다. 그리고 전 여자친구는 힘들 것 같다고 미리 카라큘라 님에게도 말했다. 그런데 나중에 영상을 보니 또 해줬더라. 미안하게. 한 달 정도 만났던 이상한 남자 때문에 꼬리표가 계속 따라다니게 되었다. 얼마나 힘들었으면 이젠 상대방이 전과가 있는지 확인하는 강박이 생겼다고 했다. 끼리끼리라고 댓글을 다는 악플러들은 진짜 꼭 돌려차기 당했으면 좋겠다. 본인들이 말 그대로 묻지 마 범죄를 하고 있는 거면서. 자기들은 안 당할 거라고 생각하는 그 오만함이 가소롭다. 항상 나를 도와줬던 지현 님에게 꼭 얘기해주고 싶다. 살아 있어줘서 너무 고맙다고. 너를 소중히 대하는 사람을 만나 알콩달콩 행복하게 살라고. 그런 저질스러운 남자를 만났으니 이젠 절대 그런 사람은 안 만날 거라고.

2023년 6월 6일, '부산 돌려차기 사건'을 모르던 사람마저도 〈카라큘라〉 채널 영상을 통해 알게 된 날이다. 〈카라큘라〉에서 가해자의 신상을 전부 공개했기 때문이다. 조회수는 300만이 넘을 정도로 핫했다. 합법적인 신상공개를 여태껏 바라왔지만 계속 언급만 될 뿐이지 바뀌는 건 없었다. 그런데 한 유튜버가 범죄자의 신상공개를 하자마자 사람들은 '사적제재'라며 비난하기 시작했다. 내가 어릴 때도 신상공개 그리고 사적제재는 항상 말이 많았다. 하지만 그 비난들은 헐뜯기만 할 뿐 한 번도 무언가를 바꾸지 않았다. 그리고 그 화살은 이번에 나와 〈카라큘라〉에 돌아왔다. 그날은 거의 개인적인 연락을 할 수 없을 정도로 휴대폰이 마비 상태였다. 처음에 〈카라큘라〉가 신상공개를 어떻게 했을 때 기분이 어땠냐는 기자들의 질문에 나는 좀 당황스럽긴 했다고 답했다. 당연히 개인이 하는 신상공개는 법을 위반하는 행위다. 하지만 사적제재나 신상공개를 한 개인의 잘못으로만 치부할 수 있냐고 되물었다. 예전부터 신상공개와 관련된 문제는 매번 거론되기만 할 뿐 아무것도 바뀌지 않지 않았냐며. 한 사람의 잘못으로만 끝내서는 안 되는 일이라며 인터뷰했다. 그런데 어떤 언론사는 "당황스럽다"는 내 기분만 기사에 남긴 채 현행법의 문제는 짚지도 않았다. 난 왜 몇십 분을 넘게 인터뷰를 했던 걸까 허무했다. 신상공개를 허락했냐는 질문을 너무 받다 보니 짜증이 났다. 아니 내가 그 사람에게 범죄피해를 당한 건 맞지만 내가 그 사람의 초상권을 가진 게 아닌데 내가 왜 허락을 해야 한다는 거야. 이러면 또 헐뜯다가 끝날 것 같았다. 하지만 생각보다 여론은 식지 않았고 이는 도리어 좋은 효과를 냈다. 많은 사람들이 관심 갖는 이 이슈에 국회의원들이 움직이기 시작한 것이다. 신상공개와 관련된 '머그샷' 법안을 제정하겠다고 했다. '부산 돌려차기 사건'은 해당하지 않을지도 모르는 법안이었지만 다행이었다. 그나마 얻는 게 있어서.

사실 나는 한 번도 가해자의 진술 영상은 보질 않았다. 글만 읽어도 화가 치밀어오르는데 가해자의 표정까지 보면 너무 열받을 거 같았기 때문이다. 그런데 〈카라큘라〉에서 가해자의 검찰 진술 영상을 다루었다. 거기서 감사한 분을 또 알게 되었다. 바로 1심 수사 검사였던 김세희 검사님이었다. 검사에는 두 가지의 검사가 있는데, 재판에 필요한 수사를 하는 수사 검사와 법정에 나가는 공판 검사가 있다. 중상해에서 살인미수로 바뀐 것만 알고 있었지 어떻게 바뀌었는지는 모르고 있었는데, 영상에선 김세희 검사님이 매우 화를 내고 계셨다. 계속해서 말도 안 되는 허무맹랑한 가해자의 진술에 어이가 없으신 거 같았다. 그 짧은 거리에서 어떤 건 기억나지 않는다고 하고 어떤 건 기억을 하고 있고 심신미약일 리가 없었다. 수많은 사건을 담당했던 검사님은 음성이 담기지 않은 CCTV에서 소리가 들리는 PTSD를 겪게 됐다는 기록까지 있었다. 피해자로부터 정확히 어떤 말을 들었는지도 분명하지 않은데 그렇게 화가 난 거냐며 가해자에게 따지기도 했다. 가해자의 선택적 진술에 말이 안 된다며 분노했다. 더 높은 죄명으로 바꿀 거라고 김세희 검사님이 가해자에게 선포했다. 강약약강의 표본이었던 가해자는 검사의 포스에 깨갱거렸다. 김세희 검사님에게 계속 죄송하다고 하는 가해자에게 "저한테 죄송하다고 하지 마시고 피해자한테 죄송하다고 하셔야죠"라며 사이다를 날려주셨다. 난 참 운이 좋은 것 같다. 이런 좋은 검사님을 만나다니. 그래서 김세희 검사님에게 감사 편지를 검찰청으로 보냈다.

이제 대중들은 무엇하나 정상적이지 않은 이 사건에 집중하기 시작했다. 검찰의 공소장 변경 신청을 알아차린 언론사들이 공판 날 법원 앞에서 인터뷰를 하고 싶다며 연락이 왔다. 어느 때보다도 많은 기자님들이 와 있었다. 변호사님은 피해자에게 진술할 기회를 줄지도 모르니 나더러 글을 준비해오라고 했다. 그날은 피고인 증언도 같이 있었다. 2심에는 좀 생각이 바뀌었으려나, 반성은커녕 후회라도 하려나 궁금했다. 하지만 여전히 멍청한 범죄자였다. 공판에 참석한 모든 기자들이 코웃음 치는 소리가 계속 들렸다. 초등학생이 들어도 이상한 진술들로 가득했다. 성범죄를 회피하려는 답변들뿐이었다. 검사가 바지와 지퍼에 관련된 질문을 했다. 무슨 고집인지 여전히 그런 건 전혀 건드리지 않았다며 부인했다. 사실은커녕 아무것도 알아내지 못하겠구나 싶었다.

수차례 거짓말로 낭자한 진술들을 들으며 화가 나서 눈물이 멈추질 않았다. 오줌 같은 것도 보지 못했다고 하더라. 자기 손으로 '기절할 때 오줌싸는 이유'를 쳐놓고는 못 봤다니 어이가 없었다. 너무 수준 떨어지는 답변들에 분노가 찬 나머지, 생각한다는 게 입 밖으로 나와버렸다.

"지랄하고 있네."

다행히 재판부는 듣지 못했고 가해자는 들었을 정도의 소리였다. 재판부에서도 상식적으로 말이 안 되는 가해자의 모습에 꽤나 분노한 눈치였다. 기자들의 코웃음 소리로 가득한 진술들을 뒤로하고 검사는 DNA 감정 결과에 대해서 얘기했다.

"가해자의 Y염색체가 청바지 안쪽과 허벅지 부위에서 검출되었습니다."

안쪽이기에 바지를 벗겼다는 얘기밖에 되질 않았다. 꾸준히 허위 진술을 해준 가해자에게 고마웠다. 제 꾀에 자기가 넘어진 거였다. 최후 진술에서 바지를 벗긴 적 없다며 강하게 부정하지 않았더라면 이는 입증하지 못했을 수도 있었다. 5월 30일의 생일이었던 가해자에게 큰 선물을 주게 되어서 기뻤다. 드디어 2023년 5월 31일, 중대범죄

결합인 강간 살인미수가 됐다. 검사 측의 구형을 듣기 전에 재판부에서 피해자가 최후 진술할 수 있는 시간을 줬다. 변호사님의 조언을 듣고 준비해와서 천만다행이었다. 그땐 슬픈 것보다 분노에 차 있었다. 슬프지 않아도 슬픈 척해야지 하고 왔는데 너무 화가 난 나머지 눈물이 저절로 났다. 재판을 보러온 사람들로 꽉 찬 법정에서 마이크를 잡고 펑펑 울며 글을 읽었다.

> 제가 들은 피고인의 첫마디는 "존경하는 재판장님"이었습니다. 사건이 있고 나서 하루가 멀다고 법원에 있어 봤는데, 다른 피고인들과 다르게 반성한다는 연기조차 하질 않고 공판 과정 내내 지루해하는 표정을 지었습니다. 반성문을 보지도 못하는 저도 알 수 있겠더라고요. 반성은커녕 저 사람은 후회도 하지 않는다는 것을요. 그렇게 1심이 끝나고서야 받을 수 있었던 재판기록엔 진실은 무슨, 초등학생도 거짓말인 줄 알 것 같은 허술한 진술들이 가득했습니다.
>
> 매일매일 제가 처참히 폭행당하는 장면을 봐야 했고 거짓된 진술들을 색출해내는 데 하루하루를 보냈습니다. 사건 당시 월 700만 원을 넘게 벌던 저는 1년 내내 땡전 한 푼 벌지 못한 채 살았습니다. 여전히 약을 먹지 못하면

두 시간 만에 깨고 사건이 있고 나서 10킬로그램이 넘게 빠지고 어떤 정상적인 생활도 하지 못한 채 살고 있는데 2심을 미루고 미루던 피고인은 죄수복 단추가 미어터지려고 하는 걸 보고 구치소가 저렇게 편안한 곳인지 처음 알았습니다.

피고인은 자신에게 불리한 진술은 전부 다 거짓이라고 합니다. 구치소 동기에게는 저를 두 배로 때려서 죽여버리겠다고 했습니다. 사건 이후 이사한 제 주소는 친한 친구들에게도 알리지 않았는데, 피고인의 구치소 동기가 어떻게 알고 있을까요? 신빙성이란 하나도 없는 피고인의 습관성 거짓 진술에 얼마나 많은 인력이 낭비되어야 하는지 화가 치밀어오릅니다. 제가 기억을 잃은 잘못일까요. 차라리 기억하고 싶습니다.

피고인은 수감된 다른 동기들을 괴롭히고, 자신의 도피를 도와준 전 여자친구에게 협박 편지를 보내고, 자신의 죽마고우였던 친구에게 영치금을 보내지 않는다고 협박 편지를 보내고, 공판 다니고 글 쓰는 걸 보니 피해자가 회복한 것 아니냐는 반성문까지 썼습니다. 저는 1년이 넘는 동안 하루하루를 피고인이 적은 반성문, 탄원서, 보복 편지 등을 읽으며 계속되는 2차 가해 속에 살아야 했습니다.

죄목도 인정하지 않는 피고인의 항소이유서를 보며 어떻게 반성한다는 취지로 8년이 감형이 된 것인지 당최 이해할 수 없고 납득할 수도 없었습니다. 피고인과 마찬가지로 저 역시 가난한 환경에서 자랐습니다. 아무리 가정이 불우하다고 해도 그것이 범죄의 동기가 될 수는 없습니다. 범행 당시 급여를 받고 있었음에도, 의지할 여자친구가 있었음에도, 친구들이 있었음에도 그는 또 이런 일을 저질렀습니다.

누군가는 교화 가능할 것이라 믿고 싶지만 그간 피고인의 범죄들을 기록한 1,268페이지를 읽은 저는…

(잠깐 멈춘 뒤 가해자를 바라보면서 얘기했다)

이 사람만큼은 더 이상 변하지 않을 것이란 걸 제가 확신했고, 또 확신합니다. 애초에 제 일이라고만 생각했으면 여기까지 안 왔을 겁니다. 더 이상 이 사람에게 피해를 보는 사람이 없으면 하는 것입니다.

DNA가 검출됐다는 사실이 성범죄피해자로서는 마냥 기쁘지 않은 일인데 소식을 듣고 너무 기뻐서 펑펑 울었습니다. 드디어 편한 길을 걸어가는 것 같아서, 제발 반성이니 인정이니 범죄사실과 관련 없는 양형기준을 이 사건에서 빼주세요. 저의 회복도 의사가 기적이라고 얘기할 만큼 기적적인 회복이었지, 이 사람이 저를 낫게 하지 않았습니다. 그저 범죄사실만 봐주세요.

마지막으로 얘기하기 조심스러우나 검사님, 재판장님에겐 하나의 사건이지만 저는 제 목숨이 달린 일입니다. 부디 아무런 죄가 없는 선량한 시민이 안전하게 살 수 있도록 부디부디 간절히 바랍니다. 살려주세요. 저를 제발….

한 문장을 꺼낼 때마다 울음을 참느라 애를 먹었다. 콧물 범벅이 된 내 얼굴을 닦은 뒤 앉았다. 피해자 최후 진술을 끝내니 검사가 빔프로젝터에 PPT를 비추어 사건의 핵심을 정리해주었다. 포렌식 검사 결과도 도표로 만들어 성범죄를 부인한 가해자를 처참히 부셔놨다. 그리고 마지막 장에는 가해자에게 35년을 구형했다. 35년이라는 숫자를 듣자마자 숨이 턱 막혔다. 어차피 재판부는 검찰 구형대로 안 해줄 게 뻔한데, 그냥 사형 불러주지. 법정에서 나가니 카메라투성이였다. 남언호 변호사님이 공식 입장을 정리해주었다. 피해자도 한말씀 해주실 수 있냐길래 법원 복도 중앙에 섰다. 그 와중에 누군가 내 얼굴을 실수로 노출시키지 않을까 무서웠다. 이제 난 진짜 성범죄피해자가 됐으니까. 35년 구형에 대해서 어떻게 생각하냐는 질문에 덜컥 눈물이 또 흘렀다. 35년이라는 숫자가 들리는 순간 내 시한부 인생이 정해진 것 같았다. 의사도 아닌 사법 체계에서 들어야 하는 이 인생이 참 기구하다는 생각이 들었다. 성범죄를 입증한 일반인이라니, 피해자가 추적하지 않았으면 그 사실은 영원히 묻혔을 거란 얘기가 떠돌았다. 나는 다 여러분 덕분이라며 관계자분들한테 얘기하곤 했지만, 다들 내가 해낸 거라며 얘기하셨다. 법정에 처음 들어간 그날이 아니었다면 이런 날은 결코 없었을 것이다.

다음 날, 2023년 6월 1일에 〈JTBC 뉴스룸〉 생방송을 가게 되었다. 살다 보니 이런 일로 생방송 뉴스까지 나가는구나 웃기면서도 슬펐다. 앵커가 1년간의 외로운 싸움에서 어떤 점이 가장 힘들었냐고 내게 물었다. 사실 그냥 모든 게 힘들었다. 범죄피해자를 바라보는 시선 그리고 사법 체계에서 철저히 소외되는 피해자의 위치. 하지만 그중에서도 가장 얘기하고 싶었던 건 국가가 피해자에게 2차 가해를 한 사건이라고 생각했다. 가해자는 반성을 하지도 않는데 반성하고 인정하고 있다고 판사는 지레짐작했다. 그리고 기록 열람 복사도 안 시켜줘서 보복 범죄를 야기시켰다. 피해자의 의사는 묻지 않는 사법 체계는 회복적 사법이 아니었다.

마지막 선고기일을 앞두고서 내가 가장 많이 말한 문장은 "우연히 살인미수에 그친 사건이다"라는 것이었다. 난 입주민분에게 발견되지 않았었더라면 이 세상 사람이 아니었을 것이다. 5센티미터 정도 되는 상처에서 옷이 흠뻑 젖을 정도로 피가 흥건했으니 말이다. 그 가해자도 알고 있었다. 그렇게 놔두면 죽을 거란 걸. 그러니 도주하는 동안 '살인'이라는 검색어를 도주하는 동안 쳐봤겠지. 여전히 그 사람에게 당할 또 다른 피해자들을 생각하면 그날 죽었어야 했다는 생각을 했지만, 사법부에도 큰 돌을 던진 순간이었다.

죽어야 산다

마지막 재판부의 선고를 듣는 선고기일이 됐다. 1심보다는 2심이 빨리 끝나서 너무 다행이라고 생각했다. 특별편으로 〈실화탐사대〉와 촬영하며 법원으로 같이 이동했다. 이미 법원 주차장에는 방송사들의 차로 가득 차 있었다. 살인미수 사건으로 이만큼 끌어낸 나 자신이 너무 기특했다. 그리고 마지막 가해자의 최후 진술을 듣고 화가 차 있던 재판부가 제대로 복수해줬으면 좋겠다고 생각했다. 도대체 몇 년일까. 검찰보다 많이 불러주면 좋겠다고 생각했다. 법원 3층에 가니 카메라가 잔뜩 설치되어 있었다. 아는 기자님들이랑 인사하다 보니 공판을 기다리고 있는 내 모습도 찍는 언론사의 카메라들이 너무 부담스러웠다. 빨리 법정으로 들어가고 싶었다. 들어가려고 하니 인원이 너무 많아 먼저 줄을 서라고 했다. 다 들어갈 수 있을지도 의문이었다. 그때 경위가 "피해자는 가장 맨 앞에 서라"고 했다. 하도 사람들이 많이 온 터라 일부는 들어오지도 못했다. 이렇게 되기까지 얼마나 많은 시간이 걸렸는지, 이 페이지들을 읽고 있는 분들은 알 것이다.

어차피 죽을 마당에 내가 살 날이 몇 년일지 굳이 알게 되는 이 시점이 너무 고통스러웠다. 게다가 이렇게 긴 판결은 처음이었다. 판결문을 거의 30분 동안 읽었던 것 같다. 한 문장, 한 문장마다 심장이 요동쳤다. 이건 피해자한테 유리한 거다, 이건 가해자한테 유리한 거다. 제발 반성했다는 개소리는 안 하겠지? 다행히 반성은 안 하는 게 분명하다고 얘기했다. 좋았어. 불우한 가정환경이 감경 요소이지만 이를 참조한다고 하더라도 엄벌에 처해야 한다고 했다. 그러면서 성범죄를 했다는 직접적인 증거는 알 수가 없었다고 얘기했다. 분노가 치밀었다. 성범죄 관련 검사는 경찰이 안 해놓고는 그 책임을 피해자한테만 오로지 떠넘기는 거 같아 화도 났다.

기다리다가 숨넘어갈 것 같은 시점에 재판부가 형량을 얘기했다. 20년이었다. 미친, 그럼 왜 이렇게 오래 얘기한 거야. 괜히 기대하게끔. 검사의 구형보다 15년이 낮았다. 미친 거 아닌가 싶었다. 심지어 이 양형기준은 중대범죄 결합 살인미수의 최소형량이었다. 도대체가 정말 처음부터 끝까지 이해가 안 되는 사법 체계였다. 자기들 일 아니라는 걸까. 20년 뒤면 진짜 죽겠구나 싶었다. 모두가 이해되지 않는다는 표정으로 법정에서 나갔다. 법정 앞에는 또 기자분들이 몰려 있었다. 변호사님이 공식 입장을 말하고 내가 얘기할 수 있는 시간이 마련됐다. 진짜 또 한 번 사법부에 배신 받았다고 생각했다. 20년 뒤에 죽으란 소리랑 똑같은데, 왜 죄 한번 안 짓고 산 내가 이런 벌을 받아야 하는 건지 모르겠다며 울부짖었다. 인터뷰가 끝나고 모두가 따라올 기세였다. 공황이 오기 직전이었던 것 같다. 그때 마침 엄태웅 씨가 기자들을 불러세웠다. "잠깐만요, 제가 보복 협박 관련된 구치소 동기인데요!"라며 소리질렀다. 나중에 들으니 계속 쫓아오려는 기자들을 불러세워서 빨리 나를 탈출시키려고 그랬다고 한다. 참 감사했다. 법원 앞에서 카라큘라 님에게서도 전화가 왔다. 카라큘라 님도 똑같이 느꼈던 것 같다. 생방송으로 기다리고 있던 카라큘라 님은 전 국민이 돌려차기 당한 날이라며 분개했다.

나는 그날 부산 MBC, KNN에 가서 인터뷰를 마치고 왔다. 이 이슈를 통해서라도 범죄피해자들의 처우라도 개선시켜야 하니까. MBC 로비에서 기다리고 있던 〈실화탐사대〉 강현욱 피디님은 선고 결과를 들은 지금 나의 심정을 물었다. 불행하다고 다 범죄를 저지르는 건 아닌데 어떻게 불행한 가정환경이 감경요소가 되는지 알 수 없다며 나는 또 눈물을 흘렸다. 참 눈물이 많은 나인데 그 재판 과정 동안 어째 안 흘렸는지 신기할 정도였다. 1년 내내 남들을 설득하느라 꾹 참았던 눈물을 이젠 맘껏 울어도 된다고 생각했는지 그날 모두 쏟아냈다. 강현욱 피디님은 너무 수고했다며 캔들 선물을 쥐여주고는 특별편을 편집하러 서울로 떠나셨다.

이 이야기가 끝날 거 같지만 아직 3심이 남아 있다. 너무 지긋지긋한 싸움이었다. 가해자는 무조건 상고할 테고 검사 측이 쌍방으로 상고해줬으면 했다. 가해자만 상고를 하면 파기환송이 되더라도 가해자가 받은 2심 형량보다 낮아지기 때문이었다. 법이란 게 뭐가 이리 까다로운 게 많은지 너무 싫었다. 그놈의 '피고인의 이익' 때문이다. 3심은 법률심, 그러니까 재판에 있어서 불합리한 건 없었는지를 따지는 재판이다. 검사가 열심히 검토해봤지만 피해자 측은 양형부당으로는 상고할 수 없다고 했다. 가해자는 할 수 있는데 말이다. 또 그 '피고인의 이익'이라는 그 부분 때문이다. 그럴 거면 회복적 사법이라는 말을 쓰지를 말던가. 형식만 번지르르한 빛 좋은 개살구였다. 왜 피해자들이 이민 가고 싶어 하는지 알 것도 같다. 나는 이제야 성범죄에 대한 첫 재판을 받았는데 양형부당에 대해 따질 수도 없이 종결됐다. 너무 억울했다. 심지어 항문출혈에 대해서는 다루지도 못했다. 경찰이 잘못한 일을 왜 내가 피해를 봐야 하는지 너무 밉고 증오스러웠다. 검찰 쪽도 상고할 수 없게 됐다며 너무 미안하다고 했다. 당연히 가해자는 상고할 거라고 생각했는데 영 소식이 없었다. 이상하다, 이제야 좀 정신이 들었나. 상고를 안 할 인간이 아닌데. 아니나 다를까 일주일이 되는 마지막 날 거의 마감 직전에 상고를 했다. 역시 이래야 내 가해자지. 그렇게 가해자만 상고를 해서 3심에 올라가게 되었다. 힘이 쭉 빠졌다. 7만 명이 탄원서를 낸 사건인데도 이 정도의 결과만 나다니 허무했다. 수만 장의 탄원서보다 한 장의 가해자 반성문과 탄원서가 더 효과 있는 것 같았다. 사법 체계의 무게는 철저히 가해자의 편이란 걸 새삼스럽게 또 느꼈다.

그렇게 3심을 하염없이 기다려야 했다. 서울에 일정이 있어 올라갔는데 마침 〈사건반장〉 양원보 앵커님을 만나게 됐다. 원보 님과 처음 연락을 하게 된 건 〈사건반장〉

채널이 '부산 돌려차기 사건' CCTV 영상의 원본을 공개해서 일주일 동안 정지 처분을 맡게 된 날이었다. 오로지 피해자를 위해 했던 일인데 어째서인지 유튜브는 한 언론사의 채널을 정지시켜버렸다. 얼마나 민폐인가. 너무 죄송스러웠다. 그런데 오히려 원보 님은 사건 관련 영상이 내려가서 미안하다며 연락을 해주었다. 그 이후로는 줄곧 사건과 관련된 얘기로 연락을 자주 했었다. 양원보 앵커는 참 직업의식이 투철한 분이었다. 내가 만난 그 누구보다 범죄에 진심인 분이었다. 기자를 하면서도 사형수에 대한 책 《한국의 연쇄 살인범 X파일》을 쓰려고 퇴근하고선 판결문을 읽었던 사람이었다. 그런 분을 만나다니 성덕이 된 기분이었다. 생방송으로 챙겨보던 프로그램의 앵커분을 만나다니. 그렇게 하다가 우연히 서로가 서로를 신기해했다. 근사한 레스토랑에서 저녁을 대접받았는데 심지어 봉투에 택시비까지 준비해와서 내게 주었다. 매너남 그 자체였다. 아직도 그 JTBC 봉투는 내 서랍에 고이 간직하고 있다. 참 이 세상엔 괜찮은 사람이 많다고 생각하고, 원보 님의 책을 읽으며 부산으로 향했다.

변호사님이 가해자의 3심 상고이유서를 열람 복사해주었다. 역시나 가관이었다. 가해자는 고민을 많이 했는데 가족들이 해보자는 회유에 했다고 했다. 글쎄다.

내가 볼 땐 꾸며낸 말일 거다. 정확한 사실을 알면서도 그렇게 감쌀 부모가 있을까도 싶었고, 프로파일러 보고서에서도 가해자가 가족들을 끔찍이 여긴다고 했지만 실제로 만난 경우가 별로 없고 별다른 소식도 알지 못한다고 적혀 있었기 때문이다. 효도에 대한 얘기도 적혀 있었는데 글쎄다. 살아생전에 가해자가 효도할 수 있는 방법은 없을 거다. 난 가해자 때문에 아무 이유도 없이 불효를 하게 됐는데 끝까지 자기만 생각하는 가해자를 보며 치가 떨렸다. 죄송하다는 말은 아주 짧았다. 기자님들은 가해자가 쓴 상고이유서가 워낙 악필인지라 잘 알아보지도 못했다. 난 1년 넘게 이 사람 필체를 보다 보니 내겐 너무 쉽게 읽히는 상황도 웃펐다. 사실관계를 전혀 모르는 사람은 마치 내가 언론을 이용해 그의 주장을 묵살시킨 것처럼 보일만도 했다. 3심 상고이유서는 정말 이상했다. 누군가 대필해준 것처럼 고급스러운 어휘들을 나열하고 있었다. 하나부터 열까지 말도 안 되는 소리였다. 애초에 반성을 제대로 할 사람은 범죄를 저지르지 않을뿐더러 이렇게 길게 쓰지도 않는다. 그리고 잘못했으면 반성하고 인정하는 건 기본 아닌가. 왜 형량을 줄여주는 건지 당최 이해할 수가 없었다. 수용인원이 과밀 된다고 해서 양형기준을 너그럽게 주면 더 범죄자가 많아질 뿐인데. 넓게 보지 못하는 관계자들 때문에 피해를 보는 건 오로지 국민들일 것이다.

좋은 사람들을 많이 만나게 됐지만 아직도 나는 대한민국 국민이 아니라는 생각을 여전하게 가지고 있다. 피해자가 되어보지 않으면 모른다는 말에 백번 공감한다. 왜 이렇게 착하게 사는 사람들을 괴롭힐까. 힘 있는 사람들을 괴롭혀서 법이라도 빨리 바꿀 수 있으면 좋겠다는 괴팍한 생각도 들었다. 생리를 하고 있었다면 생리대를 봤을 거라고 가해자는 주장했지만, 생리는 입원수속을 받고 터진 거였다. 왜 저렇게 자신 있게 성범죄를 부인했나 했는데 경찰 조사 과정에서 내가 생리를 한다는 얘기를 들은 게 발단이 된 건가 싶었다. 생리를 하면 성범죄를 안 했다고 볼 수 있는 것도 아닌데 하나부터 열까지 너무 멍청한 사람이었다. 언제나 "존경하는 재판장님"이란 표현을 쓰던 가해자는 2심에서는 1심 판사와 검사님을 욕하고 3심에서는 2심 판사와 검사님을 욕했다. 목격자들 모두 일치된 진술을 하고 있었는데, 말은 증거가 될 수 없다고 했다. 이런 잡범을 내 인생 내내 붙잡고 있어야 한다는 게 너무 짜증이 났다.

가해자는 보복 관련 발언을 한 엄태웅 씨를 보고는 유튜브 콘텐츠를 위해 허위 진술한 것이라며, 이런 말을 전해 들은 피해자의 심정은 어떠할지 가늠도 안 된다고 했다. 엄태웅 씨가 그럴 사람이 아닐 거란 것도 알고 있었지만 그런 사람이라고 한들 내가 이사 간 집 주소를 그 사람이 어떻게 알겠는가. 다행이었다. 이 모든 정보를 알기로 마음먹었던 게. 게다가 1분 정도면 바지나 속옷을 벗길 수 있었을 텐데, 나머지 시간 동안 어떻게 성폭행을 했다는 거냐며 하소연하기도 했다. 그건 네가 알겠지. 시체처럼 몸이 경직되어 있었기 때문에 바지를 벗기는 것 또한 쉽지 않았을 것이다. 그가 속옷과 바지를 엉성하게 입힌 이유도 그 이유에서일 것이다. 그자에게 7분 동안의 시간은 마치 30분 같았을 것이다. 책을 쓰면서 알게 된 사실이 있는데, 바로 내가 초반엔 기억이 있었다는 거다. 응급실에 도착했을 때 내가 친언니에게 무슨 상황이냐고 물었다고 했다. 언니가 "너 누구한테 맞았대"라고 답하니 그때는 기억이 있었다고 했다. 내가 "왜 그러세요, 하지 마세요"라고 한 뒤에 기억이 나질 않는다고 하며 잠에 빠졌다고 했다. 그 이후로 기억을 모두 삭제했다. 정말 다행인 줄 알아라 내가 기억을 잃어버린 걸. 아직도 어떠한 사실은 밝혀지지 않았다. 그저 청바지 안쪽에서 범인의 DNA가 나왔다는 것 말고는 알 수 있는 게 없었으니. 그 사실은 여전히 가해자 혼자만 간직하고 있을 거다. 심지어 출입문에 들어올 때는 편의점 봉투에 네모 모양의 내용물을 들고 들어오는데 나갈 때는 가지고 있지 않았다. 아마 그것이 범행에 사용됐거나 인멸을 하려고 한 도구였을 것이다. 버튼이나 지퍼에 대한 자신감을 보이던 가해자의 진술을 봤었을 땐 말이다. CCTV 영상을 자주 보는 나를 걱정하는 분들이 많았지만 나는 그 영상을 보며 되려 쾌감이 넘쳤다. 영상을 자세히 돌려다보면 맞는 순간에 나도 가해자를 공격하려고 하는 장면이 있다. 맞으면서 머리를 먼저 감싸곤 가해자의 중요 부위를 타격하려고 애썼다. 그 영상을 볼 때면 남들은 마음이 아프다고 하지만 나 자신이 너무 기특해지는 영상이다.

가해자가 주장하는 상고이유서를 다행히 〈김원tv〉에서 다뤄주었다. 가해자가 자꾸 '6분 내내 서 있었겠냐'고 주장하자, 〈김원tv〉는 "그쪽에 문제 있지 않냐"는 얘기를 해주기도 했다. 가해자는 발기부전이 있다. 가해자가 구치소에서 출소하고 나서 간 정신건강의학과 진단서에 보면 나오는 얘기였다. 그걸 언급해주어서 너무 통쾌했다. 여기에는 비하인드가 있는데 그 진단서를 1심 끝나고 처음 확인할 때는 진짜 소름이 끼쳤었다. 그 병원은 코로나 시기에 극단적 선택을 한 가족 때문에 심리적으로 너무 힘들어서 나도 갔던 병원이었다. 가해자의 진단서를 보고선 바로 그 병원을 찾아갔다. 담당의사는 1년 넘게 오지 않았던 나는 기억하는데 한 달 전 진료를 보러 온 가해자는 기억도 못 했다. 그래서 심신미약은 인정되지 않겠다고 확신했었다. 공론화를 시켜서 참 다행이라는 생각이 들었다. 사실이 아닌 소문으로 괴로워했던 내가 이제는 정확한 소문을 내는 사람이 되었다. 너무 통쾌했다. 3심 상고이유서에 분노한 남언호 변호사님은 분노의 피해자의견서를 작성했다. 무려 41페이지였다. 내가 더 얘기할 필요도 없을 정도였다. 심지어 가해자의 알코올 농도까지 계산했다. 언제나 피해자에게 진심인 변호사님의 따뜻한 마음이 부산까지 느껴졌다. 참 감사했다.

그리고 점차 내 현실도 걱정할 때가 찾아오고 있었다. 3심이 끝나고 나면 나는 그자의 보복에 대비해야만 했다. 무서워해봤자 내 시간만 낭비하니 바꿀 수 있는 제도를 찾아보기로 했다. 지금은 스토킹이나 보복과 관련하여 스마트워치를 지급하고 있다. 가해자의 위치가 아닌 피해자가 지닌 스마트워치로 버튼을 누를 시 긴급으로 신고 되는 것이다. 이미 많은 피해자들이 이 스마트워치에 대해 불편을 호소하고 있다. 너무 잘 눌러지는 탓에 경찰들이 몇 번이나 호출됐다는 것이다. 심지어 "더 연장할 거냐"는 독촉 전화를 받기도 한다. 번뜩 가해자가 출소하는 상상을 했다. 가해자가 출소한다는 메시지를 받기 시작하면서부터 나는 심장이 쿵쾅거릴 거 같다. 그렇게 내 앞에 왔을 땐 스마트워치를 누르는 동시에 속절없이 맞아 죽을 것 같았다.

이미 벌어진 상황에서 스마트워치를 눌러봤자 해결되는 건 현장 수습뿐이다. 피해자들이 경찰에게 바라는 것은 정리가 아니고 예방인데. 왜 여태껏 이 장치는 바꾸지 않았을까 의문이었다. 포털사이트에 스마트워치와 관련된 기사들을 검색하기 시작했다. 그러다가 내 눈에 띈 것은 **'양방향 스마트워치'**였다. 가해자와 피해자의 거리가 일정 거리에 도달하면 관제센터와 피해자 모두에게 알림이 가도록 하는 것이다. 말 그대로 예방시스템이었다. 이렇게 좋은 스마트워치는 언제쯤 개발이 완료될까 했는데 어느 순간부터 개발이 무산됐더라. 이젠 신고 버튼을 누르지 않아도 신고가 되는 스마트워치를 개발하고 있다고 했다. 장난하나. 심지어 117억 원이라는 예산이 쓰인다고 했다. 어느 집구석의 배를 이렇게 불려주려고 이런 황당무계한 시계를 개발한다고 하는 건지 어이가 없었다. 117억 원으로 차라리 고성능의 프로그램을 만들 수도 있을 것이다. 도대체 피해자가 이걸 왜 차고 있어야 하는지 모르겠다며 울부짖는 피해자들의 이야기는 도대체가 듣질 않는다. 아무도 피해자에겐 궁금해하지 않는다. 난 미디어를 공부해봐서 안다. 곧 나의 사건의 관심도 서서히 식어갈 거다. 그렇다면 마지막으로는 이 양방향 스마트워치를 위해 써야겠다고 다짐했다. 〈청원24〉에 '가해자가 가까이 오면 알람 울리는 양방향 스마트워치를 부활시켜주세요'라는 청원을 올렸다. 공개 청원이 될 때까지는 기관의 검토가 필요한데 그 기간이면 3심이 끝날 때였다. 20년 혹은 20년보다 적어질 내 인생을 기다리며 3심을 기다렸다.

인생에 대법원을 올 일이 얼마나 있겠냐. 이 상황이 너무 웃펐다. 그날은 '계곡 살인 사건'의 3심 재판도 같이 열렸다. 그래서 대법원 앞에는 카메라들이 즐비했다. 차에서 내려 대법원으로 들어가려는 찰나에 〈그것이 알고 싶다〉팀이 보였다. 내적 친밀감에 반갑게 인사를 했다. 많이 당황한 눈빛들이었다. 그래서 "재환 피디님이 다룬 부산 돌려차기 사건 피해자입니다"라며 수줍게 설명했다. 왜 그랬는지 아직도 내 주접에 이불킥을 하고 싶다.

3심 또한 빈센트 법률사무소와 같이 동행했다. 마침 JTBC 이호진 기자님과 〈실화탐사대〉의 강현욱 피디님 그리고 연대자 D님도 보였다. 강현욱 피디님은 휴가 중인데도 3심 결과를 보러온 거라고 했다. 지난 1년 4개월 동안 이렇게 좋은 사람들 덕분에 버텨온 것 같아 뭉클해지는 순간이었다. 정해진 시간이 되자 경위가 입장하라고 얘기했다. 나는 대법원이라고 하면 엄청나게 으리으리할 줄 알았는데 소강당처럼 협소했다. 아무리 법률을 위반했는지만 보는 법률심이라지만 엄청 권위 있는 법정일 줄 알았는데,

판사들은 사건들을 랩 하듯이 읽으며 척척 넘어갔다. 이렇게 한 사건마다 빨리 3심이 끝나는지 몰랐는데 판사의 속도에 따라 내 심장은 더 쿵쾅거렸다. 제발 20년보다는 적어지지 말아달라고, 진짜 더 이상 사법 체계가 날 배신하지 않으면 했다. 다행히 대법원에서는 상고가 기각되어 20년이 확정되었다. 1년 4개월 만에 이 챕터가 끝난 거였다.

지긋할 만큼 쳐다보기 싫었던 이 사건을 떠나보내는 내 심정은 복잡했다. 법정 밖에서 기자들이 나를 기다리고 있었다. 피해당사자가 이렇게까지 적극적이었던 적도 없었을 거다. 모두가 잊지 않고 사건에 맞서려는 나를 쉽게 이해하지 못했다. 참 힘들고 외로운 싸움이었다. 내 맘 같지 않던 사법 체계를 증오하기도 했다. 법원에 대한 증오심은 다른 피해자들을 돕겠다는 마음이 아니었다면 멈추지 않았을 거다. 나도 언젠가 다시 법원이 좋아지는 날이 오면 좋겠지만 아직은 변함없다.

20년 형량을 확정받은 기분에 대해서 어떻게 생각하냐는 기자분들의 질문에 나는 이제 시작일 뿐이라고 답했다. 이 사건 파일을 자세히 읽지 않은 사람들은 20년이 많다고 할 것이다. 나도 그 자료들을 보지 않았더라면 그랬을 수도 있다. 하지만 그 자료를 읽은 나는 확신하며 말할 수 있다. 이 사건은 과소평가면 과소평가지 과대평가는 절대 아닌 사건이라고. 우연히 살인미수에 그친 사건이니 말이다. 또한 그 시기에는 칼부림 사건이 엄청나게 많이 발생하고 있었는데 관련된 범죄들은 판사들의 너그러운 양형기준 때문이라며 질책했다. 심지어 보복 범죄에 대한 수사는 아직 시작 단계에 불과했다. 가해자와 얼마나 많은 챕터를 밟아가야 할까 엄두가 안 났다. 그래도 어쩌겠는가. 해야지. 끝까지 따라갈 거다. 지긋지긋할 때까지.

누가 피해망상이랬어

남들은 서서히 이 사건에 대해 잊어가겠지만 나는 이제 시작이다. 가해자는 20년 뒤를 기다리며 꼬박 수감생활을 끝내길 기다리겠지만 피해자는 가해자가 나올 그날을 생각하며 점차 시들어간다. 보복당할 자신을 상상하면서 말이다. 모두가 피해망상이라 했다. 나도 내가 너무 예민해졌나 싶었지만 1,268장을 읽은 나는 확신을 할 수밖에 없었다. 엄태웅 씨가 얘기한 대로, 가해자는 반성과 인정한다는 취지로 재판부가 감형한 1심이 끝나고서 보복을 계획했다. 구치소에서 얼마나 내 이사 간 집 주소를 외워댔는지 출소한 사람도 외울 정도였다. 더 자세히 들어보니 자신의 엄마가 죽으면 장례식장 열릴 때

도주해서 나를 죽이러 온다더라. 보복이야 가해자라면 다 꿈꾼다고는 하지만 피해자 집 주소를 재소자들 앞에서 달달 외워서 들킨 자는 여태껏 없었다. 어찌 보면 최초의 사례였다. 구치소에서 보복 범죄를 계획하고 피해자에게 이를 들킨 일이. 참 가만히 있기도 힘든 놈이구나 싶었다. 바빠 죽겠는데 교정청에서 피해자 조사까지 받아야 한다고 했다. 처음엔 부산구치소로 와줄 수 있냐길래 너무 무서워서 부산여성의전화에서 보자고 했다. 교정청이라는 데가 있는지도 몰랐기에 혹시나 또 보복과 관련된 가해자의 계략은 아닐까 직원을 의심하기도 했다. 만나고선 그저 평범한 형사와 같은 사람이란 걸 알았다. 교정청 전재호 수사관님은 나에게 어떻게 엄태웅 씨를 알게 됐고 새로 이사한 집 주소를 어떻게 가해자가 알아낸 건지 궁금하다고 했다. 나도 궁금했다. 도대체 어떻게 알게 된 건지.

그리고 비하인드지만, 2022년 5월 22일 부산 돌려차기 사건이 일어났을 때, 사실 거긴 내 집이 아니라 내 남자친구 집이었다. 하지만 정신을 차렸을 땐 이미 나는 집으로 귀가하던 여성으로 되어 있었고 정정보도를 할 수도 없었다. 그러니 더더욱 가해자가 내 집 주소를 알 방법이 없었다. 민사로 내 정보가 흘러 들어간 것이 아니라면 말이다. 그래서 찾아보니 민사로 해서 개인정보가 노출된 사례도 많았다. 얼마나 황당한가. 사법 체계에서 내게 사건 관련 자료를 보여주지 않겠다고 하고, 보려면 민사를 신청하라고 한다. 민사자료 송부 촉탁 때문에 변호사도 써야 했다. 그런데 이젠 심지어 목숨까지 내놓게 됐다. 주소가 그렇게 다뤄지는 것이 너무 허무했다. 이름이나 주민등록번호는 특정 사유가 있으면 바꿀 수 있도록 되어 있지만, 주소는 노출되면 답이 없다. 심지어 본가다. 월세인 피해자들도 마찬가지다. 그 주소가 노출되면 월세는 물론이고 보증금도 해결해야 한다. 이름, 주민등록번호보다 더 까다롭게 노출되어야 하는 건 주소란 생각이 들었다. 요새는 휴대폰 하나 개통하려고 해도 인증번호를 입력해야 하는데, 개인정보 열람 제한 신청을 걸어서 인증번호를 입력하면 보일 수 있도록 하는 체제가 필요하다는 생각을 할 수밖에 없었다. 가면 갈수록 할 게 태산인데 어찌해야 할지 모르겠다. 그렇게 진술을 하고서 좋아하는 카페를 재호 수사관님한테 추천해주는 오지랖까지 부리며 떠났다.

난 처음에 제보를 받고 싶어 인스타그램에 '모르는 사람에게 폭행을 당했다'며 게시글을 올렸지만 이젠 내가 원치 않아도 제보가 온다. 가해자가 얼마나 악질이었으면 출소를 한 동기자들이 재소자들이 나를 계속 찾았다. 아동성범죄자가 아니라서 성범죄자여도 편하게 산다고 했다. 내가 알 바 아니었다. 거기서 아무리 행복하더라고 하더라도 나의 행복엔 발톱 때만큼도 못 따라올 테니. 열심히 살아라. 수사관님이 제보를 해 온 증인 중 10명 정도의 진술을 받았다고 했다. 새로운 출발을 하기에도 바쁠 텐데 조사에 도움을 주신 분들에게 이 자리를 빌려 감사하다는 말을 전하고 싶다. 가해자가 정말 오만 얘기를 떠들어대고 다녔더라. 제집인 것처럼. 재소자들이 왜 출소하고까지 나를 찾는지 알 것 같았다. 누구든 자기 맘에 안 들면 나를 빌려댔다. 어떤 재소자에게는 "오버하시는 게 피해자년 같네요"라고 하질 않나, "발 한 대에 2년씩 받아서 12년 받았다"라고 억울해하면서도 내 편을 드는 재소자에게는 "제 피해자처럼 형님도 자기망상, 합리화가 심하다"며 비꼬아댔다. "미어캣년이 재판 때마다 참석해서 질질 짜고 있다"며 염병을 떤다고 했다. 미안하지만 재판 때마다 운 적 없었다. 2심 끝에 운 적은 있었지만 1심에선 감정 한 톨도 보이지 않았다. 정말 잘 우는 나였지만 이 재판에서만큼은 절대 감정을 보이려 하지 않았다. 누구보다 이성적인 사람으로 보이고 싶었다. 공론화를 시키려는 나를 가해자는 "확성기년"이라고도 불렀다. 확성기년, 미어캣년으로 부르는 가해자를 보고는 광고회사 다녔어도 참 잘했을 것 같은데, 교도소에서 참 아까운 인재다 싶었다.

어찌나 네이밍도 잘하는지. 진술할 때 보니까 연기를 했으면 진짜 잘했을 것 같은데 이젠 할 수 있는 게 범죄뿐이라 안타깝네.

가해자는 피해자가 언론을 통해서 강간 프레임을 씌우고 있다고 했다. 미안하지만 난 어느 곳에서도 내 편이 되어달라고 한 적이 없었다. 의문점이 현저히 있다는 얘기만 했을 뿐, 무조건 강간이라고 생각한다고 한 적이 없었다. 가해자는 "개씨발년, 미친년, 얼굴 볼 때마다 때려죽이고 싶다"고 했다. 저렇게 얘기하면 구치소 안에서 세 보인다고 생각했던 걸까. 진짜 없어 보이는데. "항소심에서 형량이 높아지면 피해자년한테 뛰어가서 죽여버린다"고 했지만 응, 못 했죠? 허세만 가득한 재소자를 보며 너무 웃겼다. 가녀린 여자를 상대로 문신투성이의 거구가 할 수 있는 거라곤 뒤에서 기습하는 것뿐이었다. 얼마나 하찮은가. 우연히 그 사람을 보게 되더라도 쫄지 마라. 방어기제가 가득한 나약한 인간일 뿐이니까.

동기 재소자들로부터 전해 들은 가해자의 발언들은 명예훼손으로 가득했다. "피해자년이 얼마나 담배를 피워댔는지 가래 끓는 목소리가 듣기 싫다"든가, "법정에서 우는 척 연기하는 게 배우 같다"며. 미안한데, 담배를 안 피운다. 우는 척 연기를 한다고 생각한 사람은 그 법정에서 아무도 없었을 것이다. 2심에서 최후진술을 할 때, 너무 힘들었다. 계속 울부짖어서 다 얘기를 하지 못하고 끝날까 봐. 만약 그게 연기라고 생각이 든다면 사이코패스 검사를 해야 한다. 그 정도로 공감 능력이 없다니. 피해자가 어떻게 생겼냐며 궁금해하는 재소자도 있었다. 나보고 "노래방 보도 걸레처럼 생겼다"고 했다. "네가 지금 뱉은 가래침같이 생겼다"며. 왜 재소자들이 내가 전부 다 얘기해달라고 해도 말을 아꼈는지 알겠더라. 자기 입으로도 얘기하기 민망할 정도의 얘기였던 것이었다. 간절히 부탁해서야 이 얘기를 들을 수 있었는데 되려 죄송했다. 아무런 정보도 없던 재소자들은 출소하고 나서야 가해자의 말이 다 거짓말이었다는 걸 알았다고 했다. 1심이 끝나고 나니 점차 재소자들도 이런 사건의 내용을 미리 알고 들어오는 사람도 많아졌을 것이다. 가해자가 얼마나 안에서도 말썽인지 재소자들을 괴롭히고 영치금으로 도박하고 갈취하는 등 오만 말썽은 다 부리고 있다고 했다. 어떤 재소자는 가해자에게 "진짜 안 따먹었냐"고 물은 적이 있었다고 했다. "너무 걸레처럼 생겨서 얼굴 보면 따 먹을 생각도 안 든다. 줘도 안 먹는다고 했다"더라.

모든 재소자의 진술을 듣고 온 수사관님에게 물었다. "저 못생겼어요?" 아니란 걸 알면서도 저딴 범죄자한테 이런 외모 평가를 받아야 하다니. 진짜 본인은 줘도 안 먹을 거 같이 생겼는데. (재호 님은 단호하게 아니라고 답했다.) 그러면서 가해자는 법정에 원피스를 입고 오는 나를 비꼬기도 했다. 되려 내 전략이 먹혀들어 간 거 같아 고소했다. 이젠 하도 재소자들이 물어대서 그런지 이제는 나를 따먹었다고 한다더라. 이제는 궁금하지도 않지만.

교정청에서 얼마 전 연락이 와서 보복 범죄와 관련해 원하는 바가 있냐고 물어봤다. 그래서 어느 사람과도 소통하지 못하게 해달라고 간곡히 부탁했다. 그렇게 그는 서신 특별관리대상자가 되었다.

인터미션 인터뷰
2

오지원

법률사무소 법과 치유 대표

나는 30여년 전 성폭력피해를 당했다. 사건과 고통은 20년 넘게 언어가 되지 못해 더 오래 내 삶 구석구석 남아 있었다. 2005년에 판사로 법조인을 시작했는데 그때에 비하면 나아진 부분도 많지만 여전히 나처럼 말 못하는 분들이 많다. 각자의 사정이 있을 수밖에 없고 처벌의 불확실성, 형사절차에서의 소외, 사회의 편견과 혐오 등 법과 제도가 피해자들을 더 위축되게 하고 말하는 걸 두려워하게 만든다.

그런 상황에서 김진주 님을 만나 사이다 마신 거 같은 시원함과 청량감을 느꼈다. 우리는 똑같이 ENFP에 부산 출신이다. 둘 다 정도 많고 화끈해서 만날 때마다 격하게 안아준다.

김진주 님이 열심히 활동하는 모습을 보며 나는 그 마음이 너무 이해가 갔다. 범죄로부터 재난으로부터 생명안전이 수시로 위협받는데 국가가 제대로 보호도 존중도 권리도 인정해주지 않으니 내 삶이 아무리 바빠도 꼭 나 같은 피해자들을 외면할 수 없는 게다. 그래서 먹고 사는 게 바빠도 피해자들과 함께하는 활동을 계속 해 왔다. 때로는 변하지 않는 사회와 사람들이 거대한 벽 같았다. '이걸 언제 무너뜨려.' 하며 그만두고 싶은 마음이 생길 때도 있었다. 하지만 내 앞에 당장 보이는 작은 구멍들을 파고 들어 문제를 해결하다 보니 그래도 꽤 많은 변화가 있었다.

완벽하진 않지만 결코 무시할 수 없는 변화들. 무엇보다 나 자신이 변해 있었다. 나는 더 이상 피해를 '당한' 무기력한 어린아이가 아니었다. 나는 내 경험을 '말할 수 있고' 말해도 되고 공감받을 자격이 있다는 걸 깨달았다. 그리고 문제를 '직면'하면 조금씩 해결에 가까워진다는 것도. 때로는 회피가 안전하지만 나는 20년 넘게 회피해 왔기 때문에 이 깨달음은 내가 피해자들과 함께 하지 않았다면 결코 얻지 못했을 치유였다. 스스로를 사랑하고 공감하고 말이 통하는 사람들과 함께 서로를 보살피는 것.

김진주 님이라고 안 지치고 안 두려울 리 없다. 툭하면 협박하는 가해자나 변하지 않을 거 같은 세상이 때로는 숨막힐 것이다. 김진주 님이든 어떤 피해자든 스스로를 가장 아끼고 보살폈으면 한다. 피해를 당한 건 죄가 아니다. 더 이상 자책하지 말자. 나로 인해 가족들까지 힘들어졌다고 스스로를 원망 말자. 당하고 싶어서 당한 게 아니다.

우리가 힘들 때 공감하는 우리 서로가 필요하다. 우리는 MBTI가 달라도, 다 다르게 생겼어도, 비슷한 경험을 했기에 서로의 공감자, 치유자가 될 수 있다. 공감하는 사람들은 힘이 세다. 엄청 세다. 그래서 느려도 국가를 검찰을 법원을 국회를 사람들을 바꿀 수 있다. 그런 힘이 우리 안에 있다는 걸 잊지 말자. 우리는 피해를 당했지만 영원히 피해자는 아니다. 문제를 해결하는 사람들이다.

오지원 일단 그 수사 과정 전반에 대해서 가장 본인이 문제가 심각했다고 생각하는 것부터 얘기를 하면 내가 또 추가해서 질문을 할게요. 뭐 절차적, 실질적 권리들이라는 게 있는 거니까.

김진주 사실 아무 정보도 못 받은 게 가장 힘들었는데, 처음에 가해자가 도주를 했다고 하니까 모든 사람이 다 경계 대상이었죠. 그런데 인스타 쪽지로 어떤 제보자가 범인이 잡혔을 거라고 하는 거예요. 그래서 무슨 소리냐? 그럼 당연히 내가 먼저 알았겠지라고 생각을 했죠.

오지원 입원을 하고 있는 상태여서 수사 절차에 직접적으로 참여하기는 어려웠지만, 정보를 듣고 싶었고 들을 수 있을 거라 기대했다는 거죠?

김진주 네, 어쩔 수 없는 한계가 있긴 있었어요. 제가 해리성 기억상실 장애를 얻고 있었으니까 딱히 모르겠어요. 형사님들이 도움이 안 될 거라고 생각을 하신 건지. 입원해 있을 때 기사를 찾아봤는데 가해자가 잡혔다는 거예요. 그래서 아! 그래 기자가 조금 빠를 수는 있지. 그래도 연락이 올 거라고 생각했죠. 그런데 연락이 안 오더라고요. 그렇게 이제 며칠이 지났는데 가해자의 주장이 또 담긴 기사가 나온 거예요. "피해자가 기분 나쁘게 째려봤다."

이랬는데 저는 가해자가 잡힌 소식도 못 들었으니, 그 주장도 처음 들은 거예요. 아, 진짜 이상하다. 저는 그래도 뭔가 가해자가 어떤 상태인지는 얘기해줄 줄 알았어요. 그냥 막 조정과 화해 이런 건 아니더라도. 그런데 모든 걸 기사로 봐서 알게 되니까. 그때부터 아, 피해자는 그냥 방청객에 불과하구나라는 생각했어요. 그게 제일 첫 소외였던 것 같아요.

오지원 그러니까 이게 언론에 보도되면서 오히려 가해자가 나쁜 놈이라고 하면서 보도가 되긴 하는 거지만, 그 사람 입에서 나온 정보가 언론을 타는데 피해자는 두려운 사람들도 있을 수 있고. 김진주 님 같은 경우는 아팠던 것도 있는 거고, 그렇게 목소리를 내지 못하는 상태에서 가해자의 목소리만 언론에서 드러나는 상황이 되었군요. 김진주 님은 아, 내가 가만히 있으면 나는 완전히 그냥 소외되는 상태로 묻히는 거구나, 그렇게 느끼셨구요.

김진주 네, 그리고 이제 모르는 사람한테 당한 거고, 그 가해자의 개인정보도 안 알려주니까 사실 남자인지 여자인지도 몰랐어요.

오지원 보도에 나오기 전에는?

김진주 네, 그런데 코로나 시국이었으니까, 당연히 병원에는 관계자만 오는 곳임에도 불구하고 가해자가 보복할지 모르겠다라는 생각에 사흘 동안 초조해 있었죠. 그런 얘기를 듣지를 못하니까, 그 얘기를 기사로 보기까지 저는 항상 긴장 상태에 있었던 거죠, 선잠을 자고. 그러면서 아, 얼마나 이 시간 동안 피해자가 메말라 죽는지를 모르는 건가? 아니면 아는데도 수사에 방해가 된다고 해서 얘기를 안 하는 건가? 아무것도 이해가 안 되더라고요.

오지원 아, 가해자가 잡혔다는 얘기를 언론 보도를 통해서가 아니라 수사기관이 당연히 피해자인 나한테 가장 먼저 알려줄 줄 알았다, 가해자는 어떤 사람인데 어떤 경위로 잡혔다는 걸 설명해줄 줄 알았는데 그런 과정은 하나도 없었다?

김진주 네. 당연히 개인정보는 못 받을 거라 생각했어요. 그런데 아니, 잡힌 것까지 이렇게 미리 알려주지 않는 게 너무 이상했어요.

오지원 왜냐하면, 피해자 입장에서는 잡혔는지, 안 잡혔는지가 나의 안전하고도 관련이 있으니까 되게 예민한 부분인데 말이죠.

김진주 맞아요.

오지원 나한테는 안 알려주고 언론에 먼저 보도되는 게… 세월호 참사나 다른 사건에서도 피해자들이 가장 분노했던 지점도 그거였어요. 당연히 사건 당사자인 피해자들한테 먼저 정확한 정보를 줘야 하는데 피해자들이 언론보도를 통해서 뒤늦게 알게 되는 거예요. 실제로 우리가 정부의 사고 대응 관련한 기능을 살펴보면 국민들에게 어떻게 하고 있다고 알리는 기능인 공보 기능, 홍보 기능은 있는데 피해자에게 정보를 전달하는 기능이 없어요.

김진주 아, 피해자한테 줘야 할 정보를 정리하고 고지하는 팀도 없고요?

오지원 네, 없어요. 물론 장례지원, 심리지원 등 피해 지원을 담당하는 기능은 있어요. 재해구호법상 정해진 지원을 하는 것인데 그 재해구호법이 아주 낡은 것이라 그 지원 속에 피해자가 필요로 하는 정보를 전달하는 기능, 그 기능을 훈련받은 공무원들이 없는 거죠. 가장 핵심 문제는 수사기관이 피해자들의 정서나 상태를 이해하고 정보를 주는 방식 등에 대해 제대로 교육훈련을 받고 있지 않다는 거죠. 그러니까 수사기관은 오직 지금 이제….

김진주 해결에만 집중하는 걸까요?

오지원 그러니까 딱 시행령상 정해진 정보를 주는 것 이외에 피해자에게 먼저 알려줘야 한다는 인지 자체가 없고, 국가가 가해자를 처벌하는 데 피해자는 증인 등 협조의무자로 생각하는 거죠. 그게 오래된 제도의 모습이었으니까요. 그래서 피해자는 형사사건의 당사자가 아니다라는 얘기를 계속하면서 권리 주체로 인정해주지 않는 거죠. 국가 입장에서 피고인의 방어권은 아주 익숙한 권리인데 반해 피해자의 권리는 아주 낯설고 아직 적응도 안 된 신생 권리랄까요. 그러니 현실에서 피해자들이 이렇게 처음부터 끝까지 소외감을 느끼게 되는 거고, 소외감뿐만이 아니라 억울하죠, 다른 무엇보다.

김진주 사실 어떤 수사 과정에서도 참여를 할 수가 없었어요. 범죄피해를 갑자기 당하면 멀쩡한 상태에서도 기억 상실을 겪게 되는 분들이 있는데, 아직도 이 흔하다는 그 증상에 매뉴얼이 없다는 게 너무 이상했어요. 내가 아무 말도 할 수 없는 상황인데 CCTV도 볼 수 없었고, 어떤 사건 자료도 볼 수 없는데, 그러면 가해자의 진술만이 사실이 되는 건가?

오지원 많이 불안하셨겠다.

김진주 네, 숨이 엄청 막혔죠. 아니, 그러면 나는 그냥 계속 지켜만 봐야 되네? 그렇게 그냥 재판 때까지 그냥 죽, 숨죽이고 그냥 기다리기만 했어요.

오지원 원래 법적으로는 수사는 기밀성 때문에, 국가 입장에서는 가해자를 처벌하는 데 있어서 피해자가 거짓말을 하면 안 된다라는 관점만 오래 동안 있었거든요.

김진주 네.

오지원 그러니까 피해자가 거짓말을 해서 억울한 사람이 생기면 안 된다는 관점이 강하다 보니 이 과정에서 피해자한테 어떤 정보를 줘서 피해자가 진술을 거기에 맞춰서 하는 것만 되게 경계해요. 피해자가 알 권리가 있다라든지, 사건의 진행 상황에 대해서 피해자한테 알려줘야 된다든지 하는 관점이 없어요. 현재로서는.

김진주 그런데 그게 너무 억울했던 게 뭐냐면 저는 기억이 없는데 왜 기억이 없는 피해자한테까지 그래야 하는지…. 저도 피해자가 진술이 안 맞거나 그러면 법정에서 막 싸우고 이런 장면들을 되게 많이 봤기 때문에 아, 피해자의 진술이 허위로 가거나 오염되지 않게 하려는 것일 수도 있겠다고 이해해요. 그런데 나는 기억이 없잖아요? 제가 쓰러진 이후의 상황에 대해 어떻게 거짓말을 하겠어요, 도대체….

오지원 그런데 예를 들면 그런 거죠. 그러니까 처음에는 기억이 안 났다가….

김진주 되돌아왔다?

오지원 그렇죠. 그럴까 봐. 그런데 이게 피해자를 되게 의심한다는 측면에서 실제 피해를 당한 사람들 입장에서는 억울한 마음이 분명히 들죠. 거기다가 사안에 따라 그게 다 다를 수 있잖아요? 예를 들면, 이번 사건 같은 경우에는 CCTV가 있었고 내가 피해자라는 게 너무 명백하잖아요?

김진주 그렇죠.

오지원 그런데 피해자인지 애매한데 진술을 꾸며낼까 봐 의심하면서 모든 피해자를 그런 식으로 똑같이 대하거든요. 그 점에서 피해자가 억울할 수 있어요.

김진주 개인정보까지는 사실 그렇다고 납득은 했어요. 그러니까 뭐 이게 형사재판이고 형사재판은 국가와 피고인의 문제이고 피해자는 형사사건의 당사자가 아니고 뭐 알겠는데…, 회복적 사법이라는 말을 쓰잖아요?

오지원 네.

김진주 아니, 그렇게 회복적인 거를 요구를 하면서 가해자가 합의를 원하는지 아니면 이거에 대해서 죄송하다고 하는지 이거에 대해서는 알려줄 수 있는 거 아닌가요?

오지원 그러면 가해자가 자백하냐, 부인하냐 이것도 안 알려줬어요?

김진주 네.

오지원 피해자를 어떻게 대한다는 느낌이었어요, 국가가? 내가 무슨 항의라도 시끄럽게 할까 봐 무서워하는 것 같았어요?

김진주 아니요, 그냥… 아무것도 궁금해하지 않았어요. 어떤 것도 궁금해하지 않았고 그냥 "괜찮으시냐?"가 전부였죠. 그런 말은 우리 엄마 아빠도 할 수 있어요. 그냥 나는 사건을 수사하는 사람한테 듣고 싶은 얘기들이 있는데 아니, 무슨 내가 테라피스트들한테 물어본 것도 아닌데 참…. (한숨) 답답했죠. 허탈했구요. 내 세금은

이렇게 쓰이고 있는 건가? (웃음)

오지원 그러니까 이게 수사의 기밀성만 너무 강조되고 피해자의 알 권리나, 피해자가 국가의 기소를 돕기 위해서 증거를 제출하고 적절하게 참여하고 싶은데 그 권리는 전혀 보장되지 않는다? 이렇게 법적으로 말해볼 수 있겠네요? 그렇죠?

김진주 그렇죠.

오지원 검찰은 어땠어요? 오히려 더 연락이 안 됐을걸요?

김진주 별 연락 없었죠. 그런데 사실 그사이의 텀은 그래도 그나마 짧았어요. 그래서 그렇게 너무 오래 걸린다 그런 느낌은 없었어요.

오지원 여기는 CCTV가 있는 명백한 증거가 있는 사건이니까요. 그런데 다른 피해자들은 그런 증거가 없으면 1~2년씩 기다려요. 그래서 진짜 뭐 하나 싶다니까요. 뭔가 하겠지만 무조건 안 알려주고 조사 중이라는 말만 하니까 뭐 하나 싶어. 불신이 생기죠.

김진주 마치 그런 거잖아요. 그러니까 다른

피해자분들은 주방에 불을 켜고 물 주전자를 올려놓고 있었는데 끓을까, 말까, 끓을까, 말까 이렇게 계속 1년을 기다릴 거 아니에요?

오지원 그러면 그때 결국은 내 사건이 무슨 죄명으로 수사가 되고 있다, 이런 것도 전혀 몰랐던 거예요?

김진주 그것도 제가…. (한숨)

오지원 언론 보도를 보고 알았어요?

김진주 아니요. 중상해로 바뀌어서 재판 단계로 넘어갔다는 건 알았어요.

오지원 그러면? 살인미수로 죄명이 바뀐 건 들었어요?

김진주 중상해는 의사 소견서가 있어야 돼서 제가 알고 있었는데, 살인미수로 바뀐 건 제가 사건번호 검색하고 알았죠. (웃음)

오지원 그런데 사건번호를 검색해서 알았다는 얘기는 기소된 이후에 알았다는 소리인데요?

김진주 형사 사건 포털에서도 제가 피해자로 해서 공인인증서를 제가 연결을 하잖아요? 저보고 권한이 없대요.

오지원 현재 경찰하고 검찰 단계에서 피해자가 정보공개를 청구해서 고소장을 받는 것 이외 피의자가 조사를 받았는지, 수사기관이 무엇을 하고 있는지 진행 상황을 확인할 수 있는 시스템은 없어요. 그나마 이송을 했는지, 송치를 했는지 정도까지는 통지가 오는 편인데, 경찰과 검찰이 하나의 시스템 안에서 일목요연하게 지금 어떻게 진행되고 있다, 예를 들어서 뭐 피의자 조사를 했다, 안 했다 이런 것들을 편리하게 온라인에서 확인할 수가 없는 거죠. 법원이 진행상황을 사건검색사이트를 통해 전부 알 수 있게 해놓은 것보다도 훨씬 못한 거죠.

김진주 네.

오지원 예를 들어 피의자 조사를 한다 그러면 피해자가 피의자를 가서 죽일 수도 있다, 뭐 이런 걸 걱정하는지는 모르겠는데 예외적인 경우 때문에 일반적이고 평범한 피해자들의 알 권리가 전반적으로 보장되지 않는 상황이고, 조사를 하고 나서 어떤 조사가 됐다는 걸 알려주면 진술 오염 우려도 크지 않을 텐데 말이죠.

김진주 그놈의 피고인의 이익….

오지원 아, 이건 피고인의 이익 때문이라기보다 체계를 그냥 안 만들어놓은 것뿐이죠. '수사는 우리가 알아서 하는 거야'라는 생각이 너무나 강했기 때문에 '피해자가 알 게 뭐가 있어? 우리가 알아서 수사해서 결론만 통지해주면 되는데'가 되는 거죠. 법원은 공개 재판이 원칙이니까 쌍방 당사자가 절차 진행을 알 수 있게 해놓은 것이고 제3자라도 재판 진행되는 걸 언제든지 가서 볼 수 있게 법정이 열려 있는 거예요.

그런데 수사는 아무도 몰라도 상관없어요. 그래서 피해자들의 권리가 인정되지 않았을 뿐만 아니라 피고인들도 수사 과정에서 가혹 행위 같은 게 많이 문제가 됐었고 〈소년들〉 같은 영화도 그래서 나온 거죠. 법조인들도 법을 배우는 과정에서 수사는 원래 기밀이고 밀행성이라고 하니 문제의식이 별로 없었고, 고소인들 즉 피해자들 입장에서는 괜히 수사기관에 권리 같은 걸 주장했다가 수사 결과가 나한테 나쁘게 나오면 안 되니까 주장하기가 힘들었던 거죠. 그래서 아직도 이런 시스템이 미비한 거 같아요.

김진주 여기서 질문 있어요. 그러니까 저는 공탁이 생긴 이유도 궁금해요. 왜냐하면 이제 공탁이 생겼다는 것 자체가 결국 합의를 하는 거에서 한계가 있어서 공탁이 생겼다고 저는 알고 있는데, 언제부터 피해를 변제하는 게 당연하지 않은 것이 됐는지 이해가 안 되는 거예요. 당연히 피해를 입혔으면 그거를 배상해야 되는 게 당연한 건데, 왜 이게 양형기준이 되죠?

오지원 현실적으로는 이런 문제가 있는 거죠. 자력이 없는 가해자들이 워낙 많고, 돈이 없는 사람들이 워낙 많고, 현실적으로 범죄피해를 당했을 때 가해자가 충분한 돈이 있고 신속하게 지급해서 피해 배상을 빨리 받을 수 있는 경우가 전부는 아닌 거죠.

법적으로는 피해자가 자기 비용을 들여서 민사소송을 해야 되는 그 시스템인데 국가가 피해자의 입장에 대한 충분한 공감 없이 만들어놓은 거죠. 그런데 어찌 됐건 현실적으로는 피해자가 자기 개인정보인 주민등록번호, 주소 등을 가해자한테 노출되는 위험을 감수하고 민사소장을 제출해야 하는데, 가해자가 형사 사건에서 신속하게 합의를 하든지 아니면 공탁을 해서 피해자가 그런 복잡한 민사소송과 강제집행 절차까지 안 거치게 해주니까 가해자의 그런 노력을 국가가 형사책임의 정도를 정할 때 고려한다 이게 합의나 공탁이 양형사유가 된 이유죠.

그런데 피해자들 입장에서는 사실은 본질이 안

맞는다고 느낄 수밖에 없는 거죠. 감경이 되는 양형사유의 핵심은 반성과 피해회복을 위한 노력이어야 하고, 재발 방지를 위한 사과여야 되는 거예요. 사과를 안 하는데 재발 방지를 할 수 없잖아요?

김진주 네.

오지원 그러니까 사실은 이 피해 회복에 기여했는지 여부를 판단하는 양형요소로서 관련 있는 게 합의나 공탁이거든요? 피해를 회복시키는 데 기여한 경우, 이게 합의나 공탁인데, 사실 더 중요한 거는 그러면 이 사람이 정말로 피해 회복에 기여를 했는지, 단순히 돈을 던졌는지가 아니고요.

김진주 복합적으로 봐야 되네요.

오지원 어, 그러니까 내가 돈을 받아도 아무 사과도 없고, 뒤에서는 나쁜 소문 다 내고 있는데 공탁을 했다, 금전적인 기준으로만 그걸 형식적으로 판단해버리면 피해자들 입장에서는 국가가 그걸 고려한다는 게 더 모멸감을 느끼게 되죠. 어떻게 이게 공탁을 했다는 이유만으로 감경사유가 되느냐? 이렇게 돼버리는 거죠. 그런데 원래 공탁 제도는 범죄피해를 전제로 공탁 제도가 만들어진 게 아니고 민사적으로, 다양한 이유로 채권자가 있잖아요? 그런데 채무자가 돈을 갚고 싶은데 안 받아. 그 경우에 채권자가 돈을 계속 안 받으면 채무자는 잘못도 없이 이자를 계속 부담해야 되니까 이 사람은 공탁 제도를 이용해서 변제를 할 수가 있는 거거든요? 그렇게 만들어놓은 건데 이걸 범죄에다가 적용하면서 감경사유로 해버린 거죠.

김진주 저는 죽어도 받기 싫을 것 같아요, 공탁을.

오지원 그렇죠. 채권자가 안 받는다는 그 개념을 범죄에 적용하면 사실 많은 피해자들이 가해자가 감경되는 걸 원하지 않아서 안 받는 경우들도 있는 거죠.

김진주 맞아요. 차라리 나는 국가에 돈을 더 주고 형량을 늘리고 싶어요.

오지원 그렇게 많은 경우의 수가 있는 건데, 이 사람이 공탁을 했다는 이유만으로 감경의 요소로 어찌 됐건 작용을 할 수 있다고 양형기준에 떡하니 써 있는 게 피해자들 입장에서 납득하기 어려운 거죠.

김진주 그런데 저는 여기서 또 이해가 안 되는 게 지금 합의 제도가 있고, 공탁 제도가 있는데 배상 명령 제도도 있잖아요?

오지원 그거는 뭐 헷갈릴 건 없는데, 예를 들어 뭐가 어떤 점이 헷갈려요?

김진주 아니, 헷갈리는 게 아니라 왜 이 세 가지가 공존하는지를 이해를 못 하겠어요.

오지원 원래 원칙적으로는 우리 사법 체계에서는 민사소송을 제기해야 되는데, 아까 말했듯이 번거로우니까 피해자를 보호하기 위해서 배상 명령 제도를 둔 거예요. 때로는 일실수익이라든지 손해배상액이 막 복잡하게 계산되어야 하는 사건들이 있거든요. 그런 계산이 복잡한 사건이 아니고 위자료를 지급하는 수준의 배상이 문제되는 사건이라면 형사사건을 처리할 때 형사사건의 판사가 피해자가 배상을 받을 수 있도록 명령하는 배상 명령 제도라는 걸 만든 거예요. 배상 명령 제도가 활성화가 되면 사실 피해자한테 엄청 유리한 거죠. 피해자가 따로 민사소송을 제기 안 해도, 법정에 두 번 안 가도 되게 형사사건에 배상 명령 신청서만 제출하면 신분노출을 하지 않을 수 있는 가명도 그대로 사용할 수 있고, 판사가 이 사건을 보고 그 바로 이제 배상 명령, 즉 얼마를 돈을 지급해라라고 가해자한테 할 수가 있으니까 피해자는 별도로 민사소송을 제기하지 않아도 되죠.

예전에는 합의를 하면 그냥 무조건 집행유예였어요. 예를 들면 살인미수인데도 집행유예였어요, 합의를 하면. 일단은 그 정도까지 형을 감경해주는 정도로 영향을 미치면 안 된다. 그래서 그것이 지금 특별 양형인자로 돼 있는데, 이것이 진지한 반성이나 이런 모든 것과 결합을 해서 정말 그 정도가 된다면 그렇게 판단할 수 있겠지만요.

김진주 **저는 여기서 이제 되게 그냥 기초적인 질문인데, 그런 생각을 하거든요? 판사들이 감경사유 이런 걸 보다 보면 당연히 양형기준을 펼쳐볼 거 아니에요? '도대체 이 많은 양형기준들은 왜 생겼을까?'를 생각했을 때 저는 그냥 일반인으로서 '교도소에 수감자들이 너무 많은 과밀화 때문에 그런가?'밖에 생각을 못 했어요.**

오지원 대부분의 사람들은 언론에서 나온 아주 극히 일부의 사건들만 접하잖아요. 그런데 실제 판사들이 접하는 사건은 정말정말 다양하거든요. 살인이라 해도 정말 평생 가정폭력을 당해오다 살인에 이른, 피해자에 가까운 정당방위성 살인부터 악마인가 싶을 정도의 살인 사건도 있고 그 범주가 너무 다양하다 보니까 살인 몇

년 이런 법정형만으로는 도저히 형량을 정할 수가 없는 거죠. 그래서 양형사정이 다양한 것은 당연하고 그 자체로 피고인들에게 형을 깎아주기 위함이다 이렇게 보긴 어렵고, 다만 감경사유를 더 쉽게 적용하는 운영상의 문제가 있는 거죠. 또 양형이 적정한지 자주 논란이 되어 오다 보니 언론에서 문제된 사유 같은 것들이 양형사유로 추가되거나 하면서 많아진 것도 있을 거고요.

김진주 **그러면 양형기준은 왜 이렇게 복잡하고 판사에게 왜 그렇게 많은 감형권한을 주는 거에요?**

오지원 형법 제51조(양형의 조건)는 1953년 제정형법에서부터 규정이 있었고 단 한 번도 개정이 안 된 규정인데 판사가 형을 정함에 있어 범인의 연령, 성행, 지능과 환경, 피해자에 대한 관계, 범행의 동기, 수단과 결과, 범행 후의 정황을 고려하라고 되어 있어요. 모든 양형요소가 피고인 측의 사정인데 이것은 꼭 감경을 해주라는 의미로 규정된 것은 아니에요. 형사처벌의 목표가 응보와 범죄의 예방에 있는데 예를 들어 연령이 어리고 초범이고 피해정도가 크지 않고 범행 동기가 우발적이고 범행 후에 지극히 반성하는 태도를 보인다면 종합적으로 고려해서 더 심한 범죄자가 되지 않도록 이번에는 기회를 줘라 이런 의미도 있고, 반대로 자기 행동에 충분히 책임질 나이이고 범행 동기도 지극히 계획적이고 범행 후 도주하고 증거인멸하고 그런다, 그러면 형을 가중하라는 의미도 있는 거죠.

그런데 예전에는 성폭력 사건 같은 경우 합의만 하면 친고죄라 그래서 아예 처벌도 안 되고 또는 집행유예가 내려지니 양형이 너무 낮다는 비판이 많았죠. 그런데 판사들은 피고인들 사이의 형평성도 고려해야 되거든요. 즉 유사사건에서 다른 판사들이 어떻게 형을 선고하는지 균형을 맞춰야 하는 거죠. 그런데 기존에 양형관행 자체가 워낙 낮게 형성되어 있다 보니 형평성을 맞추면 계속 낮은 상태로 갈 수밖에 없고 그러니 기준을 만들자, 즉 우리가 기존 사례들에서 양형의 평균값을 내보고 동시에 국민 정서까지 감안해서 양형기준을 예전보다는 좀 높게 만들자. 그래서 이제 구체적인 양형기준을 범죄별로 쭉 만들게 된 거죠. 그래서 이렇게 복잡해진 건데, 문제는 아무리 기준을 만들어도 개별 사건에서 양형심리라는 것이 실제 검찰에서는 구형의견만 말할 뿐 피고인에 대한 가중사유는 거의 주장을 않고 피해자의 입장도 전달을 않고, 피고인 측에서는 자신에게 유리한 감경사유를 깨알같이 주장하는데 제대로 확인을 하지 않고 감경사유로 삼다 보니 피해자들이나 일반 국민들이 봤을 때는 어? 이거 너무 부당한데 싶은 거죠. 특히 피해자한테는 하나도 반성하는 태도를 보인 적이 없는데 판사들 앞에서 반성한다고 했다고 감경사유에 적어놓으니 '아니, 왜 내 얘기는 하나도 안 들어보고 뭘 반성했다고 자꾸 인정을 해주냐?' 이렇게 되는 거죠.

김진주 누가 봐도 반성을 안 하는 것 같은데 그냥 12년을 부르고 싶어서 이 양형 인자를 부른 것 같은 그런 느낌 있잖아요. 깎아주고 싶어서 그냥 반성했다고 하는 거죠.

오지원 사실 반성은 실제 형량에 큰 영향을 미치지는 않는 약간 형식적인 감경사유이기도 하고요.

김진주 억울한 게, 판사가 무슨 이유로 피고인이 반성했다고 판단했는지 도저히 알 수 없고요.

오지원 네 그래서 요즘에는 양형조사보고서 같은 걸 쓰긴 하는데 진짜 그런 보고서를 아주 세밀하게 적을 수 있었으면 좋겠어요. 그리고 좀 적용 근거가 있는 사유만 적용하구요.

김진주 그러니까 지금의 양형 심리는 사실은 피고인이 주장하는 내용을 감안하는 정도의 수준이거든요. 그러니까 사실 판사도 피고인이 꼭 반성한다고 진심으로 반성하는지 안 하는지 몰라요. 그런데 법정에서 반성하는 것 같으면 일단 반성. 그다음에 당연히 판결문에서 반성한다고 하죠.

오지원 제가 성폭력 재범방지교육 갔을 때 깜짝 놀랐던 게 그 사람들이 전부 성폭력 가해자들이었거든요. 3년 이상 복역한. 그러니까 엄청 중하게 처벌 받은 사람들이었던 거예요. 그러니까 적어도 강간 이상의 범죄를 저지른 사람들인데 출소를 앞두고 있는 사람들이 아무도 반성을 안 하고 있더라고요. 너무 놀랐어요. 왜 반성을 안 하냐면 자신이 저지른 범죄에 대해 직면을 아예 안 해요. 자기가 저지른 행동에 대해서 직면을 안 하고 그 여자, 혹은 그 여자애가 이상했다는 얘기를 아직도 해요. '그년이 이상한 년이었어.' 이런 식으로 계속 얘기를 하고 있는 거예요.

김진주 그것도 문제인 것 같아요. 교정 시설에서도 형량이 정해지고 나면 그거에 대해서 계속 문제 회부를 시키려고 해야 되는데 그냥 형량이 끝나고 나면 그만이죠.

오지원 그런 것도 문제인데 내가 무슨 얘기를 하려고 했냐 하면 양형 전에 우리가 할 얘기가 있었거든요. 재판 과정에서 기일 통지를 다 받았어요?

김진주 제일 처음만 오고는 계속 다 사건번호 검색해서 제가 갔죠.

오지원 한 번도 통지를 받은 적은 없었어요?

김진주 네, 재판 끝낼 때쯤 이제 기일을 검사랑 변호사, 피고인, 판사가 조율하면서 얘기해주잖아요. 그때 그냥 받아 적고 나중에 갔죠.

오지원 그러면 다음 기일 정하는데 피해자한테 물어보지는 않았죠. 그 날짜가 되는지 전혀 안 물어 봤죠?

김진주 전혀 안 물어보죠.

오지원 그러니까. 피해자 대리인한테도 안 물어봐요.

김진주 심지어 피해자 왔습니까? 피해자 대리인 왔습니까? 물어보는 사람도 극히 드물어요.

오지원 그러면 법정의 피해자로서 김진주 님이 출석했다는 걸 알렸어요?

김진주 처음에는 모르셨는데 제가 이제 계속….

오지원 계속 가니까.

김진주 탄원서에 적었고요. 그리고 이제 피해자 변호사를 선임하고 나서부터는 피해자 출석했습니까? 묻더라고요. 그것도 되게 배신감 느껴졌어요.

오지원 그랬구나.

김진주 그러니까 모든 양면을 봤어요. 수사에서도 그렇고 사법 체계에서도 그렇고 변호사가 있을 때와 없을 때, 미디어가 주목할 때와 안 할 때를 다 겪어봤죠.

오지원 (웃음) 우리나라 법원, 검찰은 사건보다 여론이 주목하냐가 엄청 중요해요.

김진주 1심에 첫 방청 갔을 때는 피해자가 왔는지도 안 물어봤어요. 그렇게 하고 있었는데 두 번째 공판까지도 안 묻다가… 이제 제가 탄원서로 계속 출석을 했다는 얘기를 하고 그 와중에 이제 제가 민사 때문에 피해자 변호사를 구했어요. 그 1심 과정 중에. 그랬는데 1심 과정 중에 피해자 변호사가 선임이 되고 나서부터 갑자기 피해자 출석했습니까? 피해자 변호사 출석했습니까? 이렇게 묻더라고요.

오지원 그러면 1심 중간에 그랬다는 거죠?

김진주 네. 뭐지? 변호사가 없으면 안 물어보는 건가요?

오지원 피해자들이 법정에 출석하는 경우가 극히 드물거든요. 기일통지를 안 해주니까요. 그러면 김진주 님의 경우 이후부터는 계속 물어봤어요?

김진주 네, 다행히 공론화가 돼서 그랬는지 2심 판사는 매번 물어봤어요. 출석했습니까? 출석했습니까? 온 거 알면서도.

오지원 사실 형사재판의 판사님들한테는 관행적으로 피해자 출석이 오히려 익숙하지 않은 거예요. 왜냐하면 검사가 피해자들을 대변하는 걸로 형사절차에서는 되어 있다, 이게 전통적인 방식이고 근래 범죄피해자보호법이 형사절차상의 참여권을 규정하지만 이런 법이 있는지도 잘 모르는 판사님들이 많을 거에요. 형사소송법만 열심히 보시니까…. 그래도 요즘에는 검사들 중에 가끔 피해자를 양형증인으로 신청해서 그 진술을 듣고자 하는 사건들이 중대사건 중에는 좀 있어요.

김진주 그렇죠.

오지원 여전히 피해자들이 출석하는 경우는 잘 없죠.

김진주 진짜 그래요.

오지원 제가 19년차 법조인인데 법정에 피해자가 나와 있는 경우는 증인이 아닌 경우, 방청하러 온 피해자는 저도 거의 못 봤어요. 첫 번째는 따로 기일 통지를 전혀 못 받기 때문에 생업에 바쁜 피해자들이 사건이 어떻게 진행되고 있는지조차 일일이 검색해야 하니 알 수가 없어서 놓치는 경우들이 꽤 많고요. 그리고 두 번째, 피해자가 피고인에 대해 두려움이나 공포심을 가지고 있는 경우도 있죠. 아니면 아예 잊어버리고 싶어 관심을 두지 않을 수도 있고요.

김진주 무섭죠.

오지원 법정에 나간다는 것 자체가 상당한 엄청난 스트레스예요.

김진주 그냥 방청하러 피해자가 가면 아무리 중대범죄피해자라도 가림막도 없잖아요. 심지어 부산에는 온라인 방청도 없어요.

오지원 그게 핵심인데 성폭력 등 몇몇 범죄피해자들은 증인으로 나갈 때 증인으로서 증인지원나 보호제도의 적용을 받지만, 증인 아닌 '피해자'를 보호하는 제도가 마련되어 있지는 않다는 거예요.

김진주 맞아요.

오지원 왜냐하면 우리나라는 언제나 논란이 되면 딱 논란된 그 부분의 법을 개정한다든지 이런 핀셋 해결방식인데 성폭력 피해자들의 2차 피해가 워낙 사회문제가 되었기 때문에 외국 제도를 많이 따와서 신뢰관계인동석제도 등 증인보호방안을 만들었거든요. 그래서 그런 것들을 성폭력 사건이 시끄러우면 성폭력 사건에만 적용을 하고 이후 스토킹이 시끄러우면 또 하나만 확대를 하고 뭐 이런 식이에요. 일반적으로 취약 증인 전반에 적용을 하고 증인으로 출석하지 않는 피해자도 절차적으로 참여할 권리가 있는 거니 방청을 하러 갔을 때도 보호를 해줘야 하는데 그런 식으로 체계를 제대로 갖추질 않고 늘 딱 문제된 지점만 보죠.

김진주 그러니 피해자는 증인으로 안 나가면 보호고 뭐고 없어요. 그냥 다른 방청객들과 똑같아요.

오지원 보호되는 장치가 없으니까 내가 저 가해자가 무서운 경우에는 아예 갈 수가 없는 거죠. 정확하게는 증인으로만 보호되고 피해자로는 보호되지 않는다. 그게 이제 핵심인 거죠.

김진주 맞아요.

오지원 그리고 성폭력 피해자는 보호되지만 다른 범죄피해자는 그마저도 없거나 약해요.

김진주 저는 얼마나 억울하겠어요. 성폭력 피해를 당했는데도 살인미수 피해자로만 되어 있었으니까 2심 끝날 때까지 성폭력 피해자로서는 보호를 못 받았어요. 성폭력이든 살인미수든 정말 생명이 위태롭거나 정서가 극도로 불안해질 정도의 침해를 받으신 분들은 진짜 자신의 기본권을 침해를 당한 거고 아주 일부 피해자는 분노해서 끝까지 이렇게 붙잡고 가는 힘이라도 있는데, 그마저도 가족들을 생각해 혼자 감내하는 게 너무 고달프고요.

오지원 살인 사건 공소장 같은 데는 살인방식 같은 게 자세하게 적혀 있으니까 그걸 공소장 보내줬다가 유가족들한테 괜히 트라우마 일으키면 어떡하냐, 그러니까 피해자 신청이 있을 때만 법원이 봐서 가능한 경우만 열람등사를 허가해주는 거다, 그런 얘기를 하는 사람도 있어요. 하지만 실제로는 피해자가 공소장을 받아 봐야 한다는, 알권리 자체에 대한 인식이 낮은 거죠. 열람등사를 해주는 범위도 판사 마음인데 거의 안 해주려고 하는 경우가 많거든요. 사실 피해자는 증인이라는 생각이 강해서 피해자의 진술 오염 우려 때문이죠. 피고인의 방어권 보장 위주의 사고방식이고.

김진주 물어봐야죠. 알고 싶냐고.

오지원 그죠. 권리를 안내해줘야 하죠. 상세히. 특히 기소할 때 문자만 보낼 게 아니라 이렇게 우리가 조사를 해보니 이런 혐의가 인정돼서 살인죄로 이렇게 가는데 자세하게 알고 싶으세요? 공소장에는 좀 약간 끔찍한 내용들이 나옵니다. 모르시고 싶으면 보내드리지 않아도 되는데 원하시면 보내드리겠습니다. 그렇게 해야 되는데 이런 소통이 없이 공소장 내용은 어떻게 됐는지도 모르는 상태에서 피해자가 어떻게 신청을 하겠어요. 기소됐다는 문자 하나 받고 봐야 되나 말아야 되나 고민만 할 수 밖에요. 검사실에 물어보려고 전화해도 전화도 잘 안 받고. 그래서 이게 좀 더 실질화가 될 필요가 있는 거죠. 기소된 것도 기소된 내용에 대해서 안내를 한다든지 고지를 해 준다든지.

김진주 그런데 이런 거를 계속 물으려면 계속 고쳐나가려면 피해자한테 물어야 되는데….

오지원 맞아요.

김진주 한 번도 피해자한테 물은 센터가 없어요.

오지원 피해자로서 신청하면 피고인이 범행을 다투는 경우가 아니더라도 법정에 나와서 진술할 수 있다 이런 이야기는 누구한테 들었어요?

김진주 진술할 수 있다고… 그 검찰 수사관한테? 들어서 그거에 대해서 하고 싶으시냐, 이렇게 물어보더라고요. 너무 하고 싶은데요 그랬죠. 그런데 진짜 1심 때는 하나도 못 들었었구요.

오지원 그러니까 이 조문에는 '피해자가 법원은 제1항에 따라 피해자 등을 심문할 때 피해 정도 및 결과 피고인의 처벌에 관한 의견, 그 밖의 당해 사건의 의견을 진술할 기회를 주어야 한다' 이게 형사소송법상 피해자가 피고인이 자백하는 사건이라도 법정에 나가 진술할 수 있다는 조항이거든요. 그런데 이것도 일단 피해자가 신청을 해야 되잖아요. 피해자가 재판 진행도 어떻게 되는지 잘 모르는데 이걸 어떻게 알아서 신청을 하겠어요. 어떤 보호장치나 이런 게 있다는 것도 안내를 안 해주는데.

김진주 그러니까요.

오지원 지금 그나마 수사 기관에서는 안내문을 교부를 하잖아요. 기소가 되고 나서 법원에서는 피해자의 진술권에 대해서 안내조차 안 해줘요.

김진주 그게 되게 문제가 됐었잖아요.

오지원 신청권이 있다는 사실이라도 안내를 해줘야지 신청할지 말지를 결정하는데 그런 내용이 없어서 제가 법무부 디지털성범죄 전문위원회 위원으로 활동할 때 저희 위원회에서 신청권에 대한 고지 자체를 해야 되고 피해자가 의견을 진술하면 반영한다는 규정을 신설해야 한다는 법 개정안을 권고했던 거죠.

김진주 그런데 제 사건이 엄청 대두되고 나서 검찰에서 무슨 연구회인가 세미나에서 얘기를 했다고 하더라고요.

오지원 결론적으로 처음에 검찰이 사건접수를 했을 때 공소장 교부를 원치 않는지 확인을 하고 그 경우를 제외하고는 공소장을 보내주는 게 맞다고 보고요.

검찰에서 마지막 조사를 할 때 피해자 의사를 확인할 수도 있고요. 또는 피해자한테 사건 포털에서 본인들이 원하는 서류를 클릭하면 볼 수 있게 시스템을 갖추고 적어도 이 진술권에 대해서 안내가 되도록 기소 단계에서 해야 하는 거죠. 그래야지 피해자도 이 진행 상황을 알면서 내가 어느 시점에 진술을 하겠다, 일정을 잡아서 내가 할 수가 있잖아요. 그런데 이게 유일하게 피해자가 피고인의 처벌에 관한 의견을 말할 수 있는 규정인데 이런 미비점으로 잘 작동을 못 하고 있는 거죠.

김진주 국가는 피해자의 스케줄 따위는 중요하지 않은 것 같아요.

오지원 맞아요. 그러면서 피고인 주장 위주로 법정에서 다뤄지는데, 2019년 전체 성범죄 4824건 중 53.9%가 기본영역에서 형이 정해지고 감경영역 안에서 형이 정해진 건이 41.8%, 가중영역 안에서 형이 정해진 건이 4.3%로 감경영역에서 정해진 건이 가중영역에서 선고된 건보다 10배 정도 많다는 거죠. 이게 판사들이 10배 이상 피고인들만 생각한다 이게 아니고 피해자들의 절차적 참여권 자체가 기울어져 있는데 당연한 결과일 수밖에 없는 거죠. 그러면 거기다가 아까 우리 열람등사권, 얼마나 중요해요.

김진주 심지어 열람등사 한다는 건 진짜 열성적인 피해자분들이거든요.

오지원 김진주 님은 기록을 열람등사 할 권리가 있다는 건 알았어요?

김진주 아니요, 처음에는 몰랐어요. 7분의 사각 지대가 있다고 하길래 그다음 날 전화를 해가지고 제가 이거에 대해서 알고 싶은데 어떻게 해야 돼요? 이러니까 열람 기록을 복사실에 가서 신청을 하래요. 그래서 신청을 했는데 안 되더라고요. 피해자가 느끼는 감정을 쉽게 얘기하면 공무원들의 태도가 '알고 싶어? 궁금해? 그러면 재판 오던가.' 딱 이거예요.

오지원 공기록열람등사 신청을 했는데 거부를 하면서는 뭐라고 통지를 해줬어요?

김진주 판사님이 지금 공소장밖에 드릴 수 없다고 하더라고요.

오지원 그게 형사소송법 294조의 4에서는 피해자 등의 기록열람등사라는 조항이 있어요. 피해자 변호사나 피해자

측의 친족 등 신청할 수 있는 사람은 많아요. 그런데 막상 신청했을 때 열람등사 허가 여부와 범위가 모두 재판장의 재량인 거예요.

김진주 맞아요. 어찌나 판사님한테 권한을 많이 주시는지.

오지원 안타깝게도 공소장조차 피해자에게는 열람등사 허가를 안 해주는 재판부도 생각보다 꽤 있어요. 그래서 피해자로서는 검사가 기소를 제대로 했는지 내용도 모른 채, 피고인이 어떻게 재판을 받게 될지도 알지 못하는 경우들이 생기게 되는 거고요. 그 이유는 뭐냐, 검사가 증거기록을 다 가지고 있는데 검사가 알아서 피해자를 충실히 대리하면 되는데 왜 피해자한테까지 그 내용을 알려줘야 하냐는 거죠. 하지만 피해자는 경찰이나 검찰이 즉 수사 과정에서도 본인이 제출한 자료 이외 증거에 해당하는 자료들을 보여준 적이 없는데 법원에 가서는 또 이러니까. 그리고 피해자 너는 말을 바꿀 수 있기 때문에 안 돼. 이렇게 진술 오염 우려를 들어서 열람등사를 대부분 불허하니 피해자들은 어떤 기관도 자신은 챙기지 않는다는 불만이 생길 수밖에요.

김진주 사실 그럴 것 같아요. 자기가 진행하는 사건이면 얼마나 번거롭겠어요. 그 심리도 이해는 돼요.

오지원 그런데 피해자들이 특히 이해가 안 간다고 하는 부분이, 피고인의 경우에는 방어권을 위해서 개인정보 빼고는 법적으로나 현실적으로 거의 모든 기록에 대해 열람등사권이 보장되거든요.

김진주 맞아요.

오지원 검찰이 제출한 증거기록과 공판기록은 피고인 쪽은 다 본단 말이에요. 제가 피고인 쪽 대리와 피해자 쪽 대리를 하다 보면 이 기록열람등사에서 100% 달라지는데 변호인 입장에서 피고인 대리가 훨씬 편해요. 왜냐하면 기록을 보고 하나하나 반박할 수 있거든요.

김진주 제가 오죽하면 일부 기록은 가해자의 여자 친구한테서 받았잖아요.

오지원 왜냐하면 가해자 여자 친구는 피고인 쪽이니까 볼 수 있었던 거죠. 그러니 나는 피해자를 대리하면 답답해 죽겠는 거야. 알 수 있는 게 없어요. 피해자 측에서 신청하면 열람등사가 거의 불허되고 볼 수 있는 자료가 많지 않아요. 분명히 피고인이 말하는 게 거짓말이고 내가 이 목록과 증거를 보면 반박할 수 있을 것 같은데.

김진주 분명히 따질 수 있었겠죠.

오지원 정말 답답한 게 피해자나 피해자 대리인에게 기록열람등사를 해 줬으면 피고인 변호인이 안 맞는 주장을 할 때 충분히 증거대고 반박할 수 있는 사항도 반박을 못 할 때가 있거든요. 자료를 못 본 상태에서 함부로 주장했다가 오히려 진술 신빙성이 떨어져버릴 수가 있으니까 엄청 조심스러워요. 그런데 공판 검사들이 너무 바빠서 기록도 제대로 파악이 안 되고 피해자랑 소통을 못 하는 경우가 많고 그러다 보니 법정에서 피고인 측 변호인이 뭘 주장하는데 공판검사가 제 역할을 다 못 할 때가 꽤 있는 거죠. 그래서 법정에서 피해자들이 방청을 한 사건의 경우에는 배신감 같은 것을 느낄 때가 많아요.

김진주 그러니까 이제 아, 검사는 가해자의 편도 아니지만 피해자의 편도 아니구나 하게 되는 거죠.

오지원 거기다가 성폭력 사건은 검사가 성적 편견을 가지고 있는 경우 게임이 끝나버려요. 왜냐하면 반박을 못 하거든. 본인이 오히려 고개 끄덕이며 피고인 변호인 주장에 동조하는 검사도 가끔 있어요. 피해자가 꽃뱀일 수 있어,

막 이렇게 검사가 스스로 그런 편견을 가지고 있는 경우도 배제를 할 수가 없고 검사가 사건 파악이 안 되는 경우도 많고. 이러니까 피고인이 방어를 하는데 검사가 제대로 역할을 못 해서 무죄가 나거나 양형이 낮아지는 거는 비일비재한 거예요.

김진주 저는 배신감이 가장 클 수밖에 없었던 게, 결국은 재범을 엄청나게 많이 저지른 사람이었잖아요. 그러면 이 정도로까지 사람을 내버려둔 건 국가가 방치한 거잖아요. 국가가 방치를 해서 내가 이 피해를 입은 건데 이렇게까지 내가, 내 피해가 형사절차에서도 소홀히 대해져야 한다고? 너무 화가 나는 거예요. 국가가 방치해놓고는 이 모든 피해는 다 내가 떠안으라고? 그 배신감은 진짜 이루 말할 수가 없어요. 진짜 매일매일 화가 나고 매일매일 눈물이 나고.

오지원 범죄피해자보호법의 목표가 뭐라고 되어 있는지 아세요? 범죄피해자의 복리 증진이야. 복리 증진. 그런데 실제 형사사건에서는 복리를 오히려 저감시킬 때가 많죠.

김진주 그럼요. 아니, 이거 연구하는 사람이 있기는 해요? 존재는 해요?

오지원 연구결과는 적지 않은데 거의 모든 법조인이 피고인 인권 위주로만 교육을 받았죠. 그래서 피고인의 인권은 너무 익숙하고 그 절차는 아주 체계가 잡혀 있는데 피해자의 권리는 낯설고 잘 모르는 게 현실이에요. 이러다 보니 실제 변화는 아주 더디죠. 범죄피해자보호법 같은 경우는 형사소송법만큼 검사, 판사들이 몰라요. 이 법에 교육 훈련 조항이 있잖아요. 그러면 범죄피해자에 대해서 법원 판사들도 교육을 받아야 되잖아요. 그런데 판사들 머릿속에서 이미 피해자는 진술 오염이 되면 안 되는 사람, 위증을 할 수 있는 사람이라는 걱정이 너무 오랜 기간 동안 박혀 있는 거예요. 대부분의 법조인들이 법대를 들어가서 로스쿨이든 사법시험이든 법조인이 돼서 활동할 때 피고인 인권 중심의 교육 외에는 받은 게 없으니 피해자한테 절차적 권리가 있다는 사실 자체를 인식해본 적이 없는 사람들이 많기 때문에 피해자의 권리와 진술오염을 막아야 하는 측면이 조화롭게 달성되어야 하고 그에 대한 교육 훈련을 하지 않으면 이거는 기존 관행대로만 움직이고 결코 해결될 수 없는 문제예요. 결국 피해자를 증인으로서 위증할 수 있는 사람이라는 관점으로만 바라보니까 열람등사권이라는 게 보장되기도 어렵고 피해자 진술권이라는 것도 사실상 아무리 규정을 해놔도 형해화가 되는 거예요. 근본적으로는.

김진주 이래서 일반인들이 하는 말 있잖아요. AI가 하는 게 낫겠다고. 판사도 사람이 하는 일인데 이렇게까지 직업 윤리가 없다고? 아니, 이렇게까지 인간답지 못하다고?

오지원 그런 마음이 들 수 있죠.

김진주 네, 피해자들에 대한 공감 정서가 배제된 사회 같아요. 심지어 직업 윤리도 없으니까요. 아니, 이 사람들 도대체 누구를 위해서 일해?

오지원 그런데 사실은 사법 체계가 시대의 변화, 권리의식의 변화를 못 쫓아와서 이런 건데 일반 국민들은 판사 개인을 이상한 사람이라고 비난하고 끝나는 경우가 많죠.

김진주 그래도 요새는 피해자들이 법정에 가려고 하는 경우가 꽤 많아졌어요.

오지원 많아져야 돼요, 무조건 많아져야 돼요. 그래야 '피해자는 말할 수 있어야 하고, 그게 보장되어야 한다' 는 헌법상의 진술권도 현실화가 되는 거에요. 그래야 범죄도 줄어드는 거고요. 너무너무 중요한 사항이에요. 그런데 여전히 피해자들이 진술을 할 수 있는 그런 제반 조건들이 충분하게 마련되어 있지 않은 거가 문제이니….

김진주 님은 지금 국가 배상과 관련해서는 어떤 뭔가 기대나 계획을 가지고 계시는 거예요? 어떤 경위로 하게 되시는 거죠?

김진주 사실 저는 어떤 피해보상보다 지금 결국 수사과정에서 부실했던 점을 따지고 싶어요. 피해자의 흔한 증상 중 해리성 기억상실 장애가 나타났을 때 제대로 밝히는 매뉴얼 자체가 아예 없다는 생각을 했었거든요. 피해자를 대하는 수사 매뉴얼부터 만들어져야 되는데 그게 저 혼자 이렇게 주장한다고 되는 게 아니다 보니까 국가 배상으로 너희가 이렇게 잘못하면 배상을 청구도 할 수 있으니 준비를 하라는 메시지를 주고 싶은 거죠.

오지원 제도를 바꾸는 데 국가배상청구소송이 기여할 수 있다고 보시는 거죠? 그거는 꽤 정확한 판단이에요. 물론 승소를 하면 좋겠지만 실제 오원춘 사건에서 경찰 신고를 했는데 피해자가 있는 장소를 헤매는 바람에 살인까지 당해버린 사건에서도 그랬고, 이태원 살인 사건 같은 경우도 검사가 수사를 잘못한 것에 대해서 국가배상책임이 인정되었는데 이런 식의 문제제기가 있으면 경찰이든 검찰이든 조직 내에서는 경각심이 생겨서 바꾸려는 노력을 하는 것 같아요.

김진주 국가적인 손실이니까요.

오지원 네, 특히 국가배상청구라든지 이런 게 언론에서 문제가 되면 상급자들이 신경 쓰게 되거든요. 김진주 님이 제기하는 국가배상청구소송도 저는 분명히 기여하는 지점이 승패와 상관없이 있을 거라고 생각이 들어요.

김진주 저의 경우 정말 억울한 게 이미 그 1심이 끝나고 나서 봤는데 누가 봐도 성범죄인 거예요. 누가 봐도 성범죄인데 2심이 시작할 때까지 아무것도 할 수 없다가 2심이 끝나고 나니까 3심은 법률심이라서 이거로 끝난대요. 3심제를 거쳐야 하는데 나는 성범죄로 재판받은 게 처음인데. 정말 화가 치밀어 올랐어요.

그런데 재판 과정에서 피해자 기억력 대회도 아니고 좀 심하게 질문하고 이런 경우들이 많지 않아요?

오지원 종종 있죠. 특히 성폭력 사건에서 문제가 많이 되었죠. 다른 범죄피해자들도 수사 과정에서 진술조서 같은 것들을 열람등사 허가를 안 해주니까 확인할 수가 없잖아요. 그래서 몇 달, 심지어 1년 전에 말한 내용을 사실

판검사들도 본인들에게 해보라 그러면 기억 못 할 거면서, 진술조서도 보지 말고 옛날에 진술한 거 다 기억해서 말하라고 하고. 피고인을 처벌하기 위해 피해자에게 많은 질문을 할 수는 있고 엄정한 건 좋은데 지나치게 피해자를 의심하고 1센티였나, 2센티였냐, 가해자가 네 몸 위에 올라왔다 내려갔냐, 내려갔다 올라왔냐 등등 본인들도 기억 못 할 정도의 세밀한 사항을 묻고 또 묻고 기억력 대회처럼 되어버리는 상황은 정말 아니죠.

김진주 가해자 재판인데 마치 피해자 재판인 것처럼.

오지원 맞아요. 열람등사의 문제는 사실은 되게 예민하고 중요한 문제죠. 수사가 어떻게 됐는지 피해자는 끝까지 모른다는 얘기예요. 법정에서 진술권이 있다면 내 사건에 어떤 증거들이 제출되었고 내 진술이 어떻게 기록되었는지 알아야 설명을 하든 해명을 하든 하는 건데. 이러니 피해자들이 국가는 누구를 위해서 수사하는 거냐고 묻고 싶어지는 거죠. 피고인한테는 방어권을 위해서 증거기록을 다 보여주는데 피해자는 국가에 협조하라고 증인으로 불러놓고 아무 자료도 못 보게 하고, 기억에만 의존하라고 하면서 아주 세세한 것까지 물어보고 잘못 말했다고 거짓말 한다고 공격을 할 때도 있으니….

김진주 진짜 다행인 것 같아요. 기억을 잃어버린 게. 기억까지 했었으면 진짜 죽고 싶었을 거 같아요. 계속 이렇게 심문당했을 거 아니에요.

오지원 맞아요. 의심과의 싸움이죠.

김진주 물론 성범죄는 빨리 밝혔겠지만.

오지원 물론 형사절차라는 게 피해자도 의심을 받고 피고인도 의심할 수밖에 없는 절차이긴 하죠. 국가가 한 사람을 처벌하기 위해서 그렇게 할 수밖에 없는 측면은 있는데 피고인들이 인정받는 권리에 비해서 피해자들이 인정받는 권리가 너무 적은 거죠.

김진주 너무 박해요. 이건 균형이 너무 안 맞아요. 너무 안 맞아.

제3장

피해자와
피해자가
만나다

제2의 부산 돌려차기 사건

연대자 D님은 항상 잔소리를 해주셨다. 재판이 끝나기도 전에 남을 돕겠다는 나를 말렸다. 본인 먼저 챙기라며. 그래서 꾹 참았다. 이제 3심이 끝났으니 진짜 피해자를 또울 때이다. 피해자를 도우려면 다양한 피해자를 만나야 한다. 겨우 데이터는 나 한 명이었기에 제도를 고치려면 진짜 많은 피해자가 불편을 호소하고 있는지를 알아야 했다. 한 번도 강력범죄피해자를 찾아 나선 적이 없었지만 어째서인지 스스로 다 나를 찾아왔다. 이유도 너무 다양했다. 어찌해야 할지 모르겠다는 피해자부터 그저 이야기를 나누고 싶어 하는 피해자들도 있었다. 나에게 바라는 것은 그저 함께하는 것일 뿐이라고 했다. 거의 모든 피해자분이 조용히 날 응원하고 있다가 "저는 사실 이러이러한 범죄피해자"라고 이실직고했다. 내가 범죄피해자인 걸 알기에 이들은 나를 되려 배려하고 있었다. 나는 정말 괜찮은데도 매번 미안해했다.

내가 처음 만난 범죄피해자는 '초량동 노래방 여주인 상해 사건'의 딸이었다. 〈부산일보〉와 인터뷰를 하고 있는데 기자가 "그 피해자 따님분을 만나러 간다"고 했다. 피해자의 딸이 매체에 인터뷰를 한 걸 보니 예전의 내가 생각날 정도였다. 괜찮다고 하면 내 번호도 넘겨주시라고 했다.
초량동 노래방 여주인 상해 사건은 정말 심각했다. 부산 돌려차기 사건보다 더 이상동기 범죄와 가까운 사건이라고 생각했다. 피해자는 초량동에서 노래주점을 하고 있었다. 말만 노래주점일 뿐이지 그저 술을 유통할 수 있는 노래방에 불과했다. 하지만 이미 그 사실만으로도 댓글로 2차 가해를 받고 있었다.

그 노래방엔 CCTV가 없었다. 주변 CCTV도 확보하기 어려웠다. 쉽지 않겠다고 생각했다. 내가 들어도 정말 동기를 알 수 없었다. 가해자는 그 사건 당일 단체 손님으로 왔던 사람 중 한 명이었다. 피해자는 손님들이 다 나가고 나서 집에 가려고 청소하던 중이었다. 화장실에 가서 청소하고 있는데 대뜸 아까 왔던 손님이 와서 때리기 시작했다고 한다. 왜 그러시냐는 질문에도 대답하지 않고 계속 얼굴을 구타해서 피해자는 혼절했다. 어찌나 때렸는지 갈비뼈도 부러지고 화장실 바닥은 피범벅이었다. 정신을 차려보니 가해자가 세숫대에서 피 묻은 손을 씻고 있었다고 했다.

전형적인 사이코패스였다. 살아야겠다는 일념 하나로 피해자는 가해자의 다리 사이로 기어나와 스스로 112에 신고를 했다. 아직도 이게 왜 살인미수가 되지 못한 건지 이해가 안 된다. 피해자가 스스로 112에 신고해서였을까.

제2의 부산 돌려차기 사건이라고 불린 이 사건은 너무 유사한 점이 많았다. 이 사건을 미리 접했던 피해자의 딸은 하혈을 하는 어머니에게 성범죄 조사를 해달라고 경찰에 얘기했다고 한다. 정말 똑똑한 딸이었다. 그런 딸에게 경찰은 지금 담당자가 퇴근했다며 따로 다시 성범죄를 신고하라는 회신만 했다. 다행히(?) 성범죄와 관련된 DNA는 나오지 않았다. 하지만 여전히 동기는 무엇인지 알 수가 없었다.

이 모든 설명을 듣고서 피해자인 어머니를 보러 갔다. 피해자는 나를 너무 무서워했다. 아니 모든 사람을 두려워하고 있었다. 얼마나 무섭겠는가. 아무 이유도 없이 그렇게 구타당한다는 게. 병문안 온 가족들을 반가워하면서도 1층에 돌아다니는 다른 사람들의 소리에 화들짝 놀라며 무서워했다. 정말 사건 초기의 나 같았다. 그렇게 다치고도 피해자는 오히려 나를 걱정했다. 늙은 자신은 그렇다 치고 젊은 시절에 이런 일을 겪은 나를 걱정하셨다. 나는 말도 안 되는 소리라고 했다. 범죄피해에 나이가 뭐가 중요하냐며 본인만 생각하시라고 했다.

열심히 언론에 제보했지만 나보다 더 심각한 병세를 겪고 있는데도 공론화가 되지 못했다. 그때 처음으로 '부산 돌려차기 사건'이 주는 시사점에 대해서 생각했던 것 같다. 첫째, 집을 귀가하다가 당한 일. 누구나 집으로 돌아간다.

심지어 새벽 5시가 가까웠기에 누군가는 출근하는 시간대였다. 둘째, 사법 체계에 만연했던 반성이란 감경요소. 셋째, 전과 18범이라는 가해자의 다수 전과. 넷째는 범죄행태가 그대로 보인 적나라한 CCTV였다. 여태껏 열심히 하면 될 줄 알았더니 열심히 해도 안 되는 게 공론화라니 참 씁쓸했다.

피해자는 병원에 입원해 있는 것보다 퇴원해서 일상으로 돌아가야 빨리 회복될 거란 생각을 했다. 너무 좋은 가족들도 있고 집에 홀로 남아 있는 고양이도 돌보다 보면 저런 범죄자 말고도 괜찮은 세상이 많다는 걸 다시 깨닫는 날이 올 거라고. '초량동 노래방 여주인 상해 사건'의 첫 공판을 피해자 따님과 함께 보러 갔다. 손을 엄청나게 떨고 계셨다. 앞 차례들이 서서히 지나가고 가해자가 들어왔다. 어찌나 구치소에서 잘 있는 건지 이 가해자 역시 얼굴에선 기름기가 좔좔 흘렀다. 도대체 무슨 개소리를 하려나 목이 빠지게 기다렸다. 역시나 헛소리들로 가득했다. 16만 원이 주머니에 있었는데 없어져서 따지러 노래방 주인을 찾으러 갔다고 했다. 범죄자들은 진짜 갖다 대는 변명들이 다 허접하다. 16만 원을 따지러 갔으면 "왜 그러냐"는 피해자의 말에 대답이라도 했겠지. 16만 원을 찾으려고 혈안인 사람이 돈은 찾지도 않고 사람을 팬다는 건지. 말이냐 방구냐. 피해자는 당일 온몸이 시커먼 멍으로 뒤덮였다. 코가 무너져내려 성형을 해야 했고 얼굴과 가슴 골절, 콩팥이 손상되어 두 달가량을 입원했다. 신경외과, 이비인후과, 흉부외과, 정신의학과 등 총 네 군데의 진료를 받아야 했다. PTSD도 상당했다.

이상동기 범죄가 회복이 더딘 이유는 바로 이유를 알 수 없기 때문이다. 피해자는 맞은 이유를 모르기에 모든 것이 범죄로 이어질지도 모르다는 생각에 사로잡힌다. 그래서 정말 많은 시간을 회복에 써야 한다. 시간이 약이라지만 이 피해자는 얼마나 많은 시간을 들여야 회복할 수 있을지 가늠이 안 될 정도였다. 그래, 공론화는 이러려고 한 거였잖아. 아는 기자들에게 제보를 했다. 그런데 제보를 해도 뉴스화되기까지가 너무 어려웠다. 그래서 〈피해자를구하자〉라는 유튜브 채널을 개설했다. 피구 모양의 공을 로고로 만들었다.

처음 채널을 만들었을 땐 뭐든 할 수 있을 거란 생각에 설렜다. 그런데 사건을 다루는 것이다 보니 사실확인은 물론이고 증거가 별로 없는 사건들은 일러스트도 만들어야 했다. 혼자서는 전혀 할 수 없음에도 불구하고 피해자의 이야기를 전하려면 어쩔 수 없이 해내야 했다. 그래서 0부터 시작했던 인스타처럼 속도가 빠르진 않더라도 천천히 해보자는 마음으로 영상을 만들었다. 자료조사를 하다 보니 이 가해자는 여느 가해자들과 마찬가지로 착한 사람으로 보이려고 애쓰고 있었다. 그날도 봉사활동을 하는 모임의 회식 날이었던 것이다. 그 모임의 밴드에 들어가서 작성한 글들을 보니 왠지 미심쩍은 부분은 있었다. '동물사회에서 수컷은 비장하거나 비참하다', '흥부가 변태란 사실에 충격' 등 남사스러운 글들이 많았는데 혹여나 그런 쪽은 아니겠지. 가해자만 그 사건을 품은 채 끝났다.

1심의 선고 형량은 고작 3년이었다. 상해에서 겨우 중상해로 바뀌었지만 살인미수는 인정되지 않았다. 사람을 저렇게 죽일 듯이 패도 살인미수가 될 수가 없다니 너무 허무했다. 너무나도 냉정한 법이란 게 가끔 정말 이해가 되질 않았다. 여전히 반성하지 않는 가해자는 항소했고 2심이 진행 중이다. 이 사건처럼 여전히 수많은 부산 돌려차기 사건이 나오고 있다. 조금 아쉬운 점은 각 사건만의 고유한 특징이 있는데 돌려차기 후속편처럼 보여서 빛을 발하지 못하는 거였다. 돌려차기 사건의 피해자는 나 하나로 충분하다.

피해자 연대

피해자를 돕는 일에 있어서 성급하면 안 된다는 게 내 철칙이다. 아직은 협회나 단체에 대한 일들에 대해서 많이 미루고 있다. 재정적 지원은 당연히 안 되겠지만 심리적으로라도 지원을 제대로 하지 못할 거면 안 하는 게 맞는다고 생각한다. 사람이란 게 많이 있다 보면 무조건 갈등이 일어나고 그러다 보면 안 그래도 연약한 범죄피해자의 상태는 더 심각해지니까. 그래서 웬만하면 개인적으로나 소규모로만 만났다. 그중에서도 가장 많은 인원이 있는 그룹은 '용감한 방'이다. 인천 스토킹 살인 사건의 유가족이 바리깡 사건의 피해자 가족과 나를 연결해주었고, 인천 강화도 유기 사건의 피해자와 함께 모였다. 우리는 함께 있는 그 순간만큼은 그 누구보다 평범했다. 해맑게 웃고 경치를 보기도 했다. 이렇게 재밌을 거라고 생각을 못 했는데 인천 강화도 유기 사건 피해자의 딸은 이렇게 얘기했다.

"제가 이렇게 웃어도 되는지 몰랐어요."

너무 씁쓸했다. 얼마나 많은 시선이 자신을 여태껏 옥죄였을까. 모두 마찬가지였다. 진심으로 웃고 있지만 그 웃음의 의미를 안다. 우리 모두가 저마다 놓여진 상황을 알기에 울면서도 웃을 수 있었다. 벌거벗겨진 상황에도 웃을 수 있었다. 동서남북으로 찢어져 있던 장거리 연대는 오히려 우리의 관계를 더 끈끈하게 만들어주었다. 이 모임의 특이한 점은 피해자들의 가족이라는 것이다. 그래서인지 피해를 입은 상황에서 어떤 게 불편한지 어떻게 해결해나가야 하는지를 더 잘 아는 사람들이었다.

이 중에서도 제일 마음이 쓰이는 건 아무래도 인천 강화도 유기 사건의 피해자 딸이었다. 몇 달째 의식이 없는 어머니를 24시간 간병했다. 다 큰 성인을 24시간 간병하는 건 쉽지 않다. 움직이지 않는 성인을 24시간 간병하는 건 더더욱 쉽지 않다. 욕창이 생길 수도 있기 때문에 두 시간마다 자세를 바꿔줘야 해서 간병하는 사람은 스스로를 내려놓아야 한다. "그래도 엄마 곁에 있을 수 있어서 좋다"고 얘기하는 딸을 보면 참 가해자가 증오스러웠다. 인천 강화도 유기 사건은 새아버지가 남긴 문자로부터 시작됐다. 엄마가 화장실 바닥에 널브러져 있는 사진을 남기곤 구조 조치를 하지 않은 채 새아버지는 그 현장을 떠났다. 서울에 있던 딸들은 인천 강화도까지 가는 데 두 시간이나 걸리기에 112에 먼저 신고를 했다. 딸들은 어머니가 피를 흘리고 쓰러져 있었다는 사실을 경찰을 통해서야 듣게 됐다. 생사를 오가던 엄마는 응급으로 수술을 해야 했고 그때까지도 새아버지는 연락이 되질 않았다. 수술이 끝나고 엄마의 약을 챙기러 집에 갔더니 현장은 피범벅이었다. 딸들은 엄마의 피를 수차례 찍고 간직해야 했다. 진짜 마른하늘에 날벼락이 이런 이야기였을 거다.

내가 피해자 따님분을 처음 만났을 때는 이미 여러 가지 안 좋은 상황들이 겹겹이 쌓여 있었다. 다시 집에 가보니 가해자가 집을 싹 다 치워놓았고, 경찰은 관련된 조사를 하질 않았다. 경찰이 찍어둔 현장 사진은 3장뿐이었다. 피해자 가족들이 찍어놓은 사진이 더 많았다. 포렌식 검사를 맡기기 전, 피해자 딸이 모서리에 피가 있는 걸 유념해달라고 했는데 경찰이 포렌식 검사를 하기 전에 닦아버려서 혈흔 반응은 나오지도 않았다. 나보다도 더 꼼꼼히 자료를 정리한 딸을 보며 진짜 대단하다 싶었다. 하지만 공론화는 쉽지 않았다. 사별하고 만난 새아버지임에도 재혼가정이라는 2차 가해가 연이어졌다. 피해자를 유기하고 테니스를 치러 간 얘기 때문에 '가정폭력'이나 '유기'보다는 테니스남으로 더 알려졌다. 경찰의 뒤늦은 대응에 증거는 이미 다 사라졌고 현재는 유기로만 송치가 되어 있다. 이마저도 "가해자가 죗값을 받지 않아도 되니 엄마만 다시 돌아오면 좋겠다"는 피해자 가족의 울부짖음에 나조차도 울컥했다. 그래서

〈실화탐사대〉 강현욱 피디님에게 연락을 했다. 검토해보더니 다뤄보시겠다며 답변이 왔다. 그렇게 〈실화탐사대〉 취재를 하는 와중에도 피해자의 상태는 오르락내리락했다. 심지어 너무나도 방대한 자료에 피해자의 따님분은 허덕이고 있었다. 간병하면서 그 많은 통화녹음을 전달하려니 정신이 없어 보였다. 그렇게 거의 한 달간을 준비한 〈실화탐사대〉의 에피소드가 방영됐다. 거기서 그 '강화도 책상남'의 명장면이 나왔다. 여느 가해자처럼 이 가해자도 허울 좋은 주민자치위원장을 맡고 있었는데, 주민자치위원회 회의 날 피디님이 찾아갔더니 가해자를 볼 수가 없었다더라. 회의장엔 명패까지 있었는데 말이다. 전부 다 나간 회의장을 둘러보고 있는 순간 어디선가 부스럭대는 소리가 들렸다. 그 소리를 쫓아가니 책상 밑에 숨어 있는 위원장을 찾았다. 누가 봐도 죄지은 사람이었다. 저럴 거면 마을 사람들한테 당당한 척이라도 하지 말지. 이 끝이 어디로 향할지 모르지만 국가가 이 사건의 피해자와 피해자 가족들을 더 이상 아프게 하지 않았으면 좋겠다.

강현욱 피디님이 다룬 또 하나의 사건이 바로 '바리깡 사건'이었다. 남자친구라는 사람이 여자친구를 4일 내내 가두고는 폭언과 폭행을 했다. 무릎을 꿇게 한 뒤 침을 뱉거나 얼굴에 소변까지 눠가며 피해자의 긴 머리를 바리깡으로 밀어댔다. 너무나도 엽기적인 사건이었다. 아마 내가 만난 범죄자들 중 가장 사이코패스에 가까운 자가 아닐까 싶었다. 불행 중 다행으로 피해자는 가해자가 자는 틈새에 부모님께 문자를 보내는 바람에 미수에 그칠 수 있었다. 수사 시점부터 공론화가 되어서 그런지 굉장히 빠른 시간 내로 재판이 이어졌다. 그래서 잘 풀릴 줄 알았지만 속사정은 그렇지 않았다. 믿고 있던 남자친구에게 그런 일을 당한 것에 대한 트라우마는 상당했다. 이제 갓 20살이 된 아이가 사람 한번 잘못 만나 너무 아픈 시간을 보내야만 했다. 피해자의 가족들은 매분 매초가 불안에 떠는 딸을 보호하느라 시간을 보내야 했다. 괜찮아질 법하면 또 금세 불안해지고, 복용하는 약은 열 개를 넘길 정도로 심각한 상황이었다. 아무런 의식이 없는 성인도 그렇지만 자제하기 힘든 성인 또한 간호하기는 여간 어려운 일이 아니다. 가족이 모두 함께 지쳐가고 있었다. 공론화가 되었다고 한들 빠르게 대중들의 관심은 식어가고 긴 재판과정에 점점 시들어갔다. 심지어 가해자는 거의 모든 범행을 부인하고 있었던 지라 거의 모든 부분을 인정하는 '인천 스토킹 살인 사건'과는 다르게 많은 시간을 기다려야 한다. 가해자는 재력도 있다고 하던데 좀 진심으로 사과하고 피해를 구제하려고 애쓰는 게 그렇게 어려울까. 여전히 자신은 잘못하지 않았다며 우겨대는 모습이 참 역겹다.

그렇게 '인천 스토킹 살인 사건', '바리깡 폭행 사건', '인천 강화도 유기 사건', '부산 돌려차기 사건'의 피해자들은 함께 인터뷰를 다니는 일이 종종 있게 되었다. 그때마다 열심히 피해자로서 고쳐야 할 점에 관해서 얘기했다. 특히 기억에 남았던 건 〈한국일보〉 원다라 기자님과의 인터뷰였다. 부산 돌려차기 사건 때도 기사를 실어주신 적이 있지만 오프라인으로는 한 번도 만나질 못했었는데 인천 스토킹 살인 사건 공판에서 처음으로 보게 되었다. 참 피해자에게 진심인 기자 중 한 분이었다. 원다라 기자님은 범죄피해자들이 모여서 하는 얘기들을 많이 궁금해했다. 우리는 또 다른 범죄피해자들이 이런 불합리한 일을 당하지 않았으면 하는 바람이 크다고 얘기했다. 그랬더니 원다라 기자님은 다른 범죄피해자들을 위해서 선배인 범죄피해자들이 후배들에게 편지를 한번 써보면 어떻겠냐고 제안했다. 그렇게 범죄피해자들이 적은 〈범죄피해 매뉴얼〉의 첫 초안이 나온 것이다. 각자 다른 편지지에 써온 그 편지지들은 진심 어린 마음들로 가득했다. 특히 시기성이 가장 중요한 CCTV 영상을 가장 먼저 확보하라는 말은 다 동일했던 것 같다. 원다라 기자님은 범죄피해 전담 경찰관인 모 경사님도 초대해주셨다.

그 경사님을 보며 피해자를 도우려던 나의 모습에 한없이 부족함을 느꼈다. 똑같은 조언을 해줬지만 경사님의 말에는 피해자분들이 더 귀 기울이는 것 같았다. 물론 직업으로 삼는 사람과는 비교하면 안 되는 일이지만 말이다. 특히 우리 모임 사람들은 2차 가해로 인한 고통을 많이 받았는데 경사님은 이렇게 설명해주었다. 2차 가해를 하는 사람들은 자신은 이런 일을 당하지 않을 거라는 확신을 가지려고 2차 가해를 하는 거라고. 그때 나는 무릎을 탁 쳤다. 결국은 2차 가해가 스스로는 이런 범죄에 당하지 않을 거라고 안심하고 싶어서였다니. 차원이 다른 접근법이었다. 곧 열등감에서 벗어나 경사님 같은 사람이 되어야겠다며 우상의 대상으로 삼기로 했다. 경사님 말고도 피해자들이 서로 조언해주는 모습들을 보며 뭉클했다. 인터뷰를 마치고 부산으로 내려오는 KTX에서 서럽게 계속 눈물이 흘렀다. 도대체 이 눈물은 무슨 의미일까. 한참을 울다가 번뜩 생각이 든 건 '부러움'이었다. 나도 1년 동안 고생할 때 이런 사람들이 있었으면 참 좋았을 텐데. 범죄피해구제에 대해 이렇게 적극적으로 알아보는 조력자들이 있었다면 도움이 많이 됐을 텐데. 그러면서 난 도대체 피해자를 돕는 일은 왜 하고 있는 걸까에 대한 생각까지 이어지게 되었다. 오랜 시간 끝에 내린 답은 '외로움'이었다. 1년의 그 세월이 너무 외로웠던 지라 남들은 이 외로움을 겪게 하고 싶지 않아서. 하지만 그 과정은 나 스스로를 치유하는 길이기도 했다. '네가 1년 동안 많이 외로워하며 겪었던 일 덕분에 많은 피해자를 대신해서 얘기할 수 있는 위치에 서게 됐다'고. 고맙다고. 범죄피해자를 돕는 일이기도 하지만 나조차도 돕는 일이었던 것이다. 그렇게 또 다른 답을 찾았다.

거절을 참지 못하는 사회

많은 범죄피해자가 내게 메시지나 메일을 주지만 그중에서도 가장 많이 찾아오시는 분들은 스토킹 범죄피해자들이다. 두 번째로 만나게 된 피해자는 한참 나의 행보를 인스타로 응원하다가 자신도 범죄피해자라고 밝혔다. 부산에서의 사건이었는데 난 한 번도 들은 적이 없었다. 기사가 났었는데도 다 내려달라고 가족들이 언론사에 얘기했다고 한다.

사건은 매우 심각했다. 헤어진 남자친구가 스토킹으로 잠정조치를 받고도 피해자 주변으로 와서 신고를 했는데 그날 그 자리에서 사건이 일어났다. 경찰들의 미흡한 조치 때문이었다. 다시는 피해자에게 가지 않겠다는 가해자의 말을 믿고는 쉽게 석방시켜줬다. 그렇게 경찰이 놓아준 가해자는 미리 다이소에서 사서 숨겨둔 몽키스패너와 칼을 가지고 피해자의 직장으로 향했다. 다음은 어떻겠는가. 몽키스패너로 피해자의 머리를 가격한 뒤 쓰러진 피해자를 수차례 칼로 찔렀다. 눈이 완전히 돌아서 남자 네 명이 겨우 말릴 정도였다. 그사이 피해자는 가해자에게 찔려 간, 폐, 갈비뼈 등 숨을 쉬는 데 중요한 기관들이 손상되어 혼수상태에 이르렀다. 사람의 장기까지 닿으려면 피부, 지방, 근육, 복막을 거쳐야만 찌를 수 있다. 흉기에 찔린 간은 회복할 수 없을 정도였다고 했다. 진짜 살아남은 게 용할 정도였다.

하지만 이 피해자는 정말 기적적으로 살아났다. '기저귀' 2호점이었다. 집중치료실에서 며칠 동안 나오지 못할 정도로 상태가 위급했다. 생사를 넘나들 정도로 심각한 부상이었지만 가족들의 간절함 때문이었을까 기적적으로 집중치료실을 나오실 수 있었다. 나를 만나기까지 얼마나 많은 시간을 건너와야 했을까 눈물이 앞을 가렸다. 알고 보니 내 항소심 재판도 몇 번 왔다고 했다.

피해자를 만나던 첫날이 아직도 기억난다. 예전의 나도 남들이 다 있는 곳에서 얘기를 나누는 게 어려웠던 지라 파티룸을 대관했다. 친언니와 같이 갔다. 처음 만났지만 참 씩씩해 보이는 분이었다. 퇴원한 지 얼마 되지 않아

복대를 차고 겨우 얘기를 할 수 있는 정도였다. 사건을 겪고서 '작가 기저귀' 인스타그램을 처음부터 읽어봤는데 하나부터 열까지 다 공감됐다고 했다. 일찍 쓰길 잘했다는 생각이 들었다. 딱히 무얼 하지 않더라도 같은 경험을 하고 있다는 것만으로도 큰 힘이 된다고 했다. 정신없이 사건 얘기를 하다 보니 두 시간이 금방 흘렀다. 직접 목소리로 전해 들으니 몇 배로 고통스러웠다. 내가 마치 칼에 찔린 것 같았다. 기억이 없는 나도 이렇게 고통스러운데 기억을 고스란히 들고 있는 피해자는 얼마나 힘들까 상상이 되지도 않았다. 그러면서도 피해자는 친언니에게 "언니분은 괜찮으시냐"고 물었다. 자신의 가족들도 PTSD가 상당한지라 내 언니는 어떻게 지내는지도 궁금했던 것 같다. "불안한데 어쩌겠냐"는 친언니의 대답을 듣곤 아직도 무서움이 남아 있구나 싶어 미안했다.

모든 얘기를 끝나고 길거리를 걷는 와중에도 조금이라도 큰 소음이 들리면 피해자는 귀를 가로막았다. 전형적인 PTSD 증상이었다. 모든 소리가 예민해진다. 사건 초반의 내 모습을 보는 것 같았다. 나도 소음에 예민해졌던 지라 노이즈캔슬링 헤드셋을 이 사건 때문에 사게 됐다. 〈이상한 변호사 우영우〉가 내 얘기가 될 줄이야. 여전히 몰래카메라 같은 이 현실이 웃펐다. 그래서 피해자에게 노이즈캔슬링과 관련된 제품이라도 사보라고 추천해줬다. 이 피해자는 그 와중에도 다른 피해자를 챙기려고 했다. 너무 이 사회가 피해자에게 불합리하다며 빠른 시일 내로 고칠 방법이 없을까 하며 고민을 하고 있었다. 그제야 연대자 D님이 무슨 생각으로 나를 말렸는지 알 것 같았다. 수사 과정보다 재판 과정은 길고 험난하다. 매번 가해자의 말에 기분이 들쑥날쑥하고 피해자를 소외시키는 사법 체계에 분노가 차오를 것이다. 그래서 나도 똑같이 대답했다. 본인 사건 먼저 해결하고 나서 도우라고. 본인의 사건으로도 너무 힘들 것이기에 그 시간 동안은 남들을 도울 여력은 없을 테니까.

피해자는 가면 갈수록 PTSD가 심해지고 있었다. 가족들도 마찬가지였다. 피해를 당한 걸 숨기려고 하고 애써 괜찮은 척하다 보니 마음은 곪고 있었다. 피해 회복에는 많은 조력자가 필요하다. 하지만 이마저도 자신이 겪은 일이 가십거리가 되는 현실에 피해자는 스스로 고립을 선택했다. 그 마음은 백번 이해가 간다. 범죄피해를 입었다고 하면 모두 궁금해하니까. 언니와 같이 산다고 해서 그나마 다행이라고 생각했는데 언니마저도 감정전이가 일어나서 피해자보다 더 심각한 PTSD 증상들이 발현됐다.

감정전이는 오래전 드라마 〈괜찮아, 사랑이야〉에서

접했던 이야기였다. 경험을 같이 밀접하게 공유하다 보면 오히려 당사자보다 더 심하게 PTSD가 올 수 있다. 하지만 주변 사람들은 피해자의 PTSD는 그나마 수월하게 받아들이지만 피해자의 가족이 겪는 PTSD는 잘 이해하지 못한다. 이 피해자의 가족들을 보면서 '제3의 피해자'라는 용어를 만들어야겠다고 생각했다. 말 그대로 피해자만 피해를 입는 게 아니란 거다. 피해자의 가족, 지인 그리고 심지어 피해자를 치료하는 이들까지 피해를 볼 수 있다. 그렇기에 한 범죄의 피해는 피해자의 명수를 곧이곧대로 받아들이는 것조차 문제라는 생각이 들었다. 아직 우리 사회는 범죄피해에 대해서 너무 단면적으로 평가하고 있는 것 같다. 몇 달이 지나고서도 이 피해자는 공론화에 대해서 고민하고 있었다. 가족들이 너무 힘들어했고 자료마저도 마땅치 않았기 때문이다.

내가 이때부터 피해자들에게 제시하는 세 가지 선택안이 있다. 첫 번째는 사건을 잊고 다른 삶을 살아가는 법. 두 번째는 가해자가 저지른 범죄에 대한 합당한 처벌을 받게 하는 법. 세 번째는 가해자를 응징하는 법. 이 세 가지 중 잘 생각해보고 고르라고 했다. 첫 번째는 곧이곧대로 해석하면 된다. 시간이 흘러가는 대로 살면 그만이다. 두 번째는 탄원서 등 사법 체계에서 피해자가 할 수 있는 대응 방안들을 다하는 것이다. 세 번째는 공론화다. 그나마 피해자를 돕는 사람으로서 좋은 점은 나는 오로지 피해자들을 위한다는 거다. 어느 곳에도 속하지 않았기에 세 가지 중 무얼 선택해도 상관없다고 얘기했다. 피해자에게는 조금 더 고민해보라고 했다. 하지만 세 번째를 선택할 거면 빨리 움직여야 한다고 재촉하며 다음을 기약했다. 스토킹을 하는 자들이 너무 이해가 안 됐다. 잘나고 잘난 연예인들도 거절을 당하는데 본인이 거절당했다는 게 뭐 그리도 분에 차는 건지.

세월이 흐르면서 상처는 아물어가지만 정신은 그렇지 않을 때도 있다. 가면 갈수록 안색이 어두워지는 피해자를 보며 마음이 좋지 않았다. 이젠 외출도 잘 하지 않는다고 했다. 도대체 이렇게 아프게 만든 가해자는 어떻게 생겼을까 궁금해서 재판도 가기로 했다. 현행범으로 잡혔기 때문에 가해자의 재판은 별다를 건 없을 것 같았는데 그건 내 착각이었다. 가해자의 변호사는 무례하다 싶은 정도로 피해자를 괴롭히고 있었다. 가해자가 쓴 편지며 가해자의 가족이 쓴 편지들을 죄다 피해자에게 문자로 보내댔다. 그저 감형에 목매어 있는 가해자와 가해자의 가족들을 보며 피해자는 한때 인생을 함께하길 꿈꾸던 사람이었기에 배려해줬던 과거의 자신을 후회했다. 싫다는 얘기에도 계속해서 가해자 변호사는 용서를 구하고 싶다는 가족 얘기를 들어달라고 억지를 부렸다. 이미 그 타이밍은 한참 오래전에 놓쳤다. 피해자는 다쳤을 때, 병원비를 내야 할 때가 지나면 가해자의 사과는 그저 도구일 뿐이란 걸 안다. 병원에서 사경을 헤맬 때는 코빼기도 안 보이다가 이제야 사과를 하겠다고? 내가 봐도 그저 감형을 위한 사과인 게 보이는데 피해자라고 안 보일 리가 없었다.

나는 한때 사건과 관련 없는 양형기준은 언급되면 안 된다는 청원을 넣은 적이 있었다. 전과 18범인 가해자만이 양형기준을 악용하는 게 아니었다. 바로 이 가해자도 그랬다. 가해자는 재판이 시작되고서야 숨겨둔 자식을 꺼냈다. 자신에겐 아이가 있으니 부양해야 할 의무가 있다고. 진짜 끔찍하지 않은가. 인생을 함께하자던 사람한테도 안 보여주던 자식을 감형 도구로 쓴다니. 피해자는 그렇게 있는 정이라곤 싹 다 털게 되었다. 심지어 가해자는 공탁까지 했다. 피해자가 원치 않았기에 다행히 감경요소로는 들어가지 않았지만 공탁 때문에 피해자 지원금을 받지 못할 거라는 회신을 받았다고 한다. 피해자지원실에서는 지원금을 받아도 공탁이 더 많은데 그거 받으시지 그러냐고 했단다. 맙소사. 정말 피해자의 입장을 전혀 이해 못하는 직원이란 생각이 들었다. 피해자는 곧 죽어도 용서할 수 없는 가해자의 돈은 받기 싫어서 안 받는 건데 되려 공탁을 받으라니. 또 다른 2차 가해였다. 그렇게 2심을 기다리면서도 피해자들을 위해서 공론화를 시키고 싶다고 했지만, 점점 더 쇠약해지는 피해자를 보며 이제 본인 건강 먼저 챙기라며 곁을 지켜주고 있다.

잠깐 서울에 가게 됐던 날이 있었는데 작가 기저귀 계정으로 메시지를 보낸 피해자가 있었다. 이 피해자도 마찬가지로 스토킹을 당했다고 했다. 가해자는 전 남자친구였다. 내가 서울에 있다고 하니 좀 만나 뵐 수 있겠냐고 물었다. 얼마나 급해 보이던지 알았다고 하고 다음 날 피해자를 만났다. 사건의 전말은 이랬다. 장거리 연애를 하고 있었는데 부산에 내려갔을 때라고 했다. 피해자가 카페에서 사진을 찍으려고 하니 남자친구가 찍지 말라고 했다. 그래도 사진을 찍으려고 하자 그는 자리를 박차고 나갔다. 남자친구가 왜 화났는지 영문도 모르는 피해자는 그를 붙잡으러 뒤따라갔다. 자신이 하지 말라고 했는데 해서 화가 났다는 것이다. 좋은 게 좋은 거라고 잘 풀려고 했다. 그런데 가해자의 화는 식지 않았고 휴대폰으로 피해자의 머리를 가격했다. 그때 잠시 혼절했다가 일어났다고 했다. 이 글을 읽고 있는 분들도 이게 무슨 내용일까 싶을 거다. 나도 그랬다. 더 들어보니 이미 피해자는 가해자에게 데이트

폭행을 당한 지 상당히 오래된 상태였다. 가해자도 폭행이 습관이 되어서 마음에 들지 않으면 손이 올라가는 게 자연스러워졌을 거다. 그러면 다들 이 말을 할 차례일 거다. "도망 안 치고 뭐 했어." "헤어지지 그랬어." 그럴 수가 없었다. 가해자는 경찰이었다. 녹음을 하려고 했지만 들키기도 했고, 카톡으로 그날 폭행에 대해 되물어도 기록이 남는 곳에서는 청렴한 경찰이었다.

피해자의 상처는 내가 보기에도 꽤나 심했다. 4센티미터나 머리가 찢어진 채로 새하얀 원피스가 다 젖도록 피를 흘렸다고 했다. 이 가해자가 얼마나 악랄한지 경찰 말고 119를 불러서 넘어져서 그랬다고 허위 진술을 하라고 보챘다. 그런데 카페의 누군가가 112에 신고를 했다. 그렇게 경찰관들이 도착했다. 경찰들이 어떤 생각으로 그런 얘기를 했을지는 모르겠지만 자신도 아는 사람이니 맞은 건지 아니면 넘어진 건지 빨리 얘기해줘야 한다며 닦달했다. 하지만 피해자는 자신도 아는 경찰이라는 말에 아무 말도 할 수 없었다. 그때 피해자가 피해 사실을 전화로 친구에게 얘기했었는데, 친구가 경찰을 바꿔달라고 해서 폭행을 당한 거라고 설명을 해준 뒤에야 이송됐다.

가해자에게 이런 대우를 받는 것이 이해되지 않을 정도로 어리고 예쁜 사람이었다. 예전에도 범죄피해자였던 적이 있었는데 CCTV가 없어서 너무 애를 썼다고 했다. 심지어 아무 돈을 받지 않았는데도 꽃뱀이라는 취급을 받았다고 했다. 그래서 모든 연락을 끊고 오랜 시간 동안 고립을 택했다고 했다. 피해자는 이번 사건에서 CCTV 영상을 확보하는 것에 엄청난 집착을 보였다. CCTV와 관련된 가게 번호들을 다 기록해두곤 사장님한테까지 보관해달라며 연락을 해놨다. 자료를 엄청 꼼꼼히 정리한 걸 보고 참 똑순이라고 생각이 들었다. 어차피 계단에서 일어났던 일이라 폭행 장면을 포착하기가 어렵기 때문에 맞았다는 진술이 구급일지에 남아 있을까 했는데 다행히 적혀 있었다. 그래서 너무 걱정하지 않아도 될 것 같다고 했다. 하지만 보관해놓겠다는 가게의 말에도 경찰은 방문하지 않았고 그렇게 CCTV 영상은 없어졌다. 그 지점에 꽂혀 벗어나질 못했다. 경찰에 대한 신뢰가 완벽히 무너져서는 피해자 진술도 하지 않고 있었다. 서울에 가해자가 찾아온 적도 있어 피해자는 스토킹 신고도 했다. 나는 피해자에게 한국여성의전화에 상담을 받으러 가거나 변호사를 알아보라고 했다. 난 부산에 내려가야 하니까. 그리고 없는 말을 지어내려는 게 아니니까 걱정 말고 상담을 받아보라고 했다. 처벌만이 능사가 아니니까 어떤 게 네 삶을 더 좋게 할지만 생각하라고 했다. 그리고 몇 달 동안 연락이 안 됐다. 잘 해결돼서가 아니었다. 피해자는 말 그대로 잠수를 탔다.

그러다가 갑자기 몇 달 뒤 새벽에 피해자에게서 전화가 왔다. 오만 욕을 다했던 것 같다. 너는 너 필요할 때만 연락하는 거냐고. 사람 걱정시켜놓고 잠수타기 있냐고. 펑펑 울길래 잠깐 내 화를 가라앉히고 다시 얘기를 들었다. 결국 상담을 하러 가지 못했다더라. 이번 사건도 자신이 해결하지 못했다는 생각에 무력해져서 또 고립을 선택하고 있었다. 이젠 사건에서 손 떼라고 했다. 그랬더니 더 펑펑 울었다. 안 된다며. 자신이 이렇게까지나 아팠는데 벌 받게 해야 한다고. 난 피해자에게 그러지 못할 거라고 단호하게 얘기했다. 본인도 못 살피면서 어떻게 사건을 객관적으로 보겠는가. 일단 건강을 먼저 챙기자고 했다. 사건을 계속해보고 싶다면 본인이 무엇을 원하는지를 정확히 알아야 하는 시기라고 생각했다. 당장 아침에 수첩 사서 앞면에는 좋아하는 것, 뒷면에는 싫어하는 것을 적어보라 했다. 정말 세세하게 적으라 했다. 코 파는 걸 좋아하면 그런 것까지 적으라고 했다. 그리고 이 재판에서 이겨봤자 네 인생에 도움 되는 건 하나도 없다며. 유튜버 릴카 님의 스토킹 사건 후기 영상을 보고 나서였던지라 최대한 가해자와 원만하게 끝낼 방법을 고르는 것도 하나의 선택지가 될 거라며 알려줬다. 다행히 그 친구는 스스로를 알아가며 하나씩 숙제를 해결해나가고 있다. 다른 피해자분들도 꼭 처벌이 능사는 아닐 거란 걸 알려주고 싶다. 재판에선 피해자가 얻을 게 별로 없기 때문이다.

말할 수 없는 자들을 대신하는 목소리

나는 유가족들의 목소리를 들을 수 있으리라고는 생각하지 못했다. 유가족들은 가족을 잃은 슬픔에 더욱더 고통스러워하며 고립을 택하려고 하는 분들이 많기 때문이다. 그런데 '인천 스마트워치 살인 사건'의 피해자 유가족에게서 연락이 왔다. 인천 스마트워치 살인 사건은 〈사건반장〉에서 다뤄졌고 나도 실시간으로 보고 있었다. 그 유가족이 내게 연락해보고 싶다고 〈사건반장〉 양원보 앵커님이 연락처를 넘겨줘도 되냐고 물어왔다. 난 당연히 좋다고 했다. 곧바로 전화가 왔는데 목소리가 많이 격앙되어 있었다. 피해자의 사촌 언니였는데 이마저도 이상한 시선을 견뎌야 한다고 했다. 사촌인데 왜 이렇게까지 하냐는 시선을 견뎌야 했다. 심지어 이혼했는데 왜 또 남자를 만나려고 했냐며 이혼한 사촌 동생을 평가하는 시선들까지 견뎌야만 했다. 사촌 동생과 각별한 사이기도 했고 피해자의 친동생이 PTSD가 너무 상당한지라 자신이 대신해서 이를 도맡아서 해왔던 것이다. 사촌 동생이 떠나간 상실감과 함께 국가로부터 보호받지 못했다는 비통함에 슬퍼했다. 그러면서도 다른 범죄피해자들은 이런 일을 겪으면 안 된다며 자신도 범죄피해자들을 돕고 싶다고 열변을 토했다. 나는 또 연대자 D님을 빙의했다. 일단 가족 사건 먼저 하고 나서 해도 늦지 않다며 진정시켰다. 워우워우. 직접 피해자들을 찾아 나서려고까지 하는 모습에 모든 피해자가 우리 같지 않다며 말렸다.

그러고선 유가족분이 차분히 모은 자료를 봤다. 이 사건에서 다뤄야 할 시사점이 무엇일지를 꼼꼼히 봐야 했다. 보복 범죄였지만 미디어에서 다룰 시사점이 많지 않아 보였다. 그래도 유가족분이 손수 모아놓은 자료를 천천히 읽어봤다. 일단 스토킹으로 잠정조치를 취해서 받았던 스마트워치를 경찰이 별다른 기색이 없으면 반납하라고 권유했다고 한다. 얼마나 많은 피해자가 이 상황을 겪고 있는지 모른다. 결과가 일어나지 않으면 괜찮다고 생각하는 건지. 스마트워치 수량이 부족하니 한 달마다 한 번씩 연락이 와서는 반납해야 할지 말아야 할지에 대해서 얘기해야 한다. 심지어 내가 맞이할 미래일지도 모르겠단 생각을 했다. 스토킹에 대한 결과를 예상해도 어느 누구도 예방해주질 못하지 않는가. 마치 내 일인 듯 신경 쓰이기 시작했다. 심지어 보복살인으로는 인정이 안 되고 있었다. "네가 사건을 신고해서 내가 그러는 거야." 라고 대놓고 얘기해야 보복을 해야 보복살인이 되나 싶을 정도였다. 이 정도로 법이 융통성이 없을 줄이야. 물론 보복살인이 아니더라도 가해자의 형량이 낮게 나올 리가 없지만 유가족들은 그걸 바라는 게 아니다. 있는 그대로의 재판을 받고 싶을 뿐이었다.

사건에 대한 정보가 많지 않았기에 피해자 유가족들의 감정을 다루는 쪽으로 진행하는 게 낫겠다고 생각했다. 〈네이트판〉을 써보자고 제안했다. 가해자를 말리는 과정에서 같이 살던 어머니가 흉기에 손이 부상을 입었는데 이런 얘기도 꼭 들어갔으면 좋겠다고 했다. 그렇게 일주일 동안을 준비해 〈네이트판〉과 〈보배드림〉에 '스토킹에 시달리다가 제 동생이 죽었습니다'라는 글을 업로드했다. 첫 공판에는 '바리깡 사건'의 가족들과 같이 갔다. 다행히 공론화가 잘 되어 법정에는 기자들의 타이핑 소리로 가득했다. 바리깡 사건의 어머니는 유가족분의 손을 잡아주었고 나와 아버지는 유가족을 담담하게 위로했다. 뻣뻣하게 고개를 들고 있는 가해자를 보자니 나조차도 울화가 치밀어 올랐다. 유가족들도 세상을 떠나간 동생과 달리 태연히 법정에서 나가는 가해자를 보며 법정이 떠나가리만큼 울부짖었다. 내가 할 수 있는 게 없었다. 그저 옆에 있어주는 것밖에는.

매번 사건을 대할 때마다 가슴이 시큰대지만 이 사건만은 나에게 남달랐다. 바로 '신림동 공원 살인 사건'이었다. 최윤종이란 자가 등산로로 출근하던 여성을 너클로 구타한 뒤 성폭행을 저질렀다. 사건에 대한 얘기가 자세하지 않았던 때임에도 불구하고 뭔가 싸했다. 어딘가 너무 익숙했다. 혹시나 '부산 돌려차기 사건'의 모방범죄가 아닐까 불안했다. 나 또한 CCTV 영상을 공개하는 것에 대해서 망설였던 이유 중의 하나였기도 했다. 잔인한 영화가 유행한다고 해서 모두가 잔인해지는 건 당연히 아니지만 전과 18범이 교화 없이 이러한 행태를 계속해서 저지른다는 건 범죄자들에게 촉진제가 될 사건이었기 때문이다. 난 1심이 시작되기도 전에 보복 범죄를 예상했지만 다들 무시했다. 그리고 2심이 끝나기도 전에 엄벌에 처하지 않으면 이젠 되돌릴 수 없는 강을 건너는 거라고 얘기했지만 이 또한 듣지 않았다. 그 이후로 이상동기 범죄(무차별 범죄)는 나날이 늘어갔고 신림동 공원 살인까지 오게 된 것이다. 피해자는 너무 열심히 사는 분이었다. 학교 교사인 피해자는 일찍 출근하기 위해 학교 근처 등산로로 가던 중이었다. 왜 이렇게 착한 사람이 떠나가야 하나 너무 슬펐다. 가족들은 부산에 산다는 뉴스를 봤다. 연락이 닿지 않더라도 부디 잘 지내셨으면 하는 바람이었다.

그런데 사건이 검찰 단계로 넘어가자 싸한 느낌이 사실이 되었다. 신림동 공원 살인 사건은 최윤종이 부산 돌려차기 사건을 모방한 거라는 보도가 나왔기 때문이다. 너무 괴로웠다. 범죄피해자들을 돕겠다고 공론화를 시킨 내가 또 다른 피해자를 만든 거 같아서 이게 잘한 건가 싶었다. 너무 죄송했다. 하지만 내가 할 수 있는 건 탄원서를 받고 있는 링크를 인스타에 홍보하는 것뿐이었다. 그런데 갑자기 그 스토리에 답장이 왔다.

'안녕하세요. 피해자 친오빠입니다. 선생님도 많이 힘드실 텐데 이렇게 공론화해주셔서 정말 감사드립니다.'

그 순간 눈물이 차올랐다. 무슨 감정에서였을까. 너무나 죄송스럽기도 하고 너무나 감사하기도 했다. 유가족으로서 아직 감정도 못 추슬렀을 텐데 나를 달래주는 모습이 너무 감사하면서도 마음이 좋지 않았다. 사실 모방범죄라는 보도를 보고 마음이 너무 불편했다며 너무 죄송하다고 얘기를 했다. 그런데 유가족은 그런 생각하지 말라면서 피해를 입은 지 얼마 안 됐는데 몸은 괜찮으시냐며 물으셨다. 며칠 동안 힘들어 잠을 설쳤던 나는 유가족분의 메시지를 받고 나서야 편히 잠들 수가 있었다.

그런데 그다음 날 뉴스가 뜨기 시작했다. '부산 또래 여성 살인 사건' 가해자 정유정의 재판을 담당하고 있는 재판부가 "최근 부산 돌려차기 사건의 모방범죄인 신림동 공원 살인 사건 등이 일어나며 모방범죄에 대한 우려가 있으니 자극적인 보도를 자제해달라"고 했다는 기사였다. 그러면서 재판부는 "관심을 끄는 보도까지는 좋은데 경각심을 일깨워주는 역할을 해야 하고 범행을 유발하는 수단이 돼선 안 된다. 언론도 책임을 져야 한다"면서 "그런 식의 보도가 되지 않는다면 사회적인 악영향을 끼친다는 의미로써 다음 기일부터는 공개 재판 여부에 대해 심각하게 고민해보겠다"라고 했다. 미친 건가. 정말 하루만 유가족분의 메시지가 늦게 닿았더라도 나는 정말 죄책감에 어찌했을지 상상도 가지 않는다. 한 끗 차이로 나는 분노가 치밀어 올랐다.

내가 분노하는 데는 따로 이유가 있었다. 바로 정유정 사건의 재판부가 부산 돌려차기 사건을 담당했던 1심 재판부였기 때문이다. 감히 반성하지도 않는데 인정한다고 8년을 감형해줘놓고는 모방범죄에 대한 우려를 표하다니. 너무 역했다. 모방범죄는 잔인한 행태를 보고서 따라 하는 것이 아니다. 전과 18범이 이렇게 하고도 양형기준을 감경받을 수 있다는 너그러운 사법 체계의 현실을 보고 따라 하는 것이다. 내가 언론을 찾게 만든 것도 1심 재판부 때문이었다. 기록을 일절 보여주지 않아서 법정에 매번 참석해야 했고 이는 보복 범죄까지 나아갔다. 그리고 기록 또한 민사송부 촉탁으로 받으려고 해도 1심이 끝나면 그제야 주겠다고 했다. 내게 언론을 찾게 만든 장본인이면서 모방범죄가 우려되니 언론의 자극적인 보도를 자제해달라고 언론을 통제하려고 하다니. 감히. 나라고 사법 체계에 대한 분노가 없는 것이 아니다. 다른 피해자분들을 돕기 위해 참았을 뿐이다. 그런데 이날은 도저히 참을 수가 없어서 국민신문고에 민원을 넣었다.

> 2022 고합 282 부산 돌려차기 사건의 피해자입니다. 신림동 공원 살인 사건에서 최윤종이 부산 돌려차기를 모방했다는 이야기를 듣고 한때 죄책감을 느꼈습니다. 하지만 오로지 제가 언론화를 결정하게 된 것은 OOO 판사님의 판결 때문이었습니다. 모두 다 반성이라도 하는 척하는데 제 가해자는 지루해 보일 정도였습니다. 그런데 검찰의 20년 구형에도 판사님은 오로지 반성이라는 이유로 8년을 감형해주셨습니다. 모든 것이 판사님의 잘못이라고 생각하진 않습니다만

제가 언론을 통해 공론화시킬 수밖에 없었던 이유는 일반인도 상식적으로 이해가 가지 않는 가해자의 모습을 보고 어디서 반성을 하고 있다는 걸 느끼셨다는 건지 이해할 수 없었습니다. 저도 이런 영상 내보내고 싶지 않았습니다. 많은 분이 PTSD를 느낄 수도 있었고요. 하지만 그 결정을 내리게 된 것은 오로지 판사님의 양형기준 때문이었습니다. 그러니 감히 "게임으로 범죄율 높아진다"는 말처럼 "영상으로 인해 모방범죄가 많아졌다"는 말은 삼가셨으면 좋겠습니다. 모방범죄는 영상 때문이 아닌 너그러운 판사님들의 양형기준 때문입니다. 그 사건을 담당하신 판사님이 이런 말씀을 하신다니 너무나도 혼란스럽습니다. 그랬으면 엄중히 처벌하셨어야죠. 반성문이라도 제대로 읽으셨어야죠. 회복적 사법이라면서 왜 가해자가 당연히 느껴야 할 반성에 대한 인정으로 감형이 되어야 하나요. 피해자가 용서하지 않겠다는데 왜 판사님들이 용서해주시나요? 보복 범죄를 가해자가 계획하게 된 것도 OOO 판사님의 몫이 적지 않습니다. 열람을 전혀 해주지 않으시고 해당 재판부 직원이 민사문서 송부 촉탁을 해보라는 제안에 변호사비도 써야 했고 제 가족들이 함께 사는 본가도 지금 노출되었습니다. 1심이 진행되고 있을 때 신청했음에도 1심이 끝나고 주신다고 하셨잖아요. 공소장 말고는 무엇하나 가르쳐주지 않아서 스스로 알아내야 했던 모습 때문에 가해자는 저를 복수의 대상으로 삼았습니다. 교정청의 조사에서도 "이년 때문에 형량을 과하게 받았다"며 떠들어대고 있다고 합니다. 저보고 확성기년이랍니다. 주소를 달달 외우고 자기 엄마 장례식 때 절 찾아와서 죽일 거라는 말을 하던 잡니다. 어딜 봐서 반성했다고 하시는 겁니까. 전 20년 뒤에 판사님 때문에 죽을지도 모르지만 겨우겨우 피해자들을 대변해 활동하고 있습니다. 저도 만약 신림동 공원 살인 사건의 유가족분과 연락되지 않았더라면 판사님의 말에 또다시 한번 무너졌을 겁니다. 법 지식이 없는 그분들조차도 영상이나 저 때문이 아닌 오로지 가해자의 잘못이라고 얘기했습니다. 판사님의 이 발언들이 정말 과연 범죄피해자들을 위한 얘기인지 심히 의문이 듭니다. 덕분에 교정청에서 보복 협박죄와 모욕죄로 추가고소 건을 진행 중에 있습니다. 판사가 언론을 통제하는 일은 있어서는 안 될 일입니다. 본인 시간을 쏟아가며 공론화를 시키고 싶어 하는 피해자가 어디 있답니까. 너무 억울한 이 마음을 누구라도 알아줬으면 해서 결국 선택하는 게 언론이란 거 너무 난센스 하지 않나요? 왜 법원은 그러지 못할까요? 영상을 유포하게 만든 OOO 판사님의 모방범죄 관련 발언을 엄격히 제재해주시고 피해자에 대한 너그러운 정보열람등사권을 보장할 수 있도록 전달 부탁드립니다. 가해자의 2심 항소이유서를 함께 보냅니다. 판사님에게 다시는 피해받는 피해자가 없길 바랍니다. 어느 누구도 범죄피해자가 되지 않으리란 보장은 없어요. 그게 누구든지요.

이에 대해 얘기를 했더니 오히려 신림동 공원 살인 사건의 유가족은 내게 죄책감 가지지 말라고 다독여주었다. 내가 잘못한 게 없다고. 가해자들이 다 잘못한 거라고. 법을 배운 적 없는 우리도 아는 사실을 판사는 모르는 이 상황이 너무 아이러니했다. 그러면서 정유정의 반성문을 하나하나씩 재판부는 다 읽어보고 있다는 발언을 했다. 그렇게 반성문을 잘 읽으시면서 어떻게 보복 범죄를 하겠다는 내 가해자는 8년이나 감형시켰을지. 역시나 이 재판부는 여전히 언론이 떠드는 것처럼 귀찮은 일은 만들기 싫어하는구나 싶었다. 한 사람의 인생이 아닌 한 사건으로 다룰 뿐이었다. 여전히.

친구를 떠나보내다

내 사건을 〈카라큘라〉 채널에서 보게 된 분이라면 학교폭력 피해자였던 표예림 씨를 알 것이다. 자신의 피해를 이렇게 열심히 표현하는 사람이라니 너무 멋있었다. 심지어 얼굴까지 공개하다니 그 용기에 박수를 칠 수밖에 없었다. 사건에 대해 정확히는 알지 못하지만 이 사람의 행보를 응원했다. 그러다 예림과 나는 결국 친구가 되었다.

'안녕하세요. 저는 표예림이라고 해요. 얘기는 종종 천호성 변호사님을 통해 듣게 되었는데, 연령대가 비슷하단 얘길 들어서 언제 한번 대화하고 싶은데 시간 괜찮으실 데가 있으실까요?' 라고 인스타 메시지가 왔다. 나는 당장 답장했다. 예림과의 첫 통화는 너무 웃겼다. 서로를 "연예인"이라고 불렀다. 서로가 너무 대단하다며 응원을 해댔다. 알고 보니 예림은 부산지방법원 근처에서 1인 미용실을 운영하고 있었다. 내가 매번 탄원서를 내러 갔을 때 지나쳤을 수도 있겠다는 생각에 너무 신기했다. 세상은 좁고 부산은 더 좁구나. 학교폭력을 당한 지가 오래돼서 공소시효가 상해밖에 남질 않았다. 처음엔 나도 학교폭력 피해를 왜 이제야 얘기하는 건지 궁금했다. 얘기를 나누다 보니 그 심각성을 알게 됐다. 학교폭력을 당하고 있더라도 신고를 하게 되면 그 동네에서 불편해지는 건 피해자도 마찬가지다. 심지어 피해자가 이사를 가야 하는 경우도 있다. 부모님이 힘들어하지 않았으면 해서 어릴 때는 그저 참았다고 했다. 얼마나 많이 참아 곪은 건지 내가 봤을 땐 겨우 살아 있는 장미 같았다. 너무도 예쁜 얼굴을 가진 아이인데 삐쩍 말라 있었다. 밥도 제대로 먹질 않고 극단적 선택도 생각한 적이 있다고 했다. 얼마나 아팠을까. 얼마나 참았으면 27살이 되도록 이걸 지니고 있을까.

예림이는 정말 너무 아파서 공론화를 시키기로 마음먹었던 것 같다. 그것도 본인이 아닌 다른 학교폭력 피해자들을 위해서. 예림이는 그 누구보다도 피해자에 대해 진심인 사람이었다. 무슨 인지도 때문이 아니었다. 그저 자신처럼 아픈 사람이 없기를 바라는 사람이었다. 나는 내 생활에 영향을 끼치지 않는 선에서 피해자들을 돕고 있었는데 예림이는 피해자와 관련된 일정이면 미용실을 닫아가며 촬영하러 가기도 했다. 그래도 점차 피해자들을 돕고 있는 것에 진척이 있다는 생각이 들 때쯤에는 다시 꽃피어 있었다. 누군가를 돕는 것에 너무 행복해했고 때로 과하다 생각이 들 정도로 피해자를 도왔다.

미용실에 놀러 간 어느 날, 예림은 자신과 비슷한 학교폭력 피해자를 보러 간다고 했다. 피해자를 만나는 것에 얘기했는데 남자라고 하길래 더 조심하라고 했다. 그런데 잘 만나고 온 건지 학교폭력 피해자 연대를 맺었다고 했다. 그렇게 하나씩 피해자를 위한 예림의 행보가 쌓여가겠지 싶었다. 그런데 그 모임에는 어쩐 일인지 문제가 생겼다고 했다. 그리고 예림의 유튜브 댓글에는 무수히 많은 악성 댓글들이 달리고 있었다. 후원금을 받았었던 것 때문에 시달리기도 했다. 다시 예림은 처음 만났던 그 모습으로 돌아가고 있었다. 나는 그만하라고 했다. 너도 범죄피해자인데 왜 남들 먼저 도와주겠다고 하는 거냐고. 제발 그만하고 너 자신을 좀 돌보라고. 내가 그렇게 혼내서인지 연락을 잘 안 하더니 결국 예림이는 싸늘한 주검으로 돌아왔다.

카페에서 일을 하고 있었는데 유튜브 홈 화면에서 예림이 극단적 선택을 암시하는 영상이 올라왔다. 이미 내가 그걸 확인했을 때는 라이브 방송이 아니었다. 서울에 있는 사람들이 다 연락이 와 예림이의 행방을 걱정했다. 만나면 머리 한 대 박아야겠다고 성을 내며 부산 어린이대공원 쪽에 있는 수원지로 떠났다. 불안했지만 설마 죽었겠냐며 만나면 20년 뒤에 죽을 나도 살아 있는데 네가 왜 죽냐며 혼내야겠다는 생각으로 올라갔다. 수원지는 심지어 산꼭대기에 있었는데 택시도 탈 수가 없어서 걸어가야만 했다. 처음엔 천천히 걷다가 점점 불안해져서 그 높은 곳을 뛰어서 갔다. 덕분에 3일 동안은 엉거주춤한 자세로 걸어 다녀야 했다. 진짜 살아 있으면 반죽여놔야겠다며 정상에 도착했는데 이미 상황이 끝나 있었다. 스킨스쿠버들은 옷을 벗고 있었고 구급차와 경찰은 이미 내려가고 있었다. 무슨 상황인지 물어봐도 아무도 알려줄 수 없다고 해서 응급실이 있는 주변 병원을 다 가봤다. 그러다가 우연히 과학수사대에 둘러싸인 예림이의 부모님을 처음 만났다. 그제야 예림이가 죽었구나 싶었다. 아무 감정 없이 머리가 새하얘졌다. 도대체 이 부모님에겐 뭐라고 얘기해야 하며 나는 이 상황을 어떻게 받아들여야 하지.

내가 이 챕터를 굳이 적는 이유는 이 이후의 상황 때문이다. 공공연하게 극단적 선택을 하겠다는 예림의 영상 때문에 장례식장에는 카메라를 들고 온 취재진이 틈틈이 가족들을 찾아왔다고 했다. 어찌나 미디어가 빠른지 이미 사망 관련된 속보가 떠돌고 있었다. 사람들을 참 좋아했던 예림이었는데 취재진 때문에 친구들도 곁에 두지 못한 채 세상을 떠나야만 했다. 아버지에게 "저는 부산 돌려차기 사건 피해자입니다. 예림이 친구였습니다."라고 했더니 아버지가 예림한테 내 얘기를 많이 들었다고 했다. 그 소리를 듣자마자 참았던 눈물을 펑펑 쏟아댔다. 어머니는 공포감에 둘러싸여 나조차도 너무 무서워하셨다. 패닉이 오셨더라. 집안을 정리하면서 예림이 거기 있으면 너무 추워한다며 빨리 데려와야 한다고 했다. 입관식을 할 때도 참석했는데 친구의 굳은 시신을 보는 그 느낌은 차마 어떤 느낌으로도 표현을 못 하겠더라. 나이 한참 많은 어른들도 어찌나 슬프게 흐느끼는지 그 선택은 절대 해서는 안 되는 일이란 걸 재차 확인하게 된 날이었다.

학교폭력의 피해자 공소시효를 '성인이 되고나서부터'로 하는 '표예림법'이 꼭 이루어졌으면 한다. 그리고 또 다른 예림이들을 위해 아프면 아프다고 누군가에게 얘기하라고 말해주고 싶다. 더 늦게 그리고 더 크게 아프지 않도록.

범죄피해자를 위한 사회

범죄피해자 커뮤니티 결성 시기를 최대한 늦추고 있었던 나는 어떤 뉴스를 보곤 실행에 움직일 수밖에 없었다. 바로 '옥바라지' 커뮤니티라는 게 있다는 소식이었다. 범죄가해자들의 가족들이 소통하는 커뮤니티라고 했다. 맙소사. 언제부터 사회가 이렇게 썩어들어간 건지. 그때부터 바로 수첩을 펼쳐서 카페 카테고리를 만들기 시작했다. 멤버 수는 중요하지 않았다. 피해자가 기죽지 않았으면 했다. 그렇게 네이버 카페에 대한민국 범죄피해자 커뮤니티(Korea Crime Victim Community, KCC)를 만들게 되었다. 이 카페에서는 특정 당사자만 오길 바라질 않았다. 범죄피해를 입었건 입지 않았건 모두가 소통할 수 있는 창구였으면 했다. 왜냐하면 범죄피해는 누구나 겪는 일이니까. 그리고 많은 분이 응원하고 있다는 것도 다른 피해자분들이 느꼈으면 해서.

내가 공론화를 하면서 들었던 생각은 '이 세상엔 좋은 사람도 많구나'였기에 대한민국 범죄피해자 커뮤니티를 같이 운영할 스태프를 모집한다고 했는데 꽤 많은 분이 지원을 해주었다. 바라는 것 없이 범죄피해자를 돕겠다는 마음으로 오신 분들이었다. 너무 감사했다. 한 스태프는 엄청나게 열성적이었는데 자신도 범죄피해자라고 했다. 나보다 선배였다. 재판을 이미 끝내고 민사까지 끝냈다고 했다. 그래서 내심 부러웠는데 오히려 더 힘들다고 했다. 보복 때문에 힘든 걸까 했는데 민사 때문이었다. 민사를 승소했는데 왜 힘들다는 건지 이해를 못했는데 변호사의 성공보수 때문이었다. 가해자에게서 민사를 승소했는데, 그 승소한 금액만큼의 몇 퍼센트를 변호사에게 줘야 했다. 그런데 문제는 가해자가 개털도 없다는 사실이었다. 가해자한테 받은 돈이 없더라도 채권은 발생한 것이기 때문에 돈을 줘야 했다. 가해자에게 받은 게 하나도 없는데 되려 성공보수 때문에 투잡을 뛰고 있었다. 무슨 이게 개떡 같은 상황인가. 피해를 입은 것도 억울한데 피해를 구제하는 것 또한 피해자라니. 아직도 이해할 수 없는 게 천지인 사법 체계였다. 심지어 이 피해자는 소득이 높아 범죄피해를 지원받지도 못한다고 했다. 소득이 높으면 범죄피해를 안 당하는 것도 아니고 심지어 이 피해자는 소득의 거의 대부분을 변호사 성공보수를 갚는 데 쓰고 있었다.

뭔가 저울이 기울어져 있는 것 같았다. 그뿐만이 아니었다. 이 피해자는 더딘 회복을 하고 있었는데 사건이 2년쯤 지났는데도 회복되지 않은 피해자를 보며 스마일센터에서는 "보통 1~2년 정도면 회복을 하던데…." 라며 오히려 피해자를 꾸짖었다. 정말 전문인력이 있는 센터가 맞는지 의심이 됐다. 그제서야 센터에 있는 피해자들에게서도 나한테 연락이 오는 이유를 알았다. 피해자에 대한 제도가 한참 부족하지만 있는 것마저도 제대로 기능하지 않고 있었던 것이다. 만족도 설문조사도 하질 않는다. 피해자한테 물어보질 않으니 당연히 고쳐질 일도 없는 것이다. 피해를 당한 것도 억울한데 국가가 우릴 궁금해하지 않는 것도 너무 억울했다. 저출산이나 저소득처럼 복지는 국가가 단번에 해결하지 못하는 환경에서 그나마 조금이라도 어려운 상황을 회복하는 데 필요한 것이다. 범죄피해라고 다를 리가 없다. 길을 지나가는 모든 사람이 범죄피해자가 될 수 있다. 하지만 과거의 나조차도 범죄 시사 프로그램을 보며 그때는 불행한 사람들의 일이라고 치부했던 것 같다. 이젠 내가 얘기할 수 있을 거 같다. 누구나 정말 범죄피해자가 될 수 있다고.

적극적으로 나서지 못하는 범죄피해자들을 내가 대신해야겠다 생각했다. 그날부터 법을 바꿀 수 있는 사람들이라면 누구에게든 다 보낼 문서를 만들기 시작했다. 제목은 '범죄피해자의 실효성 한계'. 범죄피해자들을 만나고서 조금이라도 필요한 제도가 있다면 기록하고 수정해나갔다. 수사/재판/재판후 과정에 맞는 범죄피해자의 제도들의 미비점들을 따졌다. 첫 장에는 큰 제목으로 '어디에도 피해자를 위한 회복적 사법은 존재하지 않았다'는 글을 적었다. 회복적 사법이라는 번지르르한 말로 피해자들은 되려 상처를 받고 있다. 회복적 사법이라면 양쪽이 모두 회복해야 하는데 가해자 혹은 사법기관만 회복하고 있기 때문이다. 모든 단계에서 중요해야 할 점들을 먼저 적어봤다. 미리 먼저 말하자면 피해자와 관련된 제도들은 고칠 것투성이다. 너무 많다. 한숨 푹 내쉬고 읽으시길 바라요. 오죽하면 내가 기자들을 펜션에 한 달 동안 붙잡아놓고 얘기할 정도로 많다고 할 정도였으니 말이다.

첫째, 피해자는 재판의 당사자이다. 피해자가 없으면 사건 자체가 없는데 모든 법원 직원은 피해자가 재판의 당사자가 아니라고 한다. 마치 교육받은 듯이. 이 말은 정말 고쳐야 하는 표현이다. 경찰 수사단계에서 전혀 모르고 있다가 법정에서 "7분 정도의 사각지대가 있다"는 이야기를 뒤늦게 들었을 땐 뒤통수를 맞은 것 같았다. 그리고 피해자에게 재판기록은 무조건 열람 복사를 허용해야 한다. 재판에 지극히 방해되는 요소가 아니라면 열람 복사를 허가해야 하는데 지금의 재판부는 거의 모든 피해자에게 열람 복사를 해주지 않고 있다. 심지어 이유도 모른 채 거절당한다. 그렇게 현 사법 체계에서 피해자는 알 권리를 박탈당하고 있다.

두 번째는 재판이 끝나면 사건이 끝나는 것이 아니라는 것이다. 가해자, 피해자 모두가 살아 있다면 형량으로 끝나는 것이 아니다. 보복 범죄를 방지하기 위한 시스템도 필요하다. 피해자가 재판 후에도 가해자의 대략적인 정보를 알 수 있는 웹사이트 포털이 필요하다. 나조차도 재판을 할 때가 아니면 가해자가 어느 교도소에 수감되어 있는지조차 알 수 없었기 때문이다.

세 번째는, 수사단계에서부터 지속적으로 범죄피해자를 팔로잉할 수 있는 피해자 지원센터의 자동 연계가 필요하다. 난 거의 1년 동안 어느 센터와도 연계되지 않은 채 지내야 했다. 그렇게 홀로 재판에 맞서 싸워야 했다. 기댈 수 있는 건 정신과 약뿐이었다. 그렇게 어디서도 강력범죄피해자가 보이질 않는 걸 보며 내가 세상에서 가장 불쌍한 사람이라 생각했다. 그래서 그 세월 동안 한참 우울감에 빠져 살아야 했다. 이런 일이 없도록 범죄피해 센터와 연계지어 다른 범죄피해자들도 많이 있다는 걸 알려줘야 한다. 심지어 지금은 수사단계에서는 범죄피해 전담 경찰관을 만나고, 검찰단계를 가면 범죄피해지원실에 또 가야 한다. 얼마나 모르는 사람들을 만나야 하는지 모른다. 타인에 대한 신뢰가 완전히 무너진 범죄피해자들을 전혀 이해하지 못한 시스템이다. 뭐가 필요한지 꾸준히 묻는 사람이 필요한데 계속 바뀌는 직원에게 피해자들이 힘든 점을 토로할 리가 없다.

네 번째는 범죄와 관련 없는 양형기준(반성, 인정, 초범, 공탁)은 없어져야 한다. 피해자가 보지 못한 반성문이 왜 있는지도 이해를 못 하겠고 합의를 굳이 하지 않겠다는데 공탁까지 쑤셔대는 가해자들을 보면 구역질이 날 정도다.

피해자들이 울부짖는 이유는 많은 요소가 있지만 특히 반성, 인정에 무너진다. 언제부터 반성이나 인정이 감경요소가 된 건지. 잘못했으면 인정하고 반성하는 게 당연한 거 아니었나. 심지어 피해자가 보기엔 반성하지 않는 것 같은데 판사가 그렇게 판단할 때는 진짜 가슴이 미어진다. 범죄로 인한 배상금은 민사소송을 통해 당연히 받을 수 있는데, 어째서 합의가 감경요소로 쓰이는지도 이해할 수 없다.

다섯 번째는 범죄피해자와 관련된 연구를 위해 범죄피해자를 대상으로 한 설문조사도 정기적으로 이루어져야 한다. 한 기관을 꾸준히 유지하려면 평가하고 감독하는 사람이 무조건 필요한데 범죄피해자 기관은 그러지 않고 있다. 그렇게 되면 처우가 좋지 않은 센터는 계속 고인 물처럼 피해자들에게 2차 피해를 안겨줄 것이다. 그리고 범죄피해를 입은 사람을 대상으로 한 연구도 지속적으로 이어져야 한다. 범죄자들에 비해 범죄피해자들에 대한 연구는 소극적일 수밖에 없다. 조사에 미온적인 피해자들이기 때문이다. 하지만 꾸준히 물어야 한다. 대답을 듣지 못한다고 계속 질문해야 한다. 그게 나라가 해야 하는 일이니까.

그 이후로 범죄피해에 대한 커뮤니티가 형성되어야 하고 범죄피해를 입었을 때 대응하는 법들을 일반 국민들도 알게끔 홍보해야 한다. 또한 범죄피해 관련 기금 후원에 대해서도 지속적으로 알려야 한다. 지금은 범죄피해자 관련 기금을 벌금의 8퍼센트를 징수해서 운영되고 있다. 하지만 이는 현저히 적은 액수이다. 벌금 이외로 관련 기금을 후원하고 싶어도 너무 분산되어 있는 센터들에 어디로 후원해야 할지 갈피도 잡지 못한다. 범죄피해자 지원과 관련해서 소득에 대해서 한계를 짓지 말고 범죄피해에 따라 구분을 지어야 한다. 수사단계/재판/재판후 단계에서 필요한 제도들을 적고 부디 피해자들이 살아 있기에 후회하는 일을 만들지 않도록 해달라는 말로 끝마쳤다.

단계별 범죄피해자 지원의 해결방안 모색

수사단계 (경찰청)

바디캠 착용	출동한 경찰과 구급대원은 증거 수집을 위해 모두 바디캠 착용
증거물 채취 프로토콜 재정비	조금이라도 가해자의 동기가 의심되거나 피해자에게 기억 혹은 의식이 없을 때는 성범죄 관련 증거물까지 채취
사건 요약 보고서 제공	세부 사항이 아닌 해당 사건의 요약적인 경위를 알려주는 보고서를 피해자에게 제공 (피의자 신상정보 포함)
범죄피해자 지원안내 책자 제작	모든 기관에서 쓸 수 있는 책자로 제작되어야 하며 형사와의 첫 면담 시에 제공
신상정보 공개 기준	특수강력범죄인 경우 먼저 사법부가 검토하고 언론에서 다룰 수 있도록 하는 순차적 개선 필요
중상해 시 보험 가입 제한 방지	범죄피해가 중할 시 보험 신규 가입 또한 까다로움
양방향 알림 프로그램	가해자가 특정 거리 내에 있을 때 울리는 양방향 스마트워치 문자, 앱 중 하나는 꼭 필요
범죄피해자 유급휴가 제도	최소 1~3개월은 범죄피해자에게 트라우마 극복을 위한 치료 필요 (혹은 실업급여)

범죄피해자 가족에게 적극적인 치료 지원	범죄피해자의 가족도 그 트라우마가 상당한데 이 또한 회복이 셀프인 상황
범죄피해자 순찰 시스템	범죄피해가 발생한 구역에 일일 순찰이 아닌 일주일 순찰 신청 가능하도록 해야 함
중상해 시 임시 장애인 등급 부여	중상해 시 6개월 이후 장애인 자격을 심사할 수 있는데 정말 급한 것은 6개월 이전임. 이 또한 고려해야 할 지점
정보공개 의무화	경찰 사건번호 접수 시 피해자에게 범죄 관련 CCTV 영상 등의 접근 권한 부여 (시간이 지나면 폐기되는 특수성이 있기 때문)

재판단계 (검찰청/법원)

사건번호 검색 피의자 이름 삭제	피의자 이름을 모르면 자신이 피해자임에도 사건에 대해 알 수 없음
반성문 폐지	탄원서가 있으므로 필요치 않고, 반성의 유무를 사법부가 자의적으로 판단할 수 없음
사건 요약 보고서 제공	피해자도 재판기록을 무조건적으로 열람/복사할 수 있는 권리 보장
온라인 재판 방청 안내	범죄피해자들이 보복 범죄에 대한 두려움이 크기에 이와 관련된 정보는 필수적으로 안내
위증죄	피고인이 위증할 시 위증죄 혹은 양형기준의 증가 요소로 판단

PTSD 범죄피해자 대응 매뉴얼 구축	기억장애 피해자 매뉴얼 조사(진술 방법)을 구축하고 범죄피해자 요원은 최소 1명으로 담당 검사와 같이 연계
범죄사실과 관련 없는 양형기준 폐지	초범, 인지, 반성, 공탁은 피해자와 이루어진 회복적 사법이 아니고 범죄사실과 관련이 없기에 폐지
전자기록 열람	형사재판은 수작업으로 정보를 가리고 있는데 이는 매번 달라져 신상정보 유출 가능성이 현저하기에 1회 전자기록 열람을 통해 간편히 볼 수 있도록 구축
공탁 기한 정하기	피고인이 공탁을 걸 수 있는 기한(검찰이 구형을 내리기 전날까지)을 정하고 피해자가 공탁을 거부할 수 있는 권리 마련
범죄피해자 지원제도 자동 연계	현 제도에서는 피해자가 직접 검찰청 지원센터로 전화해서 해당 심사 달에 맞춰 면담 일을 잡아야 함
범죄피해자 지원제도 첨부서류 최소화	현재 범죄피해자 치료비와 같은 경우 병원에 미리 선납한 뒤 영수증을 제출하는 경우이기에 경제적 부담이 줄어들지 않고 첨부서류 또한 많아서 범죄피해자가 신청하기 까다로움
범죄피해자 관련 대출 상품	범죄피해자와 같은 경우 계속 자립적인 활동을 하지 못하면 그 상황을 계속 이어 나가는 경우가 많기에 지원해주는 것에 그치지 않고 저금리 대출 상품을 만들어야 함

재판 후 단계 (교정청)

재판결과문 통지서	보호관찰, 전자발찌 해당자 조회 플랫폼 구축
보호관찰, 전자발찌 해당자 조회 플랫폼 구축	자세한 신상정보가 아닌 구속/재소/출소/사망 등으로만 편리하게 검색할 수 있는 플랫폼을 구축해놓는다면 범죄피해자의 심적 부담감이 줄어들 것으로 예상됨
양방향 알림 시스템 구축	알아서 신고 되는 스마트워치는 말도 안 되고 필요도 없음. 피해자는 정리가 아닌 대책이 필요
범죄피해자 회복 프로그램 구축	교정시설에서 가해자들이 받는 훈련들이나 제도들은 많은데 사법 체계에서의 피해자 회복 제도 프로그램은 없음 (범죄 트라우마 센터 확대 필요)

1년 4개월 동안 외로웠던 덕분에 만들 수 있었던 보고서였다. 어찌 보면 나는 참 재수가 없는 인간이다. 그래도 그 재수 없는 인생 덕분에 피해자 제도에 대한 부족한 점들을 그 누구보다도 빠르게 파악할 수 있었다. 그리고 많은 피해자분들이 연락해준 덕분에 더 현실적으로 수정할 수가 있었다. 어느 정도 지역마다 오차는 있겠지만 오차야 줄여가면 된다. 그래서 많은 전문가분이 연락을 주셨으면 좋겠다. 더 쓸모 있는 제도를 만들기 위해서. 용기를 내주신 피해자들께 이 자리를 빌려 감사의 말씀을 전하고 싶다. 이젠 법을 바꿀 사람들에게 뿌릴 일만 남았다.

제4장

피해자를 대표하는 프로블편러

법무부 장관과의 대화

법을 바꾸려면 어쩔 수 없이 법과 가까운 사람을 만나라고 했던가. 정치는 죽어도 하기 싫은데 어떻게 하나 고민하고 있을 때 〈카라큘라〉에서 국회에 가보지 않겠냐며 제안을 해주었다. 박용진 의원에게 범죄피해자로서 느끼는 불합리함에 대해 얘기해보자는 것이었다. 피해자의 일이라면 무조건 예스였지만 국회의원이라니 더욱 힘껏 예스를 외쳤다. 할 얘기는 너무 많은데 어디서부터 시작해야 할까. 긴장하며 국회에 있는 박용진 의원실을 들어갔다. 박용진 의원님은 법제사법위원회 소속이었다. 내가 생각했던 국회의원과는 조금 달랐다. 의원실에서 기타를 칠 정도로 낭만이 있는 분이셨다. 피해자인 나의 이야기도 너무 세심하게 잘 들어주었다. 그래, 일단 피해자들의 알 권리 먼저 찾자는 생각을 했다. 〈카라큘라〉팀과 촬영하며 피해자들의 열람 복사권에 대한 불합리함을 계속 얘기했다. 법제/사법에 관한 국회의 의사를 건의해줄 수 있는 분이라 피해자의 뜻을 제대로 전해줄 수 있을 거라 기대했다. 내 얘기를 다 듣고 꼭 얘기를 전하겠다는 약속을 받고 돌아왔다. 이루어지지 않을 약속일 수도 있지만 이 또한 작은 파동이라도 줬을 거라는 생각에 흐뭇했다.

그런데 그 후로 몇 달이 지나고서 박용진 의원실에서 연락이 왔다. 국정감사 기간인데 부산 돌려차기 피해자로서 국정감사의 증인이나 참고인으로 나와줄 수 있냐는 제안이었다. 난 당연히 예스였다. 일단 확실하게 정해진 건 아니래서 기다려달라고 했다. 그런데 증인에서 참고인이 되고 그마저도 참석할 수 있을지 확답을 못 주겠다고 했다. 나갈 수 있으면 다행이지만 이 정도의 관심도 땡큐라고 생각했다.

조정훈 의원실에서도 연락이 왔다. 법무부 국정감사를 하는데 하실 말씀이 혹시 있느냐 물어왔다. 자리만 만들어주신다면 할 얘기는 넘친다고 답했다. 국정감사에서 참고인이나 증인은 여당과 야당이 모두 합의해야만 나갈 수 있었기에 법무부 장관에게 영상 편지라도 보낼 기회라도 마련해주신다고 했다. 범죄피해자들의 처우에 국회에서 관심을 가져준다니 너무 감개무량했다. 줌으로 영상을 촬영하기로 했는데 준비하는 과정 내내 세심하게 신경을 써주었다. 그러고는 무엇이 가장 힘들었냐고 내게 물었다. 무엇이 힘들었냐는 질문에 나도 모르게 한숨이 턱 막혔다. 뭐가 힘들기는, 전부 다 힘들었다. 우선순위를 매길 수 없을 만큼 매 순간이 고통스러웠다. 언제 끝날지도 모르는 이 싸움을 계속 꾸역꾸역 해나가야 하는 현실이 견디기 힘들었다. 하지만 법무부 장관에게 전해야 할 말이라면 정해져 있었다. 범죄피해자 지원과 관련된 문제였다. 범죄피해를 당한 것도 억울한데 검찰과 법원에 되려 심판당하고 있는 것 같았다. 내가 재수가 없는 건지 센터도 범죄피해구조금도 자동으로 연계되지 않아 내가 직접 찾아봐야만 했다. 마치 정말 이 세상에 강력범죄피해자라곤 나밖에 없는 것 같았다. 지독하게 외로웠다. 이 세상에 제일 불쌍한 사람은 나일 거라고 자책하며 인생을 한탄했었다. 다른 피해자들은 이런 일을 겪지 않길 진심으로 바랐다. 국가가 어떤 존재였는지 묻는 의원님의 질문에는 바로 2차 가해가 생각났다. 1차 피해는 가해자에게 직접 타격받았을지 몰라도 수많은 수사, 사법 체계에서 나는 소외됐고 2차 가해를 받았다. 이를 국가가 얼마나 방치하고 지냈을지 상상도 하기 싫어진다. 이제라도 프로불편러인 내가 등장해서 바로잡을 수 있으면 좋겠다고 생각했다. 마지막으로 우리가 사법 체계에서 너무 가해자를 벌하는 데에만 신경을 쓰고 있다는 생각이 든다며 가해자, 피해자 모두의 권리를 챙기는 회복적 사법이 되어야 한다고 강력하게 얘기했다. 그리고 꼭 피해자를 위한 제도라면 피해자에게 물어달라고 당부했다. 끝으로 법무부로부터 3개월 동안 답변을 받지 못한 '장관과의 대화'에 관해서도 조정훈 의원님이 지적해주었다. 조정훈 의원님이 내 말에서 가장 마음 아팠던 부분은 “검사는 가해자를 벌하는 사람이지, 피해자 편은 아니라는 느낌을 받았다”라는 것이라고 했다. 맞다. 검사는 오로지 피해자의 편이 될 수가 없다. 그렇기에 센터까지 연계되지 않는 피해자라면 철저히 소외당한다. 돈을 잃어도 트라우마가 상당해지는데 몸을 다치면 오죽하겠는가. 이에 대한 법무부 장관의 생각은 어떠냐며 영상이 끝나고 조정훈 의원님이 한동훈 장관님에게 질의했다.

한동훈 장관님의 답변은 예상 밖이었다.

“피해자의 편에 서는 것도 가해자를 벌하는 것도 법무부의 역할이라고 생각한다. 더 확실히 하도록 조치를 취하겠다. 피해자께서 많이 부족한 점을 느낀 것에 대해서 죄송하다.”

나는 정말 잘못 들은 건가 했다. 법무부의 최고위직에 있는 사람이 민간인인 나에게 죄송하다니. 눈물이 핑 돌더라. 매번 자신의 책임이 아니라 회피하며 잘잘못을 따지기 바빠하는 사법 체계였는데 한동훈 법무부 장관님이 내게 사과를 하다니, 진짜 살길 잘했다는 생각을 했다.

그다음 날, 조정훈 의원실의 서기정 비서관님에게서 연락이 왔다. 어제 국정감사 봤느냐고 내게 물었다. 당연히 봤고 엄청 많이 울었다고 전했다. 그러자 비서관님은 혹시 법무부 장관님이 어제 국정감사 후 내게 연락을 한번 해보고 싶으시다는데 어떻게 생각하냐고 물었다. 당연히 좋다고 했다. 그렇게 높은 분이 내게 무슨 얘기를 하려고 할까. 도대체 무슨 얘기를 먼저 꺼내야 할까 심장이 쿵쾅거렸다. 법무부에서 연락이 왔다. 언론에서만 보던 한동훈 장관님의 목소리를 내 수화기에서 듣다니. 이게 꿈인가 생시인가. 여전히 몰래카메라 같은 이 인생도 나름 살만하다는 생각이 들었다. 3개월 동안 답이 없었던 '장관과의 대화'를 읽어봤다고 했다. 관련 부처가 잘 연계되지 않아서 죄송하다며, 자기 생각과 똑같다며 내 청원에 대해 깊이 공감한다고 했다. 불편한 것들에 대해서 듣고 싶어 하셨는데 나는 딱 잘라 거절했다. 얘기를 하기 싫은 게 아니었다. 기자들을 한 달을 가둬놓고 얘기해도 모자랄 불합리한 피해자의 처우를 법무부 장관이라고 하루 만에 얘기할 수 있을 리가 없었다. 너무 하고 싶은 말이 많지만 지금 피해자들에 대한 제도들이 너무 미진한 건 아시지 않냐며, 이걸 어떻게 한 통화로 끝낼 수가 있겠냐며 메일 주소를 전달해주면 관련된 문서를 정리해서 보내드리는 게 어떠냐고 제안했다.

다행히 한동훈 장관님이 흔쾌히 수락해주셔서 그날 저녁, 여태껏 준비했던 '범죄피해자 실효성의 한계' 보고서와

'한동훈 장관님께'라는 파일을 같이 보냈다. 첫 문장엔 국정감사를 실시간으로 챙겨보고 있었던 사람으로서 누군가에게 이 사건과 관련해 사과를 받은 것이 처음이라 너무 당황스럽고 감사하다고 전했다. 그러면서도 난 한 번도 피해자를 찾아 나서려고 한 적이 없다고 했다. 절벽에 몰린 범죄피해자들이 어찌 알고 스스로 찾아왔다. 심지어 센터에 연계되어 있는 피해자들까지도. 이건 문제가 있다. 안 그래도 제도가 미비한 점이 많은데 있는 것마저도 못하면 어떻게 하냐고. 그래서 있는 제도에 대해서는 꾸준히 감독하고 피해자들에게 직접 만족도 조사를 시행해 나가야 한다고 했다. 나의 피해구제를 위해서만 이 전화찬스를 쓸 수는 없었기에 모든 범죄피해자들에게 가장 필요한 점을 3가지 전달했다.

첫 번째로는, 2차 범죄피해(보복 범죄)를 막아달라고 했다. 보복 범죄는 이미 결과가 일어날 걸 알면서도 국가가 피해자들을 방치했다 치부할 수 있기에 국가가 엄격하게 관리해야 한다. 국가의 위상과 관련된 문제이니 말이다. 지금의 스마트워치는 무슨 사건이 일어나지 않으면 그저 무거운 시계에 불과할 뿐이다. 상황이 일어나더라도 신고 버튼을 누르면 경찰이 할 수 있는 것이라곤 청소, 정리뿐이다. 피해자는 가해자의 위치를 전혀 알고 싶지 않다며 그저 피해자와 일정 거리 안에 들어왔을 때 동시에 관제센터와 피해자에게 알림이 가도록 하는 양방향 스마트워치 혹은 프로그램을 만들어달라고 했다. 버튼을 누르지 않아도 신고가 되는 스마트워치는 SF영화라고.

두 번째는, 사건과 관련 없는 양형기준을 빼야 한다고 단호하게 얘기했다. 어느 누구도 법원의 재판에 만족하는 피해자란 없겠지만 사건과 전혀 관련 없는 반성, 인정, 심신미약, 초범은 피해자들을 두 번 죽이는 양형요소라고.

그리고 마지막으로는, 피해자들의 알 권리를 챙겨달라고 했다. 난 여전히 이 사건이 전혀 과대 평가된 재판이라고 생각이 들지 않는다. 일찍이 중대범죄가 결합된 살인미수였다면 20년보다 많이 나왔을 것이다. 재판기록 열람 복사를 시켜주지 않아 공판을 꾸준히 참석해야 했고 민사를 신청해도 1심이 끝나서 주겠다고 했다고. 마치 피해자를 방해물로 취급하는 사법 체계를 보며 국가에 배신을 당한 것 같았다. 거부당하면 거부당한 이유도 알려주질 않는다. 판사의 재량이기 때문이다. 매번 공판에 참석해도 언제 끝나려나 한가하게 기다리는 범죄자의 모습을 분명히 똑똑히 보았는데 반성하고 인정한다는 이유로 1심에서 8년이나 감형시켜줬다고. 그런 재판부를 보며 국가에 버림받은 것 같았고 결국 찾게 된 건 언론이었다. 어느 누가 자신이 피해자라고 모르는 사람에게 얘기하고 싶겠는가. 아무 데서도 존중받지 않는 것 같은 사법 체계를 보며 언론을 찾을 수밖에 없었다고 했다.

재판기록 열람 복사와 함께 피해자가 언론에 기대는 일이 없도록 해달라고 간곡히 부탁했다. '범죄피해자 실효성의 한계'라는 파일에서 잘못된 점이 있으면 그 또한 지적해달라고 부탁했다. 한 민간인이 법무부 장관과 통화를 하다니 믿기지 않았다. 고생한 세월을 보상받는 것 같았다. 범죄피해자를 위해 움직이겠다고 했지만 객관적인 성과는 확인할 수 없었는데 이 통화가 그걸 입증해주는 것 같았다. 메일을 보내고서 정말 펑펑 울었다. 정말 잘했다고. 이 시간을 참아내느라 너무 애썼다고. 메일을 읽고 연락이 다시 왔는데 한동훈 법무부 장관님이 관련 부처에는 다 얘기를 해놨고 꼭 고치도록 노력하겠다고 했다. 앞으로 얼마나 바뀔지 지켜보는 일만 남았다.

그 이후로는 일이 술술 풀렸던 것 같다. 국정감사의 참고인으로 승인이 났다. 박용진 의원님이 이건 여야의 문제가 아니지 않냐며 모두를 설득했다고 했다. 너무 감사했다. 정말 범죄피해는 정당과는 전혀 무관한 일이니까. 2023년 10월 20일, 법제사법위원회를 드디어 참석하게 됐다. 이날은 부산 돌려차기 사건을 다룬 〈악인취재기〉의 '악인의 기억법' 편이 공개되는 날이기도 했다. 우연의 일치일까. 아니면 모든 게 다 짜인 각본일까. 너무 신기한 인생이다. 국회에 들어갔을 때 많은 사람들이 내 신변 보호에 대해 신경을 써주었고 덕분에 칸막이가 있는 공간까지 잘 들어갈 수 있었다. 앞을 보지는 못했지만 많은 국회의원 그리고 국민들에게 피해자가 겪는 불합리함에 대해 열심히 토로했다. 1심에서 재판기록 열람 복사를 해주지 않았던 것, 반성과 인정이라는 이유로 감형이 됐던 점 등을 박용진 의원님의 질의 시간에서 얘기했다. 피고인의 방어권은 보호받으면서 어디서도 피해자의 방어권은 보장받지 못하고 있다며. 법원에 보내는 나의 묵직한 한 방이었다. 열심히 얘기하면 들어주는 사람도 있다고 생각하게 된 의미 있는 날이었다.

이어서 조정훈 의원님이 질의를 했다. 조정훈 의원님은 〈그것이 알고 싶다〉라는 방송이 나오고 나서야 DNA 조사를 허락했던 재판부에 대해서도 강렬하게 비판했다. 조정훈 의원님은 앞서 부산고등법원장이 내 사건에 대해 "안타깝다"라고 발언한 것에 매우 분노했다. 이게 어디 남의 일이냐며. 그때 겸연쩍은 듯 웃는 법원장을 보고 조정훈 의원님이 폭발했다. 이게 웃을 일이냐며. 나는 우리 아빠가 거기 서 있는 줄 알았다. 너무 속 시원했다.

의원님이 내 의견을 물어보길래 “저분은 피해를 보시지 않아서 저런 말을 할 수 있는 거”라며 내리꽂았다. 지금 사법부는 피해자를 방해하는 사람으로 여기고 있고 이런 사법 체계에서는 어느 누구도 대한민국의 범죄피해자가 되고 싶어 하는 사람은 없을 것 같다고 했다. 모든 판사가 그러진 않겠지만 거의 대부분의 판사는 한 재판을 그저 한 사건으로 다룰 뿐이다. 피해자에게는 한 인생을 좌우할 중요한 페이지인데 그들에겐 수천 장의 서류 뭉치에 불과한 것이다. 그렇기에 피해자들은 그런 태도들을 보며 국가에 버림받았다고 생각하게 되고 이민을 택하기도 한다. 나조차도 사법 체계에 감정이 없는 것이 아니다. 아직도 판결을 한 재판부를 생각하면 분노가 차오르지만 범죄피해자들을 돕기 위해서는 참아야 한다. 어느 불법도 저지르지 않고 평정심을 유지해야 오래 그들을 도울 수 있으니까. 그렇게 국정감사는 막을 내렸고 나의 잔잔한 복수는 성공적으로 끝이 났다.

참을 인 참을 인 참을 인

기자들이며 피디들이 나에게 계속 대단하다고 얘기하는 부분이 있다. 역경을 이겨낸 것도 그렇지만 수많은 시간을 참고 기다려왔기 때문이다. 모르는 타인을 설득하기 위해서 1년을 참기란 너무 어렵다. 금방이라도 부족한 자료를 가지고 공론화를 시키고 싶은 마음이 잔뜩이었다. 그런데 그렇게 하면 내가 원하는 피해자를 돕는 일은 성립하지 않는다고 생각하며 기다렸다. 난 예상외로 성격이 매우 급하다. 피해자 브랜드는 상표출원을 2022년 8월에 이미 했을 정도다. 그래서 기다리는 이 시간은 나에게 체감상 10년이 걸린 것 같았다. 그렇게 한동훈 장관님도 국회의원님들의 행보도 계속 죽을 때까지 쫓을 거다. 고위험 성범죄자 거주지를 제한하는 '한국형 제시카법'과 '가석방 없는 무기징역형'도 신설되었다. '특정 중대범죄 피의자 등 신상정보 공개에 관한 법률'도 통과돼서 2024년 1월 25일부터 신상공개 대상 범죄를 확대하고 공개 대상자를 재판받는 피고인까지 확대했다. 특정강력범죄, 성범죄뿐만이 아니라 중상해, 특수상해, 아동·청소년 대상 성범죄, 조직범죄, 마약범죄까지 확장된 것이다. 그리고 머그샷에 대한 강제 촬영 및 공개권 또한 강화시켰다.

말만 하고 끝나는 건 아닐까 불안했는데 법무부에서 범죄피해 지원 TF팀을 만들었다. 단기적인 범죄피해 지원 TF팀의 성과를 내겠다는 보도를 보고 나는 그제야 진짜 해냈구나 싶었다. 개인이 얘기하는 것과 달리 높은 위치에 있는 사람이 얘기하는 건 입법 속도가 말도 안 되게 빨라진다. 당연한 권리가 한 발짝 앞으로 다가온 것 같았다. 내가 전달한 편지의 내용들이 거의 실려 있었다. 또한 범죄피해자 원스톱 솔루션 센터가 생겼다. 2024년도 7월부터 서울시에서 시범운영이 된다고 했다. 법률적, 경제적, 심리적 지원 등 범죄피해자 지원과 그 밖에 필요한 고용, 복지,. 금융 등 지원을 한 공간에서 받을 수 있도록 하는 시설이었다. 그래, 이게 국가지. 그러면서도 프로불편러로서 조정훈 의원님에게 그럼 부산 사람들은 어쩌냐고 했는데 다행히 국회 예산결산특별위원회에서 부산 돌려차기 사건 피해자의 입장을 언급해주었고 이른 시일 내로 지방에도 정착할 수 있도록 하겠다는 답변을 얻었다. 범죄피해자 원스톱 솔루션 센터는 첨부서류를 최소화하고 피해자들이 안심하고 생활할 수 있도록 하는 것. 지역과 구분 없는 범죄피해지원의 보편화를 다 검토했다. 그러면서도 이런 아이디어들은 국가나 정부가 먼저 고민했어야 하지만 부산 돌려차기 사건의 피해자가 알려줬다며 언급까지 해주었다. 또한 피해자의 열람등사권을 보장하고 가해자의 구상권을 적극적으로 강화하는 등 단기 과제로 성과를 낼 것이라고 입장을 표명했다. 그러면서도 피해자의 인권이 먼저냐, 범죄자의 인권이 먼저냐고 묻는다면 단호하게 피해자의 인권이 먼저라고 답하는 법무부 장관님의 사이다 발언까지 적혀 있었다. 이제야 국가가 제대로 움직이는 것 같았다.

원스톱 센터는 당연히 만들어져야 하는 것이라고 생각했다면, 내가 정말 눈물을 흘리며 좋아했던 건 따로 있었다. 2024년 1월 12일 '스토킹 범죄의 처벌 등에 관한 법률 개정안' 시행에 맞춰 전자감독 피해자 보호 시스템을 강화하는 것이었다. 가해자가 피해자의 일정 거리 이내로 접근 시 피해자가 행위자의 접근 사실을 알 수 있도록 하는 '스토커 위치정보 피해자 알림 시스템'이 바로 그것이다. 이는 스마트워치를 착용하지 않아도 문자로 전송이 되며 스마트워치에서 스트랩을 뺀 고리형 보호장치도 만들어진다는 것이었다. 보호장치가 없더라도 휴대전화로 보호받을 수 있는 모바일 앱들도 24년 하반기에 만들어진다고 했다. 비록 아직은 성폭력에 불과한 시스템이지만 정말 큰 변화이다. 난 이 소식을 〈채널A〉 남영주 기자님에게서 처음 들었는데 그 전화를 받고는 기자랑 나랑 같이 울었다. 20년 뒤에라도 나 살 수 있을 것 같아서. 이젠 살 수 있을 것 같다며 울부짖었다. 살아 있어서 바꾸는 게 맞는구나, 너무 감동적인 하루가 돼버렸다.

하지만 아직 바꿔나갈 것들은 말 그대로 산투성이다.

또 새롭게 만들어지는 제도들에도 사각지대는 있을 것이고 계속 보완하고 수정해 나가야 한다. 난 끝까지 물고 뜯을 거다. 아직 보복 범죄와 관련된 재판은 시작하지도 않았다. 아마 내 평생 가해자와는 떨어지지 못할 것이다. 그 이외에도 국가에 대한 돌도 던질 계획이다. 수사 초기 부실했던 수사의 문제점을 꼬집는 국가배상을 할 것이다. 보상을 바라는 게 아니라 지금 가지고 있는 수사의 부실한 점을 보완하고 기억을 잃은 피해자들을 향한 수사 매뉴얼을 다시 구축하라는 의미에서. 아마 나는 범죄에서 영원히 떨레야 뗄 수 없는 인생을 살 거다. 언젠가는 피해자들이 나를 찾지 않는 세상이 오길 바라지만 그때까진 열심히 나설 예정이다. 얼굴 없는 피해자로.

세상을 빨리 바꾸는 법은 나도 안다. 정치를 하거나 중요한 자리에 얼굴을 공개하고서 입장을 꾸준히 표명하는 거다. 하지만 좋은 이야기라고 하더라도 내가 모르는 사람이 내 성범죄를 미리 알고 있는 것은 내 인생에 썩 유쾌한 일은 아닐 것이다. 난 내가 제일 소중하기에 나를 지키는 한에서 피해자들을 열심히 도울 것이다. 범죄피해자들에 대한 인식 개선과 함께 범죄피해를 당하지 않은 사람도 대응하는 매뉴얼을 미리 알 수 있도록 만들 것이다. 그리고 범죄피해자들이 각 범죄에서 대처해야 하는 강의들을 만든 온라인 교육플랫폼을 만들 것이다. 어느 곳에서도 소외당하지 않게 만날 거다. 그들이 숨지 않는 세상을 만들기 위해. 온라인에서 오프라인으로 나오게 할 것이다. 피해자는 잘못한 게 없으니까. 어떤 선택을 하던 후회하지 않는 한에서 스스로를 많이 아껴주고 사랑해줬으면 좋겠다.

난 보복 편지 말고 회복 편지를 보낼래

모든 재판이 끝나고 나면 난 소리 소문도 없이 기록에서 사라질 것이다. 하지만 내가 아는 가해자라면 모든 재판이 끝날 무렵엔 나에게 보복 편지를 보낼 거란 걸 안다. 그래서 언제나처럼 내가 먼저 선수 치려고 한다. 다만 보복 편지가 아닌 회복 편지로. 여러분이 읽고 있을 때쯤엔 이 편지는 가해자 역시 교도소에서 읽고 있을 것이다. 책이 나오자마자 가장 먼저 주고 싶은 사람이니까.

> 안녕, 잘 지내고 있니? 소식은 잘 듣고 있어. 안 듣고 싶어도 재소자들이 계속 연락이 오더라. 반성은 여전히 안 하겠지만 후회는 조금 했을 거 같아. 이런 피해자는 처음이지? 앞으로 더 많이 생길 거야. 너보다 더 불우하게 산 사람도 훌륭하게 큰 분들도 있어. 내가 법원을 그렇게

많이 갔는데 너만큼 반성 안 하는 인간은 처음 봤다. 〈카라큘라〉에 명예훼손 소송 걸었더라? 범죄자에게도 명예가 있는지는 차마 몰랐네. 말 같지도 안되는 핑계 좀 그만 대고 조용히 지냈으면 좋겠어. 꼭 20년이 지나고 출소해서 갚지 않은 검찰, 국민건강보험공단의 구상권을 열심히 갚길 바라. 다시 범죄 저지르면 내가 또 찾아갈 거야. 걱정하지 마, 내가 죽더라도 나 같은 피해자들이 널 쫓아다닐 거야. 20년이 지나면 많은 게 바뀌어 있을 거야. 〈쇼생크 탈출〉의 브룩스 같은 결말을 짓지는 않을까 심히 걱정된다. 내가 너무 면회를 가고 싶었는데 다들 말려서 이 책으로 대신하는 거 서운해하지 않았으면 좋겠다. 난 이 세상에서 네가 살아 있으면 하는 유일한 존재이니 죽을 때까지 함께하자. 파이팅.

에필로그 리포트

이유민
KBS 기자

그렇게 500일이 흘렀다

어떤 사건은 떠도는 공기처럼 세계에 남아 반복적으로 회자된다. 2022년 5월 22일, 30대 남성이 오피스텔 복도에서 20대 여성을 돌려차기로 쓰러트리고 폭행했다. 범행 모습이 담긴 CCTV 영상이 언론을 통해 공개된 뒤, 사람들은 이 사건을 '부산 돌려차기 사건'으로 기억했다. 이후 2023년 9월 21일, 대법원은 가해자에게 징역 20년형을 확정했다.

끝났지만, 끝난 게 아니었다. 사건 발생 이후, 약 500일이 흐르는 동안 여성들은 집에서, 길거리에서, 엘리베이터에서 목숨을 잃거나 잃을 뻔했다. 전 남자친구의 스토킹 끝에 30대 여성이 살해당했고(인천 논현동 스토킹 살인 사건), 엘리베이터에서 20대 여성이 모르는 사람에게 얻어맞았으며(의왕 엘리베이터 폭행 사건), 공원 둘레길에서 31살 최윤종의 너클에 맞아 30대 여성이 숨졌다(신림동 강간 살인 사건).

그때마다 우리는 부산 돌려차기 사건을 다시 만났다. 미디어와 정치권은 이 사건을 적극적으로 다시 수면 위로 끌어올렸고 변하지 않는 현실을 지적했다. 가장 적극적으로 이 사건을 재차 화두에 올리는 사람은 다름 아닌,

피해자였다. 방송국과 국회, 정부 부처, 유튜브를 오가며 모든 창구를 활용해 이 사건을 반복해서 알렸다.

2023년 11월, 나는 부산 돌려차기 사건 피해자를 만났다. 더 이상 피해자가 아닌, 피해자들의 조력자이자 작가가 된 김진주를 만나 그날의 이야기를 재차 꺼내야만 하는 이유를 물었다.

"가장 색채로운 피해자"

'작가 김진주'

까만 배경에 빳빳한 재질의 명함엔 단 다섯 글자가 박혀 있었다. 대담 당일, 그는 자신을 '부산 돌려차기 피해자이자 작가 김진주'라고 소개했다. 뒷면에는 '범죄피해자가 숨지 않는 세상을 위해'라는 문장이 작은 네잎클로버 그림과 함께 인쇄돼 있었다. 피해자다움에 갇힌 삶이 아니라, 깨트리고 돌파하며 당당하게 살겠다는 의지를 이 작은 명함 한 장에 영리하게 담았다고 생각했다.

김진주를 만나기 전, 나는 그가 분노를 동력으로 움직이는 사람일 거라 예단했다. 하지만 직접 만난 김진주는 부정적 상황에서도 낙관을 전망하고, 이상을 좇으면서도 현실적 대안을 찾는 생동감 있는 20대였다. 그런 김진주가, 스스로를 "가장 색채로운 피해자"라고 표현한 대목이 흥미로웠다.

이유민 재판 방청을 한 날, 스스로를 '색채로운 피해자'라고 표현한 대목이 인상 깊었습니다. 어떤 의미인가요.

김진주 말 그대로 재판에서의 저는 화려했어요. 화장을 진하게 하고, 원피스도 입었죠. 평소 가발을 자주 쓰는 편인데, 튀는 가발을 쓰고 간 적도 있었어요. 옷차림뿐만은 아니에요. 법원에서 웃는 피해자는 거의 저뿐이었어요. 대부분 시무룩하게 울고 있거나, 아니면 화내고 있거나, 심각했죠. 그러고 싶지 않았어요. 주눅 드는 건 피해자의 몫이 아니라는 점을 보여주고 싶었거든요.

이유민 국회 법제사법위원회 국정감사 증인으로도 출석했어요. 그때도, 가장 색채로운 증인이었을 것 같은데요.

김진주 맞아요. 물론 그날 제 얼굴은 공개되지 않았지만요. 국감장에 가림막을 치고 발언했는데, 그다음 날에 한 기자님이 "목소리는 왜 공개하세요?"라고 물어보셨어요. 질문을 받고 나니 저도 그에 대한 답을 고민하게 됐고, 나름의 생각을 정리할 수 있었죠.

수많은 피해자들이 지금까지 음성변조로 피해 사실을 알려왔는데 저는 거기서 탈피하고 싶었던 것 같아요. 굳이 숨고 싶지 않았어요. 나는 범죄자가 아니라 피해자니까. 더 분명한 목소리로 감정을 담아서 내 얘기를 전하고 싶었어요. 다만 아직까지 얼굴과 이름을 공개하고 싶지는 않아요. 피해자가 아닌, 평범한 시민으로서 일상을 보낼 때 누군가가 "부산 돌려차기 피해자죠? 잘 보고 있어요."라고 인사를 건넨다면 위로를 받기보단, 슬퍼질 것 같아요. 내가 당한 피해를 통해 어떤 메시지를 전하는 것과, 남은 모든 인생을 '피해자'라는 정체성으로만 살아가는 건 다른 차원의 일이니까요.

2023년 8월, 김진주는 '대한민국 범죄피해자 커뮤니티(KCC, Korea Crime Victim Community)'를 결성했다. 범죄피해자들이 온·오프라인에서 직접 소통하고 서로 조언할 수 있도록 만든 모임이다. 2024년 2월 기준, 이 커뮤니티 회원 수는 300명이 넘는다. 김진주는 지금까지 50여 명의 범죄피해자들과 직접 만나 사건 공론화 방안과 향후 대응 등을 논의했다.

이유민 사실 피해자 조력 단체나 성범죄피해자 지원 단체는 김진주 님이 활동하기 전에도 있었습니다. 이들 단체 중 하나에 속해 활동하는 방법도 있었을 텐데, 본인이 직접 전면에 나서 피해자들을 만나겠다고 결심한 계기가 있나요.

김진주 어떤 단체로 분류되는 게 싫었고, 제가 하는 활동을 제한시키는 게 싫었어요. 우선 기존에 활동하는 단체들은 성범죄에 국한해서 지원하는 단체가 많아요. 그래서인지 일반 강력범죄피해자가 선불리 자신의 일을 털어놓을 수 있는 곳은 생각보다 많지 않아요.

그런 피해자들에게 공감해줄 수 있는 사람이 되는 게 목표였어요. 그저 "피해자죠? 저도 그렇습니다"라는 말을 하고 싶었던 건데, 그걸 성범죄로 제한시킬 필요는 없다고 생각했어요. 이런 질문이 들어올 때마다 강조해서 말하고 있는데요, 나는 모든 범죄피해자를 대표하고 싶은 사람이지, 단순히 '성범죄피해자'이고 싶지는 않습니다.

"12년 뒤, 저는 죽습니다"

2022년 11월, 김진주는 온라인 커뮤니티 〈네이트판〉에 '12년 뒤, 저는 죽습니다'라는 제목의 글을 올렸다. 김진주가 〈네이트판〉에 올린 두 번째 글이자, 1심에서 가해자가 징역 12년을 선고받은 직후였다.

상처 사진 위주였던 첫 번째 글 '제 인생에도

우영우 같은 변호사가 있다면 좋겠어요'는 게시 하루 만에 〈네이트판〉에서 운영 규정 위반으로 삭제됐고, 이후 올린 두 번째 글에서, 한마디로 잭팟이 터졌다.

김진주는 이 글에서 자신의 피해를 구체적으로, 정확하게 알렸다. "부산 진구 서면에서 전혀 모르는 사람에게 6번 머리를 짓밟히고 사각지대로 끌려간 살인미수 피해자"라고 자신을 소개한 김진주는 사건 내용과 수사 과정, 재판 결과를 상세히 적었다.

> 총 6차례 발로 머리를 맞았습니다. 5회 머리를 맞았을 때는 제 손도 축 늘어져 의식을 잃는 것을 확인할 수 있었습니다. 하지만 범인은 한 번 더 머리를 가격했습니다. 어린 시절 축구선수를 꿈꿨다는 경호업체 직원의 발차기는 엄청난 상해로 이어졌습니다.
>
> (중략)
>
> 저는 10kg 정도가 빠졌는데 법정에 올 때마다 몸집이 커져가는 범인을 보면 아직도 화가 납니다. 이렇게 정황 증거, 직접 증거가 넘치는데 범인은 12년 뒤 다시 나옵니다. 고작 40대입니다. 어릴 때부터 범죄를 저질렀던 범인에게서 보이는 뻔한 결말에 피해자인 저는 숨이 턱턱 조여옵니다.

약 1년이 흐른 2023년 11월 기준, 〈네이트판〉에 남아 있는 해당 글의 조회 수는 37만 회를 넘겼다. 김진주의 글을 직접 인용한 기사만 수백 건에 달한다. 이때를 기점으로 '부산 돌려차기 사건'은 많은 이들에게 각인됐고, 미디어가 본격적으로 사건을 다루기 시작했다.

이후 2심 과정에서, 사건 당일 입었던 청바지에서 가해자의 DNA가 검출되는 등 추가 증거가 드러나며 강간살인 미수로 공소장 내용이 변경됐다. 2심은 가해자에게 징역 20년을 선고했고, 대법원은 원심판결을 확정했다. 김진주는 일련의 과정을 통해 언론과 미디어를 효과적으로 이용하는 법을 배웠다고 한다.

김진주 대법원 판결은 제 목숨을 20년으로 늘리는 성과였어요. 시행착오를 겪는 과정에서, 타인이 내 일에 공감할 수 있게끔 사건을 알리는 법을 배웠어요. 선명하게 사건을 알리고, 결정적인 증거를 적시에 알리는 게 중요해요. 미디어도 최대한 활용하는 것이 좋고요.

이런 노하우를 범죄피해자들에게도 공유하고 있어요. 다만, 제 사례를 본 피해자들이 사건 공론화를 쉽게 생각하고, '그저 알리기만 하면 모든 것이 해결된다'는 식의 낙관을 가지게 될까 봐 걱정될 때도 있어요.

가령, 기자님들도 취재한 사건을 다 보도하는 게 아니잖아요. 사건 안에서 나름대로 주제를 잡고, 특이사항을 발굴한 뒤에 보도를 최종 결정하잖아요. 하지만 대부분의 피해자들은 우선 본인의 상처가 가장 크고, 고통이 극심하다 보니 타인도 이 사건의 심각성에 쉽게 공감할 것이라고 생각하게 되거든요.

그러다 보니 많은 분들이 디테일을 놓쳐요. 가령, 대부분의 피해자들은 내가 어디서 맞았다, 누가 나를 때렸다 정도의 단편적 사실만 털어놓죠. 이렇게만 하면 호소력이 떨어져요. 더 세밀하게, 자기가 겪은 피해를 알리고 함께 이 사건을 어떻게 공론화해나갈지 고민해야 해요.

이유민 공감합니다. 언론사로도 보통 하루에만 200~300건의 제보가 접수되거든요. 그중에서 실제 기자와 연락이 닿아 뉴스로 보도되는 건 한두 건에 그치죠. 저마다 내 사건이 이 세계에서 가장 중차대한 일이라 믿지만, 대부분의 사건은 우리가 이미 봤거나, 들은 적이 있는 일이에요. 제한된 시간 안에 오늘 벌어진 새로운 사건을 전해야 하는 뉴스의 특성상, 그런 일들은 소위 '킬(kill)' 되기 쉬워요. 그렇다 보니, 비슷한 사건이라도 더 특이한 점이 없는지, 다른 시각에서 해석할 여지는 없는지에 천착하게 돼요.

김진주 지난 7월 경기도 구리에서 25살 남성이 여자친구였던 20살 여성을 4박 5일간 오피스텔에서 감금하고 때리고 강간한 사건이 있었어요. 이 사건 피해자와 계속 소통을 해왔어요. 수많은 교제 폭력 사건 혹은 보복 폭행 사건 중 하나로 분류될 수도 있었는데, 사건 피해자와 계속 대화를 하던 중, 가해자가 피해자의 머리를 바리깡으로 밀었다는 내용을 알게 되었어요. 폭행은 익숙해도, 여성의 머리를 다 밀었다는 내용은 절대 평범하지 않죠. 피해자에게 그 점을 중점적으로 공론화를 해보자고 조언했어요. 사건은 그렇게 '바리깡 폭행남 사건'으로 알려지며 주목을 받았죠.

대부분의 피해자는 제 사건도 공론화까지 수많은 시도가 있었다는 걸 몰라요. 그래서 단순히 '언론에 제보하고, 사건 공론화를 해서 징역 12년형에서 20년형을 얻어냈다' 정도로만 알죠. 하지만 뜯어보면 단순하지 않아요. 처음에는 무차별 폭행 정도로 알려진 일을, 부산 돌려차기 사건으로 재정의했고, 재판 과정에서 증거를 확보해 공소사실을 변경했어요. 모든 과정마다 쉽지 않았어요. 일단 공론화를 마음먹은 피해자들은 이 점을 주목해야 해요. 언론에 제보하는 건 그저 시작일 뿐, 모든 결과를 보장해주지 않아요.

이유민 공론화를 하겠다는 의지가 앞서다 보면 자기가 겪은 사건의 본질과 디테일을 놓치게 되는 경우가 많다는 얘기로 이해하겠습니다. 다만, 직접 겪지 않은 사람은 김진주 님이 깨달은 통찰을 이해하기 어려울 수 있을 것 같아요. 그런 사례가 있나요.

김진주 있어요. 올해 부산에서 보복 살인미수 사건이 발생했고, 그 피해자와 만나 여러 얘기를 나눴어요. 직장 내에서 발생한 일이었고 가해자가 피해자 머리를 몽키스패너로 때린 뒤 칼로 찌른 일이었죠. 피해자는 이 일로 간의 일부가 떨어져 나가는 피해를 입었어요.

피해자는 사건 공론화를 원했어요. 저는 CCTV 폭행 장면이 가장 중요하다고 판단했고, 직장 내에서 벌어진 일이었던 만큼 마음먹으면 확보할 수 있을 거라고 봤어요. 하지만 피해자는 주저했죠. 결국 재판 단계까지 자료 확보를 미뤘어요. 그사이 피해자는 PTSD가 더 심해지고, 동력도 떨어지면서 결국 공론화까지 이르지 못했어요.

피해자를 탓하는 것이 아니에요. 두렵고 지치는 마음을 누구보다 잘 알아요. 하지만 적절한 시기에 맞는 적절한 대응을 놓쳐, 기껏 다짐한 일이 흐지부지되는 게 안타까울 따름이에요. 공론화는 절대 쉽게 가능한 일이 아니라는 점을 깨닫고, 싸움을 시작해야 해요.

반복, 반복, 또 반복…

수사와 재판이 종결됐다고 해서, 피해자의 고통도 끝나는 건 아니다. 가해자의 보복 협박과 지속되는 2차 가해. 그중에서도 가장 잔인한 건, 조금도 바뀌지 않은 현실을 마주하는 일이다.

2023년 7월 5일, 경기 의왕시의 한 복도식 아파트 엘리베이터에서 23살 남성이 20대 여성을 주먹으로 때린 뒤 성폭행을 시도했다. 남성은 재판 과정에서 "군대를 안 가는 여자에 대한 불만이 있었다"고 주장했다. 같은 해 8월 3일에는 경기 성남시 분당구 AK플라자 앞에서 22살 최원종이 보행자들을 차로 들이받은 뒤, 차에서 내려 시민들에게 흉기를 휘둘러 14명이 죽거나 다쳤다. 같은 달 17일, 30살 최윤종은 서울 신림동의 한 등산로에서 30대 여성을 금속 너클로 때린 뒤 성폭행을 시도하고 목을 졸랐다. 심정지 상태로 병원에 옮겨진 피해자는 이틀 뒤 숨졌다. 최윤종은 부산 돌려차기 사건을 보고 범행을 계획했다고 검찰에 진술했다.

모두 부산 돌려차기 사건이 벌어진 2022년 5월 이후 발생한 이상동기 범죄 사건이다.

이유민 유독 이상동기 범죄가 많았던 한 해를 거치며, 여러 생각이 들었을 것 같아요.

김진주 맞아요. 변하지 않는 현실이 답답하고, 절망스럽기도 했어요. 한편으론 그래서 내가 더 당당히 말해야겠다는 생각을 하게 됐죠. 저도 처음에는 무차별 범죄를 당했다는 얘기를 숨겼어요. 다른 사람들이 어떻게 판단할지 두려웠거든요. 그러다 내가 잘못한 게 아니라는 걸 증명해야겠다는 생각이 들기 시작했어요.

이상동기 범죄에 대해 공부하게 된 것도 그때쯤이에요. '묻지 마 범죄'라는 용어가 틀린 표현이라는 것을 알았죠. 제가 공부할 때만 해도, 이상동기 범죄라는 표현을 언론에서조차 거의 쓰지 않았는데 이후에는 꽤 통용되는 표현이 된 것 같아요. 저 역시 말할 기회가 있을 때마다 이상동기 범죄가 맞는 표현이라는 점을 강조하고 있어요.

이유민 앞서 언급한 이상동기 범죄 사건들이 발생할 때마다, '부산 돌려차기 사건'이 함께 언급되었습니다. 피해자 입장으로 볼 때, 사건이 죽지 않고 재차 살아난다는 느낌을 받았을 것 같아요.

김진주 거의 모든 언론이 부산 돌려차기 사건을 같이 언급하더군요. 그게 독자의 이해를 돕기 위해 활용하는 방식이라면, 사실 큰 상관은 없어요. 다만 제 사건보다 더 심각하고 중히 다뤄져야 할 사건이 한 데 같이 소비되는 것에 대한 우려는 있죠.

최윤종 사건을 처음 기사로 봤을 때, 모방 범죄라는 걸 직감적으로 알았어요. 실제 최윤종은 본인이 부산 돌려차기 사건을 검색하고, 미리 계획했다고도 했어요. 피해자가 사망한 이후, 수사와 재판이 진행되는 과정을 보면서 저는 이 사건이 제2의 돌려차기 사건으로 불리기엔 아깝다는 생각이 들었어요. 모든 피해 사실은 저마다의 스토리가 있고, 그 상처는 각기 달라요. 최윤종 사건도 범죄 양상이 제 사건과 비슷하긴 했지만, 디테일을 따져보면 많이 달라요. 이 사건에 제 사건이 같이 언급되기 시작하면서, 사건을 해석할 여지가 자꾸 좁혀진다는 생각을 지울 수 없었어요. 이런 사건이 왜 계속 발생하는지, 어떻게 해야 피해를 줄일 수 있는지가 아니라 단지 돌려차기 후속편 정도로 사건을 조명하면 본질이

잊혀지니까요.

이유민 그런데 모든 피해자와 유족들이 김진주 님처럼 전면에 나서서, 본인이 겪은 일을 상세히 공유하지 않습니다. 피해자가 동의하지 않는 서사는, 언론도 보도하는 데 한계가 있죠. 그렇다 보니 피해자가 비교적 목소리를 선명하게 내 온 부산 돌려차기 서사를 새 사건과 함께 다루는 경우가 많아지는 것 같아요.

김진주 이해해요. 그래서 재차 말하듯 공론화라는 건 정말 쉬운 일이 아니에요. 제가 피해자들에게 숨지 말고 함께 싸우자고 말하는 것도, 같은 이유에서예요. 아직은 동참하는 피해자가 많지 않지만, 피해자가 걱정 없이 자신의 피해 사실을 당당하게 말할 수 있는 사회가 될 수 있게 사회적 안전장치를 더 견고하게 마련해야 할 것 같아요.

여성을 상대로 한 보복 살인과 스토킹도 반복되고 있다. 2022년 9월 14일, 서울 지하철 2호선 신당역 여자 화장실에서 31살 전주환이 서울교통공사 입사 동기인 28살 여성을 살해했다. 사건 당일은 전주환이 피해자를 불법 촬영하고 스토킹한 혐의로 1심 선고를 받기 하루 전이었다.

다음 해 7월 17일, 인천시 남동구의 한 아파트 복도에서 30살 설 모 씨가 옛 연인이었던 37살 이 모씨를 흉기로 살해했다. 당시 사건 현장에 있었던 피해자의 모친도 가해자가 휘두른 흉기에 양손을 크게 다쳤다. 설 씨는 범행 당시, 피해자를 넉 달 넘게 스토킹한 혐의로 경찰 수사를 받고 있는 상태였다. 김진주는 이 가운데, 피해자의 유족을 직·간접적으로 돕고 있다.

김진주 인천 스토킹 살인 사건 피해자의 사촌 언니와 소통해왔어요. 이후 이 사건 공론화 계기가 된 〈네이트판〉 글 쓰는 걸 도왔죠. 제목은 '스토킹에 시달리다가 내 동생이 죽었습니다'. 제가 〈네이트판〉에 글을 여러 번 써본 게 도움이 됐어요.

당시 제가 강조했던 건 가해자를 말리던 어머님 손에 상처가 남아 있다는 점이었어요. 딸의 죽음을 직접 목격한 당사자인 엄마가 매일 자신의 손을 바라보며, 범행 당시를 떠올려야 한다는 것. 그 마음이 얼마나 참담할지는 누구나 어렵지 않게 헤아릴 수 있을 거예요. 유족의 동의를 받아 〈네이트판〉 게시물에 어머님의 상처 사진을 올렸고, 역시나 많은 분들이 공분해주셨어요.

시스템의 구멍도 있었다. 피해자는 7월 13일 경찰에서 받은 스마트워치를 반납했다. 한 달간 설 씨를 마주친 적이 없어서, 스마트워치 반납을 기한해야 한다는 이유 때문이었다고 유족들은 주장한다. 나흘 뒤 피해자는 설 씨가 휘두른 흉기에 숨졌다. 스마트워치 수량이 부족해 일정 기간이 끝나면 반납해야만 하는 현실, 스토킹 범죄피해 대비 예산이 턱없이 부족한 현실이 함께 조명됐다.

나를 마음껏 이용하세요

하지만 세상은 느리지만, 조금씩 변화하고 있다. 사회 곳곳에 나 있는 균열을 일순간 메꿀 순 없지만, 분명히 메꿔지고 있다는 믿음. 김진주에겐 그런 낙관이 깔려 있다.

이유민 500일 넘는 시간을 지내오며, 가장 기억하고 싶은 성과가 있나요.

김진주 단연 2024년 여름 출범하는 '범죄피해자 원스톱 솔루션 센터'를 꼽고 싶어요. 산발적으로 흩어져 있는 피해자 지원 서비스를 한 곳에서 지원받을 수 있도록 한 제도죠. 한동훈 법무부 장관께 메일로, 통화로 재차 강조했던 내용이기도 하고요. 법무부는 내년 7월부터 모든 범죄피해자의 신변 보호와 심리 치유 과정을 원스톱 센터에서 통합적으로 지원받을 수 있을 거라고 해요. 정말 제가 바라왔던 성과예요.

한 장관님은 저를 정말 열심히, 잘 이용하는 사람이에요. 부정적인 의미가 아니에요. 더 이용해줬으면 좋겠어요. 마음껏 이용하시라고요. 제가 겪은 사건, 저의 상처를 통해 법과 제도를 바꿔나가는 것이 제가 정말 바라는 바였으니까요.

한 장관님은 당초 저와 통화하기 전, '부산 돌려차기 피해자를 어떻게 구제할까'에 대해서 논의하려고 했었다고 해요. 저는 논의 방향을 바꿨죠. 부산 돌려차기 피해자를 구제하는 게 아니라, '수많은 범죄피해자를 어떻게 구제할까'에 대해서 논의해야 한다고 강조했어요. 한 장관님은 제도의 미흡함을 인정하고 사과했죠.

하지만 아직 갈 길이 멀어요. 피해자가 직접 범죄 관련 내용을 알아보러 뛰어다니는 일이 없어야 해요. 사건기록 열람·등사권이 시급히 보장돼야 하고요. 또 스토킹 가해자가 가까이 오면 알람이 울리는 양방향 스마트워치도 어서 일선 현장에 보급돼야 해요. 스토킹 피해자 전담 경찰관 예산도 배 이상 확충돼야 해요.

장관이든, 정치인이든 나서서 제도의 허점을 계속해서 메워주길 바랄 뿐이에요.

김진주의 본업은 프리랜서 디자이너다. 장소와 시간적 구애를 비교적 받지 않는 직업이지만, 여러 지역을 오가며 범죄피해자를 만나고 재판을 함께 챙기려면 시간을 쪼개고 또 쪼개야 한다. 이뿐일까. 정부 관계자나 정치인들을 만나 정책 방향을 제언하고, 틈틈이 언론 인터뷰까지 소화해야 한다. 그 어느 때보다 꽉 차 있는 일상을 비집고 침범하려는 검은 유혹이 있다고, 김진주는 말했다.

이유민 ‘이용해도 좋다’는 말이 인상적이지만 우려스럽기도 한데요, 정치권에서 김진주 님의 의도와 무관하게, 김진주 님의 존재 자체를 ‘자기 정치’에 소모적으로 활용하려는 시도는 없을까요.

김진주 있어요. 그런 시도가 분명히 있었죠. 다만 저도, 자기 정치에 활용하려는 목적이 노골적으로 드러나면 분명하게 잘라내고 있어요. 모 사단법인에서 함께 활동하자고 제안한 적이 있어요. 구색만 갖춘 단체였고, 다른 활동으로 너무 바빠서 제가 원하는 활동을 할 수도 없는 상황이었죠. 그런데 제대로 출범도 하기 전에 ‘부산 돌려차기'를 제목에 넣은 기사가 나왔어요. 그래서 재빨리 관련 기사를 다 내려달라고 요청했어요.

정치를 해보라는 제안도 있었어요. 국회 보좌진으로 들어오라고 권유하는 사람도 있었고요. 단호하게 거절했어요. 내가 정치권에 속하지 않은 민간인이기 때문에, 내 목소리가 어떤 편견 없이 들리는 거라고 생각해요.

덮어 놓고 거액의 후원금을 준다는 사람도 있었어요. 너무 돕고 싶으니, 무작정 계좌번호 불러봐, 하는 식이었죠. 이런 류의 지나친 호의를 스스로 경계하고 있어요. 재정적으로 누군가에게 기대면 잘 되던 일도 그르칠 수도 있기 때문이에요. 나도 모르게 후원자를 재고 따지고, '돈 되는 일'로 장사를 하려는 마음이 생기진 않을까 하는 우려도 있어요. 최대한 본업을 하면서 현재 계획 중인 일들을 추진해보려고 해요.

범죄피해자들을 위한, 손에 잡히는 대안을 제시하는 게 김진주의 새 목표다. 현재 김진주는 '매너스'라는 이름의 범죄피해자 온라인 교육 플랫폼을 준비하고 있다. 강력범죄를 당했을 때의 대처법과 피해자들에게 필요한 법률 상식, 피해자 지원제도 등을 알려주는 가이드라인 제작을 계획 중이다.

내일 죽어도, 같이 싸울래요

2022년 5월 22일, 그날 김진주는 죽었다. 그리고 다시 살아났다.

사람들은 다시 살아나 걷고, 먹고, 말하는 김진주를 보며 기적이라고 말한다. 스스로의 존재를 기적으로 받아들인 김진주는 이제 그날 이전의 자신과 완전히 다른 사람이 됐다.

이유민 2022년 5월 22일 이후 완전히 다른 삶을 살고 계십니다. 과거에 프리랜서 디자이너로서 살아왔다면, 이제는 작가로 또 피해자 구제 활동가로, 범죄피해자 모임 대표라는 수식이 붙었어요. 그날 이후, 가장 큰 변화는 무엇일까요.

김진주 타인을 위한 삶을 살고 있는 거죠. 이전에는 뚜렷한 목적 없이, 무언가에 쫓기듯 살아왔다면 지금은 누군가를 도와줘야겠다는 생각으로 살아요. 그게 곧 나를 위한 일이기도 하고요.

무엇보다, 내일 죽을지도 모른다는 사실을 알게

된 게 이전의 삶과 큰 차이를 만들었어요. 보통 죽음에 대해 생각해볼 계기가 많지 않잖아요. 하지만 저는 죽음 문턱까지 다녀와봤죠. 그래서인지, 1분 1초가 아까워요. 누군가를 위해 싸워야 한다는 생각이 들어요. 부산 돌려차기 피해자여서, 죽었다 살아난 당사자여서, 같은 피해가 여전히 반복 중이어서, 저는 그 싸움을 이어 나갈 당위가 있고 계속 싸울 겁니다.

작가의 말

이 페이지를 읽고 있으신 분들은 알 것이다. 이 많은 일을 한 사람이 감당하다니. 너무 길고 외로운 싸움이었다. 이 사건은 결국 강간 살인미수 사건으로 끝을 내렸지만 사건의 진실이라곤 밝히지 못했다. 피해자가 DNA 검사를 추가 요청해서 죄목을 바꾸게 된 것도, 재소자들의 제보로 보복 범죄를 알게 된 것도 사법 체계에서 정말 드문 일일 것이다. 1년을 갈아 넣어서 만든 공론화지만 시간을 투자한다고 해서 다 공론화가 되는 게 아니란 걸 아셨을 것 같다.

얻는 것보다 잃는 게 많다. 사건 장소가 남자친구 집이었고 교보문고 근처였던지라 가끔 지나가기도 했다. 지나갈 때면 웃어대며 "여기 지나가면 돌려차기 당한다"는 커플도 있었고 로비 앞에서 "여기에서 그런 거래"라고 희희덕대는 사람들도 봤다. 쓰지만 삼켜야만 했다.

1년 4개월 동안 나는 모든 양면을 확인한

범죄피해자가 됐다. 언론의 관심을 받기 전과 후의 차이를 절실히 깨닫는 피해자이자, 피해자 위주의 재판이 있기 전과 후의 차이를 여실히 깨닫고 있는 사람이다. 많은 멋진 분들이 활동가로 움직이고 있지만 이만큼이나 재수 없을 정도로 많은 문제를 겪는 피해자는 없었을 것이다. 하지만 이마저도 좋다. 덕분에 피해자들을 많이 도울 수 있는 발판이 되지 않았는가.

이 책을 읽고 피해자들을 돕고 싶은 생각이 든다면 '범죄피해자 스마일 공익신탁'에 기부하면 범죄피해자에게 지원을 해준다고 하니 꼭 통장을 개설해보시길 바란다. 책을 마무리하면서 많은 것들이 바뀌었다. '대구 돌려차기'라고 불리는 사건에서 검찰의 구형보다 20년 높은 50년을 선고할 정도로 너그러운 양형기준에 대한 틀이 바뀌고 있다. 그리고 양방향 프로그램 도입, 원스톱 지원센터뿐만 아니라 특정강력범죄피해자는 국선변호사를 선임할 수 있도록 확대되고 피해자가 무조건적으로 재판기록을 열람할 수 있도록 만든다고 한다. 머그샷과 신상공개의 기준도 확대되었고 포털시스템도 연계될 예정이라고 한다. 나 때문에 이 모든 것이 바뀌었다고 생각하지 않는다. 수많은 시간 동안 이 문제에 대해서 얘기한 분들 덕분에 제도가 바뀔 수 있던 것이다. 나는 그저 거기에 속도를 더했을 뿐.

〈악인취재기〉를 촬영하면서 JTBC 이호진 기자님께 동봉한 유언장이 있다. 내가 만약 보복 범죄를 당하게 된다면 공개해달라고 부탁했다. 그러니 20년 뒤에도 기자로 있어달라고 했다. 절대 그 유언장이 공개되지 않고, 꼭 자연사했으면 좋겠다. 나는 사건 직전까지만 하더라도 미래를 생각하지 않던 사람이었다. 그 누구보다 즉흥적이었고 흘러가는 대로 사는 사람이었다. 현실에 순응하기 싫었다. 평범하게 사는 게 너무 싫었던 사람이었지만 점차 평범해지는 것에 수긍을 해나가고 있었던 때였다. 이런 일을 겪고 나니 다신 평범해질 수 없어서 때론 평범함이 부럽기도 하다. 그래서 자신이 평범하다고 느낀다면 그마저도 성공한 것이라고 얘기해주고 싶다. 20년 뒤에 정말 죽을지도 모르지만 잘 생각해보자. 보통 사람이 자신의 수명을 듣는 경우는 정말 아플 때이다. 그런데 나는 아직 창창하다. 몸도 멀쩡하고 정신은 더욱더 탄탄해지고 있다. 그런 상태에서 20년 뒤에 죽는다니 얼마나 축복인가. 그렇게 생각하고 나니 제법 살만했다. 하지만 피해자분들은 나를 불쌍한 사람으로 생각해줬으면 한다. 나는 피해자들이 나를 더욱더 불쌍하게 여겨서 본인들이 더 나은 인생을 산다고 생각할 수 있었으면 좋겠다.

감사한 분들을 너무 많이 만난 덕분에 여태껏 버틸

수 있었다. 재수가 없었지만 또한 운이 너무 좋았다. 얼굴이 없는 피해자이기에 감사해도 얘기를 못 꺼내는 분들도 있다. 이 자리를 빌려 감사인사를 전한다. 언제 피해자가 될지 모르는 세상이다. 내 지인들은 자신들의 지인에게 부산 돌려차기 사건의 피해자가 자신의 지인이라고 얘기하면 다들 화들짝 놀란다고 한다. 그만큼 우리 사회엔 범죄피해자가 만연하다. 보이지 않을 뿐이다. 꼭 미래에는 범죄피해자가 숨지 않는 사회가 되었으면 좋겠다. 이슈가 오르내릴 때만이 아니라 꾸준히 범죄피해자들에게 따뜻한 관심을 가져주시면 좋겠다. 이 책을 계속 다시 들여보며 제도가 얼마만큼 바뀌었는지도 지켜봐주시면 좋겠다. 우리 모두의 일이 될 수 있는 게 범죄이니 말이다. 이 기회를 주신 〈얼룩소〉에 감사의 말씀을 전하며 작가 김진주로서의 행보도 많은 관심을 가져주셨으면 좋겠다. 무수히 일어나는 범죄들로 걱정하는 분들께 이 말을 전하며 끝내고 싶다.

'세상에는 좋은 사람도 너무 많다.'

싸울게요, 안 죽었으니까

초판 1쇄 발행 2024년 2월 28일
초판 2쇄 발행 2024년 3월 6일

지은이. 김진주
펴낸곳. 얼룩소
주소. 서울시 성동구 왕십리로2길 20, 4층
출판등록. 2023년 11월 8일 제 2023-000077호

디자인. 일상의실천
제작. 퍼스트경일

ISBN 979-11-985471-0-1 03300

책값은 뒤표지에 표시되어 있습니다.